기적의
30일
수능만점
공부법

기적의 30일
수능만점공부법

2020년 8월 12일 펴냄

지은이 | 오대교
펴낸이 | 이동국
마케팅 | 최명현
펴낸곳 | (주)아이콤마

출판등록 | 2020년 6월 2일 제2020-000104호
주소 | 서울특별시 서초구 사평대로 140, 비1 102호(반포동, 코웰빌딩)
이메일 | i-comma@naver.com

ISBN 979-11-970768-0-0 13370
ⓒ 오대교, 2020

정가는 뒤표지에 표시되어 있습니다.

이 도서의 국립중앙도서관 출판예정도서목록(CIP)은
서지정보유통지원시스템 홈페이지(http://seoji.nl.go.kr)와
국가자료종합목록시스템(http://www.nl.go.kr/kolisnet)에서
이용하실 수 있습니다.(CIP제어번호: CIP2020027748)

수능교육전문가가 알려주는 수능 예측의 비밀

기적의 30일 수능만점 공부법

오대교 지음

"수능 출제 패턴을 이해하면 대입을 완벽하게 대비할 수 있습니다"

아이콤마

"뭐? 고3 때 수학 0점이 사수해서, 전 과목 만점 전국 1등을 했다고?"

거짓말 같지만 사실이다. 그 비밀은 출제기관인 한국교육과정평가원에서 발표하는 객관적인 자료를 바탕으로 한 입시전략에 있다. 지난 19년 동안 수능강의를 하면서 직접 수능 시험을 10회나 응시했다. 그 과정에서 내가 깨달은 것은 수능은 객관적인 자료를 분석해서 답을 찾을 수 있다는 사실이었다.

그동안 나는 많은 학생들이 막연한 '감'으로 수능을 준비하는 모습을 지켜보면서 안타까움을 느껴왔다. 이에 19년에 걸쳐 입증된 학습 방법을 바탕으로 개발한 '30일 1등급 향상 프로그램'을 통해 수험생들에게 실질적인 도움을 주고자 이 책을 집필하게 되었다.

수능의 '본질'을 이해하면, 대입의 90%는 해결 된다

2021학년도 대입 특성에 맞는 학습 전략을 세울 때는 무엇보다도 한국교육과정평가원에서 출제하는 전국연합모의평가 시험에 대한 분석이 중요하다. 이는 수능 시험 문제를 완벽하게 예상할 수 있는 근거자료가 되기 때문이다. 과거 3년 기출자료를 확인하면 이런 연계성을 더욱 분명하게 확인 할 수 있다. 이와 더불어 경찰대, 사관학교 기출문항이 수능 시험 고난도 문항으로 연계되는 패턴을 이해하면 실제 수능에 출제될 개념을 완벽하게 대비할 수 있다. 이를 바탕으로 수능과 70% 연계가 되는 EBS 연계교재를 효과적으로 활용하면 대입에서 승리할 수 있다.

결론은 기적의 30일, 수능만점공부법이다!

수능에서 한 등급을 결정하는 점수는 10점 내외이다. 한 문제의 배점이 3~4점인 것을 감안하면 고작 3문제가 등급과 대학을 가르는 것이다. 수능은 지식의 절대량을 평가하는 시험이 아니라 사고력을 바탕으로 한 자료 분석 능력을 평가하는 시험이다. 핵심개념을 바탕으로 난도가 쉬운 문제부터 공략해야 하는 이유가 바로 여기에 있다. 정밀한 데이터 분석을 통해 출제될 개념을 예측하고 일주일 동안 그 한 가지 개념만 집중적으로 공부하면 누구라도 1문제를 더 맞출 수 있다. 그렇게 4주, 즉 30일 동안 3~4문제를 더 맞추면 반드시 1등급이 향상된다. 컨설턴트가 제시하는 올바른 전략에 수험생의 헌신적인 노력이 더해진다면 수능만점의 기적은 누구에게나 일어날 것이다.

모든 수험생들의 건승을 기원하며
2020년 7월 오대교수능연구소 (강남센터)

프롤로그 ··· **4**

PART 1 수능은 '생각'하기 나름이다

1 생각의 크기가 결과의 크기다 ⋯⋯⋯⋯⋯⋯⋯⋯ **10**

2 성적은 노력과 상관없다 ⋯⋯⋯⋯⋯⋯⋯⋯⋯⋯ **14**

3 한계 없어야 성공한다 ⋯⋯⋯⋯⋯⋯⋯⋯⋯⋯⋯ **20**

4 수능을 완주하는 힘 ⋯⋯⋯⋯⋯⋯⋯⋯⋯⋯⋯⋯ **25**

5 실행력과 지속력이 1등급을 만든다 ⋯⋯⋯⋯⋯ **31**

6 꿈 심은 데 꿈 난다 ⋯⋯⋯⋯⋯⋯⋯⋯⋯⋯⋯⋯ **37**

7 공부가 재미있어지는 순간 ⋯⋯⋯⋯⋯⋯⋯⋯⋯ **43**

8 고3은 버텨야 하는 시기인가? ⋯⋯⋯⋯⋯⋯⋯⋯ **47**

9 기준이 생기면 슬럼프도 없다. ⋯⋯⋯⋯⋯⋯⋯⋯ **52**

PART 2 올해 출제될 수능을 미리 볼 수 있다고?

1 수능은 이미 공개되었다 ⋯⋯⋯⋯⋯⋯⋯⋯⋯⋯ **58**

2 출제자가 말해주는 출제 의도 ⋯⋯⋯⋯⋯⋯⋯⋯ **63**

3 수능의 나침반, 수험 자료 3종 세트 ⋯⋯⋯⋯⋯ **93**

4 진짜 수능 공부법은 따로 있다 ⋯⋯⋯⋯⋯⋯⋯⋯ **97**

5 수능은 수능으로 준비하라 ──────────── **112**

6 실수를 고쳐야 실력이 오른다 ──────────── **116**

7 평가원이 제공하는 유일한 해설지, '이의 제기 자료' ──── **120**

8 출제 기관이 말하는 수능 출제 과정 ────── **131**

9 100% 출제되는 단원별 주제를 잡아라 ───── **137**

10 6월, 9월 모의평가는 수능 예상 문제 ────── **143**

PART 3 스타강사가 말하는 30일 1등급 향상 절대 공부법

1 3문제만 더 맞히면 1등급이 오른다 ──────── **154**

2 수능 대박 5단계 시스템 ──────────── **163**

3 영리한 EBSi 활용법 ───────────── **168**

4 데이터는 답을 알고 있다. ──────────── **172**

5 수능, 시작이 반이다 ───────────── **176**

6 EBS 연계 교재 100% 활용하기 ────────── **181**

7 오답 속에 정답이 있다 ──────────── **187**

8 시험을 잘 보는 방법은 이것이다 ──────── **199**

9 경찰대, 사관학교 기출문제로 수능을 120% 준비하라 ──── **203**

PART 4 수능족집게 스타강사의 공부법 Q&A

1 30일 1등급 올리기 어렵지 않아요! ·················· 208

2 내신과 수능을 따로 준비해야 하나요? ·················· 212

3 불리한 내신을 극복할 방법이 있나요? ·················· 216

4 모집인원이 많은 수시전형이 유리한가요? ·················· 221

5 모의고사 일정에 맞춰 월별 학습 계획을 세워라 ·················· 224

6 수능 문제를 정말 예상할 수 있나요? ·················· 229

7 EBS 연계 교재로 내신과 수능을 한 번에 잡아라 ·················· 232

8 수능 등급을 단기간에 올릴 수 있나요? ·················· 235

9 기출문제 풀이 학습이 그렇게 중요한가요? ·················· 240

10 6월, 9월 모의평가에 목숨을 걸어라 ·················· 245

PART 5 2021 과목별 수능만점공부법

1 2021 수능 주요 변경 사항 ·················· 252

2 국어 영역 만점 공부법 ·················· 259

3 수학 영역 만점 공부법 ·················· 266

4 영어 영역 만점 공부법 ·················· 273

5 탐구 영역 만점 공부법 ·················· 283

6 한국사 영역 만점 공부법 ·················· 289

에필로그 ··· 296

PART 1

수능은
'생각'하기
나름이다

① 생각의 크기가 결과의 크기다

Q : 스스로 공부하려면 어떻게 해야 하나요?
A : 공부를 보지 말고 꿈을 봐야 합니다.

학부모님들은 늘 '어떻게 하면 아이가 스스로 공부의 필요성을 알고 지속적으로 학습하게 할 수 있느냐?'고 묻습니다. '공부'가 아닌 '꿈'을 보면 공부는 저절로 따라옵니다. 꿈은 동력입니다. 마치 열차의 앞칸이 움직이면 뒷칸이 저절로 따라오듯, 꿈이 노력을 이끌고, 노력이 결과를 이끌어 냅니다. 저의 경우 좋아하는 별을 보며 살고 싶다는 꿈이 구체적인 목표를 만들어주었고, 목표에 다가가려 노력하다 보니 어느새 수능의 전문가가 되었습니다.

올해로 수능 강의를 시작한 지 19년 차가 되었습니다. 매년 학생들은 바뀌지만 학부모와 학생들의 고민은 매년 비슷합니다. 그중 가장 대표적인 것이 '어떻게 하면 스스로 공부의 필요성을 깨닫고 열정을 지속할 것인가?' 하는 고민입니다. 아무리 좋은 강의와 문제집이 있다고 하더라도 그것을 받아들이는 학생들의 수준은 저마다 다르기 때문입니다.

수험 생활을 본격적으로 시작하는 출발점에서 가장 중요한 것은 생각의 틀입니다. 생각은 틀에 따라 크기와 모양이 바뀝니다. 발상의 전환을 통해 생각의 틀을 근본적으로 바꾸지 않고서는 항상 같은 결과를 얻을 뿐입니다.

그렇다면 발상의 전환은 어떻게 해야 할까요? '끝'에서부터 시작하는 것이 그 비법입니다. 보통 학생들은 '1등급'이 되면 '명문대'를 진학할 수 있을 것이라고 막연하게 생각합니다. 전형적인 '원인-결과'의 틀에서 벗어나지 못한 사고방식입니다. 그러나 1등급 학생들은 다릅니다. 그들은 거꾸로 '명문대'를 꿈꾸었기 때문에 '1등급'을 받는다고 말합니다. 수동적인 '원인-결과'의 틀을 능동적인 '목적-수단'의 틀로 바꾸는 순간 목표 의식이 뚜렷해집니다. 목표 의식이 뚜렷해지면 행동이 달라지고 행동이 달라지면 결과가 달라집니다. 이것이 2등급 학생들은 모르는 1등급 학생들의 비법입니다.

노력이 성적을 견인하는 것이 아닙니다. 이는 기차의 바로 앞 칸이 다음 칸을 이끄는 것이 아닌 것과 같습니다. 제일 앞에 있는 동력칸이 열차 전체를 이끌면 몸통과 꼬리는 자연스럽게 따라오게 되어있습니다. 마찬가지로 수험 생활의 동력에 해당하는 생각이 노력을 견인하면 성적 향상이라는 결과는 자연스럽게 따라오는 것입니다. 결과를 만드는 힘은 노력의 총량이 아닌 생각의 총량으로 결정 됩니다.

고3은 결코 참아야 할 시기도, 버텨야 할 시기도 아닙니다. 1년 뒤에 이루어질 꿈을 닮아 가는 가장 치열하고도 아름다운 변화의 시기이기 때문입니다. 애벌레가 10㎞를 가기 위해서는 나비가 되어야 합니다. 한 마리의 애벌레가 화려한 나비가 되기 위해 웅크리는 번데기의 시간이 바로 고3 시기입니다. 겉으로는 못생기고 잠잠해 보이지만 그 내부에는 기존의 장기가 녹아내리고 새로운 장기가 만들어지는 격변이 이루어지고 있습니다. 이때 무엇보다도 생각의 틀이 중요합니다.

생각의 틀이란 꿈을 설정하는 방법, 동기부여, 구체적인 공부 전략 등을 말합니다. 호두빵 재료도 붕어빵틀에 담으면 붕어빵이 됩니다. 생각의 틀이 올바로 설정되어야 뒤따르는 공부도 의미가 있습니다. 이때 생각의 틀과 공부는 쌍방향적으로 영향을 주고받습니다. 즉, 처음부터 완벽한 꿈이 있어서 열심히 공부를 하는 것이 아니라 올바른 방법으로 공부하다 보면 꿈이 점점 더 구체화됩니다.

고3 수험 생활은 지금 여기에서부터 시작하면 안 됩니다. 1년 뒤, 자신이 되고 싶은 모습을 그리는 바로 그곳에서부터 출발해야 합니다. 화려한 나비의 모습을 꿈꾸는 애벌레와 단순히 더 큰 벌레의 모습을 꿈꾸는 애벌레는 나뭇잎을 먹는 모습부터 다릅니다. 기왕이면 크고 화려한 꿈을 꾸어야 현실에 충실할 수 있습니다.

지난 19년간 수많은 학생들을 지켜보면서 고3은 결코 어두운 고통의 시기가 아니라는 것을 알게 되었습니다. 고3은 찬란한 꿈을 향해 자신의 모든 것을 던져서 활활 불태우는 일생에 다시없을 몰입의 시기입니다. 생각의 틀을 올바르게 설정하고 하루에 한 걸음씩 노력이라는 재료를 부어 나간다면 지금까지 상상할 수 없었던 결과를 얻을 수도 있습니다. 나비가 될 것인가? 더 큰 애벌레가 될 것인가? 그것은 생각의 차이에 달려 있습니다.

② 성적은 노력과 상관없다

Q : 노력해도 성적이 오르지 않는 이유는 무엇인가요?
A : 측정 가능한 구체적인 목표를 정해보세요.

　노력해도 성적이 오르지 않는 이유는 목표를 구체적으로 정해놓지 않았기 때문입니다. 목표는 구체적이고 측정 가능한 것이어야 합니다. '노력해도'에서 노력이란 어느 정도의 노력을 말하나요? '성적이 오르지 않는'은 어느 수준에서 어느 수준으로 오르지 않는 것을 말하나요? '열심히', '많이'라고 두루뭉술 말하지 말고 "하루에 2시간씩 수학공부를 해도 70점에서 90점으로 향상되지 않는 이유는 무엇인가요?"라고 물어야 합니다. 그래야 공부 시간을 늘리든지, 목표 점수를 달성 가능하게 낮추든지, 공부 방법을 바꾸든지 하는 '구체적인 목표'를 정할 수 있습니다..

OH 년 고3 새 학기가 시작되는 3월에는 전국연합모의고사가 실시됩니다. 시험 결과에 따라 학생들의 반응은 크게 두 가지로 나누어집니다. "겨울방학 동안 정말 열심히 했는데 왜 점수는 그대로지?" 하는 반응과 "아직 만족하긴 이르지만 이 방법이 정말 효과가 있구나!" 하는 반응입니다. 공부에 대한 관심과 노력에는 차이가 없지만 결과는 완전히 다릅니다. 똑같은 1년을 보내고도 누구는 성공하고 누구는 실패합니다. 제 경험에 비추어보면 성공과 실패는 꿈의 유무에 따라 결정된다고 생각합니다.

수능 강의를 하면서 틈틈이 꿈에 대한 이야기를 많이 합니다. 꿈을 갖는 것만으로도 성공한다는 확신이 있기 때문입니다. 지금은 '전국 1타 강사', '수능족집게 스타강사'로 이름이 알려져 있지만 처음부터 공부를 잘 했던 것은 아닙니다. 아니, 고3 때 이과 수학을 0점을 받았으니 오히려 못하는 쪽이었습니다. 남들은 입시 공부로 정신이 없을 고등학교 3년 동안 천체망원경으로 별을 보는 동아리 활동에 푹 빠져 있었습니다. 이후 대학 입학이라는 현실적인 목표에 직면하면서 재수 생활을 시작했습니다. 이때만 하더라도 공부를 잘하고 싶다는 마음보다 좋아하는 별을 보며 인생을 즐기고 싶다는 마음이 더 컸습니다. 대입 공부는 나중에 안정적이고 전문적인 직업을 갖기 위한 수단에 불과했습니다.

이 시절 저의 목표는 의대 합격이었습니다. 좋아하는 별을 보며 즐겁게 살고 싶다는 꿈이 구체적인 목표로 바뀐 것입니다. 당시 성적을 생각해보면 의대 합격은 별처럼 먼 목표임에 틀림없었습니다. 하지만 '목표는 정했으니 부족한 실력은 채우면 된다'는 순진한 생각으로 공부에 임했습니다. 실력이 턱없이 부족하기에 더욱 천천히 그리고 치열하게 공부할 수 있었고, 부족한 실력은 시간으로 극복하자고 느긋하게 생각했습니다. 이렇게 해를 거듭하며 실력을 쌓은 결과 2003년 수능 직전 모의고사에서 전 과목 만점을 받았습니다. 당시 온통 1등으로 도배된 성적표를 보며 느낀 희열은 글로 다 표현할 수 없습니다. 꿈이 노력을 이끌고 노력이 결과를 만들어낸 한 편의 드라마였습니다. 꿈의 중요성에 대해 학생들에게 이렇게 말합니다.

"처음에는 내가 꿈을 꾸지만, 나중에는 꿈이 나를 만들어준다."

대부분의 학생들은 성적이 좋아야 명문대학에 진학할 수 있을 거라 생각합니다. 실력에 맞춰 꿈을 꾸겠다는 것입니다. 하지만 현재의 수준에 맞춰 꿈을 꾸어서는 꿈을 이룰 수 없습니다. 꿈의 크기에 맞추어 현재의 수준을 높여야 합니다. 다시 말해 현재 성적이 높아서 목표 대학을 높게 잡을 수 있는 것이 아니라 목표 대학을 높게 잡았기 때문에 성적을 높일 수 있는 것입니다. 이것이 '꿈의 힘'입니다. 지금 성적이 부족하다고 해서 꿈조차 가난할 순 없습니다. 오히려 성적이 부족하기 때문에 더 큰 꿈을 가져야 합니다. 매년 고3 학생들에게 다음과 같은 일화를 이야기해줍니다.

"일본인들이 많이 기르는 관상어 중에 코이라는 잉어가 있다. 이 잉어를 작은 어항에 두면 5~8㎝밖에 자라지 않는다. 그러나 아주 커다란 수족관이나 연못에 넣어 두면 15~25㎝까지 성장한다. 코이 잉어는 자기가 숨 쉬고 활동하는 세계의 크기에 따라 조무래기가 될 수도 있고 대어가 되기도 하는 것이다. 꿈이란 코이라는 물고기가 처한 환경과도 같다. 더 큰 꿈을 꾸면 더 크게 자랄 수 있다. 꿈의 크기는 제한을 받지 않는다. 성공하는 삶은 항상 커다란 꿈과 함께 시작된다. 꿈이라는 밑천은 바닥을 드러내는 일이 없으며, 계속 도전하도록 열정을 분출하는 무한의 에너지이다." ─《조영탁의 행복한 경영이야기》중에서

"미래는 현재의 내 모습이 아닌 현재의 내 꿈에 따라 결정됩니다."

고3 때를 포함해 실제 수능 시험장에서 10회나 수능 시험에 응시했습니다. 그로부터 분석한 연구 자료를 바탕으로 〈오대교수능연구소〉를 창립했고, 교육컨설팅 기업 대표로 서울, 대구, 인천에 대입 전문 교육컨설팅 센터를 열어 활동을 하고 있으며, 연 150여회 전국투어 강연회를 진행하고 있습니다. 하지만 처음부터 수능 시험을 10회나 응시하겠다고 생각한 것은 아니었습니다. 다만 시험을 보는 마지막 순간까지 함께하는 것이 그동안 가르친 학생들에 대한 예의라고 생각했습니다. 저 역시 수험생시절에는 그런 멘토를 간절히 원했었기 때문입니다.

고등학교를 졸업하고 재수를 했을 때도 결과는 좋지 못했습니다. 그러나 그 과정을 통해 효과적인 공부 방법을 알게 되었고 한 번만

더 도전하면 반드시 좋은 결과를 만들 수 있겠다는 확신이 들었습니다. 하지만 삼수를 하는 마당에 부모님께 학원비를 말씀드릴 염치는 없었습니다. 수능 시험이 끝나고 3개월여의 시간 동안 학원비를 모아야겠다는 생각에 아르바이트를 했습니다. 출장 뷔페, 음식점 홀 서빙, 주방 보조, 백화점 점원 등등. 나중에 종이에 적어 놓고 보니 줄잡아 스무 가지가 넘었습니다. 이런 노력에도 불구하고 1년 치 학원비를 마련하기에는 턱없이 부족했습니다. 그러던 중 고등학교 친구의 소개로 학원에서 일하며 공부하는 근로 장학생을 신청했습니다. 지금 생각해 보면 내성적인 내가 어떻게 그 시기를 보냈는지 신기하기도 합니다. 그때는 정말 꿈에 대한 간절함에서 힘이 나왔던 것 같습니다. 간절히 원하니까 용기도 생기고, 힘이 솟아난 것입니다.

지금까지와는 다른 결과를 원한다면 지금까지와는 다른 꿈을 가져야 합니다. 노력해도 성적이 오르지 않는 진짜 이유는 꿈의 크기가 작기 때문입니다. 꿈의 크기가 작으면 노력의 크기도 그에 맞게 작아집니다. 꿈을 가지고 그것을 간절하게 원해야 평범함이 비범함으로 바뀌게 됩니다. 그러기 위해서는 1년 후 자신의 이상적인 모습을 그려 보고 매일 그 모습에 다가가기 위해 정진해야 합니다. 이렇게 치열하게 보낸 고3 시기는 훗날 암울했던 시기가 아닌 소중한 추억으로 기억될 것입니다. 간혹 하고 싶은 것이 없어 꿈이 없다고 말하는 학생들에게 이렇게 조언합니다. 지금 현실에 충실하라고 말입니다. 하루를 충실하게 보내면 자신감이 생기고, 자신감이 생기면 성적이 올라가고 꿈 너머 꿈을 꾸게 됩니다. 고3이 되면 누구나 노력을 합니다. 하지만 똑같은 노력을 하고도 누구는 성적이 오르고 누구는 오히려 성적이 떨어집니다. 성적을 만드는 원동력은 노력이 아닙니다. 그것은 바로 꿈입니다.

③ 한계 없어야 성공한다

Q : 어느 순간 아무리 노력해도 벽에 가로막힌 느낌이에요,
A : 마음의 한계가 점수를 결정합니다,

마음의 한계는 현실의 한계를 만듭니다. 포드의 창업자 헨리포드
는 이렇게 말했습니다. "할 수 있다고 생각하든, 할 수 없다고 생각하
든 당신은 옳다." 저도 학생들에게 똑같은 말을 해주고 싶습니다. 비
록 1, 2학년 때 성적이 좋지 않다고 하더라도 아직 1년여의 시간이 남
아 있다는 사실을 알고, 매월 응시하는 모의고사를 통해 자신이 취약
한 부분을 지속적으로 보완해 간다면 충분히 성적을 올릴 수 있습니
다. 서커스의 코끼리는 자신을 묶어 둔 말뚝을 뽑을 충분한 힘이 있음
에도 시도를 하지 않습니다. 어릴 때부터 '할 수 없다'고 길들여졌기
때문입니다. 자신의 한계를 미리 정하지 마세요. 여러분이 어디까지
성장할 수 있을지 결정하는 것은 여러분 자신입니다.

해마다 수능은 온 국민의 관심의 대상이 됩니다. 그러다 보니 3월 전국연합 교육청 모의고사에 학부모님들의 관심이 집중되는 것도 당연합니다. 3월 모의고사 성적이 곧 수능 성적이라는 속설이 학생과 학부모들 사이에 널리 퍼져 있기 때문입니다.

새 학기가 시작되는 3월은 수능 시험을 250여 일 남겨둔 시점입니다. 수험생들은 수능 전까지 시·도교육청과 한국교육과정평가원에서 주관하는 전국연합모의평가를 여섯 번 응시합니다. 여기에 입시 기관에서 출제하는 사설 모의고사까지 응시한다면 시험의 횟수는 더욱 늘어납니다. 매월 준비해야 하는 공부의 양과 방향을 정확하게 알고 공부한다면 고3 때도 충분히 성적을 올릴 수 있습니다.

이때 수능 시험이 요구하는 평가 요소에 주목해야 합니다. 모든 시험이 그렇듯 수능 시험도 일정하게 정해진 출제 방향이 존재합니다. 수능 시험은 그동안 공부한 지식의 양을 평가하는 시험이 아니라 주어진 자료를 분석하고 문제 풀이에 적용하는 능력을 평가하는 시험입니다. 매년 수능에 출제되는 단원과 개념은 정해져 있고 해마다 정확한 출제 방향이 보도 자료를 통해 공개됩니다. 이러한 수능의 특징을 정확하게 이해하고 공부한다면 '나는 왜 점수가 안 오르지?' 하는 불필요한 고민 없이 실력을 향상시켜 나갈 수 있습니다.

마음의 한계는 현실의 한계를 만듭니다. 그동안 많은 학생들과 상담하며 느낀 것은 마음가짐이 수능 레이스의 성패를 가른다는 점입니다. 고1, 2학년 성적이 좋지 못해 자신감이 없는 고3 학생들에게 다음과 같은 일화를 들려줍니다.

"어느 날 딸을 데리고 서커스 구경을 갔다. 거기서 깜짝 놀랄 일을 보았다. 8마리의 커다란 코끼리가 있었는데 그 코끼리들을 묶고 있는 밧줄이 생각 이상으로 가늘었던 것이다. 족쇄에 달린 고리에 붙어 있는 그 가느다란 밧줄은 다시 좀 더 굵은 밧줄에 연결되어 있었고, 그 굵은 밧줄은 말뚝에 묶여 있었다. 그러나 그 정도로 큰 코끼리라면 힘도 엄청나게 셀 것이고, 그대로 뛰쳐나가 서커스장을 마구 휘저을 수도 있을 터였다. 저 영리하고 호기심 많은 동물이 자유롭게 돌아다니고 싶어 하지 않는 이유가 궁금했다. 나중에 코끼리들이 줄을 끊고 마음대로 돌아다닐 힘이 있는데도 왜 그대로 묶여 있는지 이유를 알아보았다. 사람들은 그 코끼리들을 아주 어렸을 때 꼼짝도 못하게 말뚝에 묶어 놓는다. 그러면 코끼리들은 그것에 길들여져 버린다.

즉, 오른쪽 발목이 묶여 있으면 자유롭게 움직일 수 없다고 스스로 믿어 버리는 것이다. 이 조건 형성 이후부터는 아주 가느다란 줄로 묶어 놓아도 코끼리들은 아예 움직이려고도 하지 않는다. 서커스의 코끼리들은 할 수 없다고 믿기 때문에 묶여 있는 것이다. 그 어떤 쇠줄이나 밧줄보다도 마음속의 줄이 더 강했던 것이다."

《성공하는 시간관리와 인생관리를 위한 10가지 자연법칙》 중에서

비록 고1, 2학년 때 성적이 좋지 않다고 하더라도 아직 1년여의 시간이 남아 있습니다. 매월 응시하는 모의고사를 통해 자신이 취약한 부분을 지속적으로 보완해 간다면 충분히 성적을 올릴 수 있음에도

불구하고 자포자기하는 학생들이 많습니다. 마치 가느다란 밧줄에 묶여 있는 코끼리처럼 말입니다.

한계는 밖에서 주어지는 것이 아니라 내부에서 만들어지는 것입니다. 심리학 용어 중에 '플라시보 효과'가 있습니다. 가짜 약일지라도 진짜 약으로 믿고 먹으면 진짜 약과 거의 동일한 효과가 나타나는 현상을 말합니다. 처음부터 '난 할 수 있다. 누군가도 했다는데 나도 할 수 있지 않을까?'라는 마음가짐으로 고3을 시작하는 학생과 '공부는 어려워, 나랑은 안 맞아. 해봐도 재미없잖아. 난 못해'라고 생각하는 두 학생이 있다고 가정해보겠습니다. 같은 노력으로 1년 동안 공부한다고 해도 전혀 다른 결과를 얻게 되는 것은 당연합니다.

부족한 성적을 고민하기 전에 마음의 한계를 먼저 깨야 합니다. 플라시보 효과처럼 스스로 한계를 만들지 않으면 한계는 존재하지 않습니다. 우리는 스스로 생각하는 것보다 대단한 잠재력을 갖고 있습니다. 낮은 성적에서 시작해 좋은 결과를 만들어낸 수많은 학생들은 공통적으로 마음의 밧줄을 끊고 과감하게 행동한 학생들입니다. 내 점수가 어디서부터 잘못된 것일까를 고민할 때는 공부법을 의심하기 이전에 스스로 한계를 정하지 않았나부터 생각해봐야 합니다.

사람은 하루 중에 가장 많이 생각한 모습대로 만들어집니다. 실패자의 모습을 생각하면 실패자의 모습을 닮아 가고 성공자의 모습을 생각하면 성공자의 모습을 닮아 갑니다. 과거 자신의 모습에 집착해서 한계를 만들지 말고 이상적인 자신의 모습을 그려야 합니다. 매일 그렇게 생각하고 행동하면 결국 그 모습을 닮아 갑니다. 물리적 현실이 생각에 맞춰지는 것입니다. 한계 많아야 성공하는 것이 아니라 한계 없어야 성공합니다.

④ 수능을 완주하는 힘

Q : 공부를 꼭 계획적으로 해야 하나요?
A : 계획이 없는 것은 실패를 계획하는 것입니다.

공부할 계획이 없다는 것은 실패를 계획하는 것과 같습니다. 애매모호하게 쏜 화살이 과녁을 맞힐 수 없는 것처럼 구체적인 목표가 없으면 좋은 결과가 나올 수 없습니다. 목표와 계획은 가고자 하는 방향을 뜻합니다. 지하철을 타고 인천으로 가려면 반드시 열차가 어느 방향으로 가는지 확인하고 타야 합니다. 그렇지 않으면 오래 가면 오래 갈수록 목적지와 먼 곳에 도착할 것입니다. 목적지를 제대로 정했다고 하더라도 가는 과정에서의 효율성도 중요합니다. 내비게이션에 부산을 찍고 출발하더라도 교통 상황에 따라 경로는 수없이 변경될 수 있습니다. 개개인의 수준과 특성에 따라 공부의 효율을 극대화하는 방법은 다를 수 있습니다. 공부의 효율성은 각자 공부의 목표를 세우고 실천하는 과정에서 체득되고 발전됩니다.

돌이켜보면 저의 20대는 정말 치열했습니다. 군 입대 전날에도 밤 12시까지 과외 수업을 했을 정도로 바쁘게 살았습니다. 그러던 어느 날 문득 누구나 다 가본다는 유럽 배낭여행 한 번 못 가본 20대가 너무나 아쉽다는 생각이 들었습니다. 기말고사로 며칠 밤을 새면서도 여행사에 덜컥 전화해 유럽 21일 여행을 신청했습니다. 사실 이때까지만 해도 여행 코스에 포함된 7개 나라들이 어디에 있는지도 몰랐습니다. 설레는 마음 반, 걱정 반으로 무작정 떠난 첫 유럽 여행은 이렇게 시작되었습니다.

"저희 ○○항공을 탑승해주신 승객 여러분을 파리까지 안전하게 모시고 갈 기장입니다. 우리 비행기는 11시간 30분 뒤 프랑스 샤를드골 공항에 도착하겠습니다."

제가 촌놈이어서였을까요? 무려 12시간 가까이 비행하는데 분 단위까지 정확하게 도착한다는 안내 방송이 처음에는 믿기 어려웠습니다. 하지만 걱정은 걱정에 불과했습니다. 비행기는 안내 방송대로 11시간 30분 뒤에 정확히 파리 공항에 착륙했던 것입니다. 당시 제가 품었던 궁금증은 나중에 풀렸습니다.

"비행기를 좀 아시는 분이라면 비행기는 운항 중 99%의 시간 동안에는 정해진 궤도에 있지 않다는 사실을 아실 겁니다. 모든 비행기가 다 99%의 시간 동안에는 궤도에서 벗어나 있습니다. 그렇기 때문에 조종사들은 계속해서 비행기를 정상 궤도로 되돌아오도록 조종합니다. 바람이 비행기를 움직일 수도 있고 기류나 구름 때문에 위 아래로 왔다 갔다 하다 보면 99%의 시간 동안에는 정확한 궤도를 벗어나게 됩니다. 여러분이 미래에 대한 분명한 비전이 있고 완벽한 미래에 대해 분명하게 그리고 있다 하더라도 여러분도 99%는 궤도에서 벗어나 있을 겁니다. 실수도 하고, 다양한 시도도 하고, 여러 교훈을 배우고, 일시적인 장애물도 만나고 어려움도 겪으며 모든 경험을 통해 배우면서 궤도 밖으로 나갔다가 안으로, 다시 밖으로, 다시 안으로 왔다 갔다 하면서 딱 적당한 시기에 목표를 달성하게 될 것입니다."

– 브라이언 트레이시, 《해바라기》 중에서

이처럼 방향을 정확히 알고 있다면 목표한 지점에 도착할 수 있습니다. 그러나 대부분의 학생들은 아래처럼 고3 시기를 보냅니다.

"○○항공을 이용해주셔서 감사합니다. 저는 이 비행기의 목적지가 어딘지 모릅니다. 한동안 여기저기 날다가 괜찮은 데 있으면 착륙하겠습니다."

여러분은 어느 비행기에 타고 싶은가요?

목표로 삼은 결과를 얻기 위해서는 우선 올바른 방향을 잡고 매일 적절한 속도로 나아가야 합니다. 수학, 사회, 과학 과목은 영역의 특성상 수능 시험에 출제되는 주제와 유형이 명확히 정해져 있습니다. 매번 출제되는 개념과 자신에게 취약한 부분을 중심으로 공부하는 것이 올바른 방향 설정입니다. 방향을 설정한 후에는 적절한 속도로 달려야 합니다. 이 속도는 스스로 파악하기 어렵기 때문에 연간 모의고사 일정에 맞춰 월간 단위로 계획을 세우면 됩니다. 모의고사가 일종의 페이스메이커 역할을 하는 것입니다.

최근 네 번째로 10㎞ 단축 마라톤에 도전했습니다. 한참을 정신없이 달리다 보니 모자에 커다란 노랑 풍선을 달고 달리는 사람이 보였습니다. 노란 풍선에는 60:00이란 숫자가 적혀 있었고 등판에는 '페이스메이커'라는 글자가 적혀 있었습니다. 그 페이스메이커만 따라가면 60분에 도착할 수 있다는 의미였습니다. 그 순간 '아! 저 사람만 따라가면 되겠구나' 하는 생각에 구체적인 목표가 생겼고 속도를 맞추고자 노력할 수 있었습니다. 그렇게 한참을 달리다가 지쳐 갈 때쯤 발견한 것은 남은 거리가 표시된 안내판이었습니다. '그래! 앞으로 1㎞만 더 달리면 5㎞ 지점이구나, 1㎞만 더 달리면 물을 마실 수 있어' 하는 마음으로 10㎞ 마라톤 구간을 세분화하자 무거운 발걸음과 타는 목마름도 견뎌낼 수 있었습니다. 아마 '페이스메이커'와 표지판이 없었다면 중도에 포기했을지도 모를 일입니다.

마라톤에서 얻은 깨달음은 수능 시험 공부에도 똑같이 적용됩니다. 수능 시험을 준비하면서 모의고사 일정을 기준으로 공부 계획을 세우는 것은 안내판을 보고 달리는 것에 해당합니다. '수능까지 200일이나 남았구나' 하고 마감 기한을 뒤쪽에 두면 마음이 흐트러지고 쉽게 지치게 됩니다. '다음 달에 모의고사가 있으니까 이번 주는 이러저러한 개념을 익혀야겠다'고 목표를 세분화해야 한 달을 버틸 힘이

생깁니다. 지속적으로 1년을 꾸준히 공부하기는 어렵지만 한 달을 기준으로 일주일과 하루로 세분화한 목표는 보다 쉽게 달성할 수 있습니다. 목표는 구체적이고 명확해야 합니다.

노력을 결과로 만드는 확실한 목표 설정의 중요성에 대해 천호식품 김영식 회장은 《10미터만 더 뛰어봐》에서 이렇게 말했습니다.

"분명하고도 확실한 목표 설정, 이게 없으면 아무것도 안 된다. 그냥 열심히 사는 것, 노력하는 것만 가지고는 안 된다. 다들 노력하며 산다. 문제는 목표다. 어떤 목표를 세우고 거기에 노력을 집중하느냐 하는 것이 관건이다. 목표를 확실하게 정한 뒤 10m를 더 뛰면 어느새 42.195km를 완주할 수 있는 것이다."

수리 영역의 경우 1문제는 원점수 4점에 해당합니다. 2~3문제에 해당하는 원점수 10점은 1개 등급을 바꿀 수 있는 성적입니다. 이런 계산을 할 때 매달 1문제씩 더 맞히겠다는 계획으로 6개월을 보내면 원점수 대략 25점을 올릴 수 있습니다. 현재 성적이 낮은 학생이라도 2개 등급을 충분히 올릴 수 있는 것입니다. 이렇게 수능 시험에 반드시 출제되는 핵심 개념을 중심으로 일주일간 집중적으로 공부해서 30일에 1문제를 더 맞히겠다는 식으로 구체적인 공부 계획을 세워야 합니다. 이것이 수능을 완주할 수 있는 힘입니다.

⑤ 실행력과 지속력이 1등급을 만든다

Q : 수학의 기초가 없으면 어떻게 공부하나요?
A : 먼저 외우고 나중에 이해해야 합니다.

구구단을 처음 외울 때 이해를 하고 외우는 사람은 없습니다. 공부를 시작하는 출발점에서는 구구단을 외울 때처럼 '선 암기 후 이해'의 방식으로 접근해야 합니다. 수학을 처음 공부하는 단계에서 처음부터 원리를 완벽하게 이해하려고 하면 자칫 수학에 대한 흥미를 잃을 수 있습니다. 구구단을 외울 때처럼 필수 용어와 개념을 암기한 후 기초문제부터 심화문제까지 많은 문제를 풀어 가면서 원리를 이해하는 것이 좋습니다.

초등학교 2학년 때 일입니다. 당시 플라스틱 책받침 앞면에는 로봇 캐릭터가 그려져 있었고 뒷면에는 구구단이 적혀 있었습니다. 숙제로 구구단을 암기하기 위해 들고 다니면서 계속 중얼거렸는데 곱셈의 원리와 내용을 이해하며 외우지는 않았습니다. 지금 생각해보면 '선 암기 후 이해'의 방식이었습니다. 아마 대부분의 학생들도 이 방법을 경험했을 것입니다.

고등학교 수학이라고 해서 다르지 않습니다. 초등학교 2학년 눈높이에 '구구단'을 접한 낯섦이나 고등학생이 수능 첫 번째 단원인 '집합'을 처음 접한 낯섦이나 비슷합니다. 문제는 초등학교 때 구구단을 암기했던 것처럼 낯섦을 익숙함으로 바꾸기 위한 실행력이 고등학교 때는 부족하다는 점입니다. 아무리 훌륭한 음식이 눈앞에 있어도 직접 먹어봐야 맛을 알 수 있습니다.

공부를 시작하는 출발점에서는 구구단을 외울 때처럼 '선 암기 후 이해'의 방식으로 접근해야 합니다. 수학을 처음 공부하는 단계에서 처음부터 완벽하게 원리를 이해하려고 하면 자칫 수학에 대한 흥미를 잃을 수 있습니다. 구구단을 외울 때처럼 필수 용어와 개념을 암기한 후 기초문제부터 심화문제까지 많은 문제를 풀어 가면서 원리를 이해해 나가야 합니다. 이러한 공부 패턴은 수학을 공부하는 학생이라면 누구나 거쳐야 하는 과정입니다.

유치원 때 타던 자전거에는 조그만 보조 바퀴 2개가 달려 있었습니다. 자전거 타기에 익숙해졌을 때쯤 아버지께서는 한쪽 보조바퀴를

빼주셨고 조금 더 익숙해졌을 땐 나머지 바퀴마저 빼주셨던 기억이 있습니다. 물론 두 바퀴로 자전거를 탈 때도 완전하게 능숙하진 않았습니다. 처음에는 자꾸 넘어졌지만 포기하지 않고 계속 노력을 하다 보니 언제부터인가 자전거 타기를 즐기게 되었습니다.

이렇듯 무엇인가 처음 시작할 때는 실행력이 무엇보다 중요합니다. 실행의 중요성에 대해 경영 컨설턴트로 유명한 간다 마사노리는 이렇게 말했습니다.

"성공하기 위한 노하우가 분명한데도 실제 행동에 옮기는 사람은 1%밖에 되지 않는다.

그러므로 성공하는 것은 간단하다."

구구단 암기나 자전거 타기와 마찬가지로 무엇인가를 잘하기 위해서는 지속적인 실행을 통한 숙달의 과정이 반드시 필요합니다. 처음에는 낯선 것도 반복하다 보면 잘하게 되고 잘하게 되면 재미를 느끼게 됩니다. 즉, 흔히 생각하듯이 재미가 있어서 잘하는 것이 아니라 잘해서 재미를 느끼게 되는 것입니다. 무엇이든 잘하기 전까지는 재미가 없습니다.

실행력과 더불어 중요한 것이 지속력입니다. 자전거를 탈 때는 페달에서 발을 떼지 말아야 합니다. 계속 페달을 밟으라는 의미가 아닙니다. 발을 떼지 않는 것이 중요합니다. 평지에서 자전거를 타다가 페달 밟기를 멈추면 자전거는 속도가 줄어들다가 중심을 잃고 쓰러집니다. 하지만 내리막에서처럼 일정한 속도가 붙은 뒤에는 핸들만 정확하게 잡고 있으면 쓰러지지 않습니다. 즉 공부에 있어서도 매일 15시간씩 노력할 수는 없어도 일정 궤도에 오르면 공부에 대한 생각을 놓지 않는 것만으로도 현상 유지가 가능한 것입니다.

공부를 잘한다고 소문난 친구들은 정말 많은 시간을 공부에 투자합니다. 공부를 잘하는 학생은 좀 쉬고 공부를 못하는 학생이 공부를 많이 해야 할 텐데 말입니다. 공부를 못하는 학생은 재미가 없어서 공부를 덜 하고, 공부를 잘하는 학생은 재미가 있어서 공부를 더 많이 합니다. 그래서 둘 사이의 격차는 어지간해서는 좁혀지지 않습니다. 전교 1등이 한 번쯤 실수를 할 법도 한데 계속 전교 1등을 하는 데에는 다 이유가 있습니다. 공부에 있어서도 부익부 빈익빈 현상이 나타나는 것입니다. 저 역시도 성적이 낮았을 때는 몰랐지만 성적이 차츰 올라가면서 공부의 부익부 빈익빈 현상을 깨닫게 되었습니다. 공부는 하면 할수록 더욱 정확하고 꼼꼼하게 하고 싶다는 욕심이 납니다. 성적이 낮은 상태인데 공부도 적게 하면서 성적이 오르길 바라는 것은 지나친 욕심입니다. 아인슈타인이 말했듯이 똑같은 행동을 반복하면서 다른 결과를 기대하는 것은 비정상적인 모습입니다.

실행력은 꿈을 부르기도 합니다. 학생들과 상담을 해 보면 진로를 결정하지 못해 동기부여를 받지 못하는 경우가 종종 있습니다. 그럴 때는 현재 자신에게 주어진 일에 대해 열심히 노력하는 것이 동기부여 방법입니다. 성적이 좋아지는 만큼 꿈의 크기도 커집니다. 공부의 필요성과 중요성을 인식하지 못하다가 3월 모의평가 이후부터 공부

에 전력을 다하는 학생들이 바로 이 경우에 해당합니다. 공부를 시작하기에 늦은 시기란 없습니다. 수능 레이스에 성공하는 첫걸음은 과감한 실행력과 꾸준한 지속력입니다. 무엇이든 잘하기 전까지는 재미가 없습니다. '잘하는' 수준까지는 지속적인 실행력으로 마중물을 부어주어야 공부에 재미를 느끼고 스스로 공부 시간을 늘려 나가는 선순환이 이루어질 수 있습니다.

  꿈을 지속하는 것은 밥을 먹는 것과 똑같습니다. 밥을 먹지 않으면 배가 고픈 것이 당연하듯, 꿈을 생각하는 시간을 갖지 않으면 의욕이 떨어지는 것은 너무나 당연합니다. 고민만 하고 노력은 하지 않는 멍청이가 되지 말아야 합니다. 매일 똑같은 강도로 공부를 열심히 하지는 못한다고 하더라도 공부에 대한 생각만큼은 하루도 잊어서는 안 됩니다. 그런 의미에서 출발점은 중요하지 않습니다. 중요한 것은 각자의 출발점에서 어떻게 끊임없이 공부를 실행하고 지속하느냐 입니다. 실행력과 지속력이 겸비된다면 세상에 이루지 못할 일은 없습니다.

⑥ 꿈 심은 데 꿈 난다

Q : 꿈을 지치지 않고 지속할 수 있는 방법도 있나요?
A : 매주 1장씩 자신만의 보물지도를 만들어 보세요.

학생들에게 매주 1장씩 자신의 꿈을 담은 사진을 찾아오도록 합니다. 그리고 가져온 사진을 함께 보며 서로 자신의 꿈을 이야기합니다. 찬란하게 빛나는 꿈도 주기적으로 관심을 주지 않으면 메말라갑니다. 매주 자신의 보물지도를 나누는 것은 꿈에게 양식을 주는 것과 마찬가지입니다. 이런 식으로 수능 시험이 있는 12월이 되면 50여 장의 사진과 자신의 이야기를 담은 꿈 사진 프로젝트가 완성됩니다. 아무리 좋은 이야기도 남에게 듣는 것보다 스스로 만드는 것이 가슴에 와 닿습니다. 목표를 달성한 오늘을 각자의 마음 밭에 심어보세요. 머지 않아 그 꿈은 싹을 틔우고 열매를 맺을 것입니다.

❝ 이미지 트레이닝(image training)'을 사전에서 검색해보면 다음과 같은 내용이 나옵니다.

"어색한 동작을 바로잡기 위해서는 몸의 움직임과 균형에 관한 지식을 활용해 중추신경계를 자극하는 이미지 트레이닝을 하는 것이 효과적이다. 실제로 많은 무용수들이 점프와 회전 등 특정한 기술을 반복적으로 머릿속에 그려보는 것만으로도 실력이 향상되는 경험을 한다. 그것은 신경계의 엄청난 위력이라고 말할 수 있는데, 테크닉을 소화하는 데 필요한 패턴이나 팔다리 위치 등을 머릿속에 그려보는 것은 그 자체로도 기술 습득에 매우 중요하다."

이미지 트레이닝을 훈련에 적용해 좋은 결과를 만든 예는 수없이 많습니다. 대표적인 예로 김연아 선수를 꼽을 수 있습니다. 김연아 선수는 스케이팅뿐만 아니라 시상식에서 메달을 목에 거는 모습까지 상상하며 훈련에 임했고 실제 상상한 것과 똑같은 결과를 만들어냈다고 인터뷰한 바 있습니다. 지금 내가 있는 환경을 당장 바꾸기는 어렵지만 우리의 생각은 쉽게 바꿀 수 있습니다.

콩 심은 데 콩 나고, 꿈 심은 데 꿈이 납니다. 배가 고프면 밥을 먹고, 졸리면 잠을 자고, 건강해지기 위해선 운동을 해야 한다고 생각하듯이 꿈에도 관심과 기회를 줘야 무럭무럭 자라납니다.

공부를 못하는 이유는 처음부터 못해서라기보다 안 해서 못하게 되는 경우가 대부분입니다. 시작하기 전 단계에서부터 '난 공부가 재미없어'라는 생각을 꿈 밭에 심으니 실제로 공부가 재미없다고 생각하게 되는 것입니다.

몰입 전문가 황농문 서울대 교수가 전하는《공부하는 힘》에서는 이러한 뇌의 작용에 대해 설명한 바 있습니다.

"우리의 뇌는 가상과 실제를 잘 구별하지 못한다. 배우가 연기에 몰입하며 눈물을 흘리는 것은 배우의 뇌가 연기를 실제 상황으로 착각하기 때문이다. 뇌의 이런 특성을 이용해 상황을 착각하게 만들면 몰입이 유도된다."

마찬가지 원리로 좋은 생각을 하면 좋은 결과가 일어나고, 나쁜 생각을 하면 나쁜 결과가 일어납니다. 조금만 더 노력하면 충분히 만점을 받을 수 있는 학생들이 한두 문제 실수로 만점을 받지 못하는 이유는 실력이 부족해서라기보다 만점을 받겠다고 진지하게 결심하지 않았기 때문입니다. 만점을 받겠다는 꿈을 꾸고 수능을 준비하는 학생과 만점을 받으면 좋겠지만 나는 못 할 것이라는 생각으로 수능을 준비하는 학생은 서로 다른 열매를 얻게 됩니다. 마음 밭에 서로 다른 씨앗을 심었기 때문입니다.

불가능해 보이는 만점의 희망을 안고 노력하는 학생의 가능성은 1%에서 시작해서 점점 성장해 갑니다. 언젠가는 목표에 도달할 수도 있습니다. 하지만 만점을 받겠다는 굳은 결심이 없는 학생들이 우연히 만점을 받을 확률은 0%입니다. 1%의 생각의 차이가 100%를 만들기도 하고 0%를 만들기도 하는 것입니다.

본격적인 수능 공부를 시작하는 학생들에게 다음과 같은 이야기를 해줍니다.

"오늘은 1년 뒤 고등학교 졸업식이 있는 날 아침이야. 평소 지나다니던 정문에 현수막이 걸려 있어. 대학 합격 축하 현수막이지. 물론 너의 이름이 들어간. 고등학교 졸업식에 함께 온 아버님은 흐뭇한 미소를 지으시고 어머님은 감격의 눈물을 훔치고 계셔. 함께 온 친척들이 대단하다며 현수막 배경으로 사진을 찍자고 즐거운 웃음소리가 들리고 있지. 주위 친구들의 부러움을 받는 건 너무나 당연한 일이야 졸업식이 시작되었고, 학교를 빛낸 학생을 대표해 단상에 올라가 상장을 받고 있는데 교장 선생님께서 '우리 이 학생의 부모님 어디에 계십니까?'라며 말씀하시고 '이렇게 훌륭한 학생을 길러주시고 우리 학교에서 졸업할 수 있게 해주셔서 감사합니다'라는 인사를 하시는 거야. 졸업식장에 참석한 모든 학부모님들의 박수를 받으며 부모님께서는 감동의 눈물을 흘리고 계시지. 말썽만 부리던 우리 아이가 이런 효도를 다 해준다고 하시면서. 이후에 교실에 들어가 친구들과 담임 선생님께 축하를 받으며 사진을 찍고 있는데 1, 2학년 선생님들께서 찾아오셔서 졸업 후 학교에 와서 후배들에게 고3 이야기를 들려달라고 '선배 특강'이란 이름으로 너를 섭외하시는 거야. 물론 어리둥절하겠지만 공부를 못했다가 잘한 경험이 있기 때문에 분명 후배들에게 도움을 줄 수 있는 이야기가 있겠지. 어때? 1년이란 노력으로 갖게 될 미래의 모습이 멋지지 않아?"

이 이야기를 들은 학생들은 꼭 그렇게 되고 싶다며 저마다의 목표

를 노트에 적습니다. 학생들 스스로 동기부여를 할 수 있도록 힘을 실어주는 것은 시험 문제 풀이를 강의하는 것만큼이나 중요하다고 생각합니다.

《어린왕자》의 저자 생텍쥐페리는 이렇게 말했습니다.

"만일 당신이 배를 만들고 싶다면 사람들을 불러 모아 목재를 가져오게 하고, 일을 지시하고, 일감을 나누어 주지 말라. 그 대신 그들에게 저 끝없는 바다에 대한 동경심을 키워줘라."

수능 공부를 하는 학생들에게 매주 자신의 꿈을 담은 사진을 1장씩 반드시 찾아오도록 숙제를 내줍니다. 그리고 가져온 사진에서 미래의 이야기를 담아 이야기하도록 합니다. 예를 들어 '1년 뒤 오늘은 대학생이 되어 이 사진에서처럼 배낭여행을 하고 있을 것이다'와 같이 사진에 스토리를 불어넣는 것입니다. 마치 현실로 이루어진 것처럼 생생하게. 스마트폰 배경화면으로 설정해서 자주 볼 수 있도록 하는 것은 물론입니다. 수능 시험이 있는 12월이 되면 50여 장의 사진과 자신의 이야기를 담은 꿈 사진 프로젝트가 완성됩니다. 아무리 좋은 이야기도 남에게 듣는 것보다 스스로 만드는 것이 와 닿습니다. 목표를 달성한 오늘을 각자의 마음 밭에 심어야 합니다. 머지않아 그 꿈은 싹을 틔우고 열매를 맺을 것입니다.

⑦ 공부가 재미있어지는 순간

Q : 공부, 정말로 재밌을 수 있나요?
A : 방법을 알고, 과정을 이해하면 충분히 가능합니다.

공부도 게임처럼 재미있을 수 있습니다. 보다 정확히 말하자면 공부를 통해 몰입을 느낄 수 있고 몰입을 통해 재미를 느낄 수 있습니다. 아무리 인기 있는 게임도 하는 방법을 익혀야 재미를 붙일 수 있습니다. 마찬가지로 공부도 제대로 하는 방법을 익히고, 승리의 쾌감을 알게 되면 재미를 붙일 수 있습니다. 공부야말로 인생을 걸고 하는 가장 재미있는 게임입니다.

쉬는 시간이면 학생들은 스마트폰으로 게임을 합니다. 수업 시간에는 하품을 하던 학생들도 게임을 할 때는 눈빛이 달라집니다. 공부는 머리 아파하면서 그 복잡한 게임은 어떻게 그렇게 집중해서 하는지 참 신기합니다. 게임을 처음 할 때부터 재미있었냐고 물으면 대개 처음에는 어떻게 하는 줄 몰라서 재미가 없었다고 대답합니다. 시간이 지나면서 자신만의 차별화된 방법들을 익히고 점점 잘하게 되니까 도저히 끊을 수가 없더라는 것입니다.

비단 게임만이 아닙니다. 학생들에게 본인이 잘하거나 재미있어 하는 일을 물으면 대개 비슷한 과정을 말합니다. 악기를 연주했던 경험이나 수영과 태권도 같은 운동 종목에서도 예외는 없습니다. 다시 말하자면 대상 그 자체에 재미있는 요소들이 있기보다 단계를 거쳐 실력이 쌓이면서 재미를 느끼는 공통된 규칙이 존재하는 것입니다. 게임을 처음 접하면서 "이 게임은 나한테 어려울 것 같아, 나는 원래 게임을 잘 못하잖아?"와 같은 부정적인 생각을 갖는 학생은 없습니다. 일단 시작하면서 방법을 익히고 발전하는 과정을 통해 자연스럽게 몰입하게 됩니다. 공부라고 다를 리 없습니다.

공부도 게임처럼 충분히 재미있을 수 있습니다. 공부를 통해 몰입을 느낄 수 있고 이 몰입을 통해 재미를 느낄 수 있다는 말이 보다 정확할 것입니다. 게임에 재미를 붙일 때도 방법을 익히는 시간이 있어야 하는 것처럼 공부에 재미를 붙일 때도 방법을 익히는 시기가 필요합니다. 조금 지루할 수 있는 이 시기를 통과하면 눈앞이 확 밝아지는 것처럼 공부가 재미있어지는 순간이 찾아오는데 이것을 '터널 통과 구간'이라고 부릅니다.

고속도로를 달리다 보면 종종 터널을 통과하곤 합니다. 터널에 들어가면 갑자기 어두워집니다. 터널이라는 낯선 환경에서 벗어나는 방법은 터널 끝에 보이는 희미한 빛을 따라가는 것입니다. 갑갑하다면 더욱 속력을 내 빨리 터널을 통과하는 것도 좋은 방법입니다. 하지만 불안하다고 속도를 줄이거나 방향을 바꾸면 시간이 오래 걸릴 뿐만 아니라 자칫 영영 터널에서 벗어나지 못할 수도 있습니다. 무언가를 처음 배워 가는 시기는 터널을 통과하는 것처럼 낯섦을 익숙함으로 바꾸는 시기입니다. 조금만 참고 견디면 반드시 터널을 통과할 수 있다는 확신을 가지고 박차를 가하면 반드시 빛을 볼 수 있습니다.

많은 학생들이 공부에 어려움을 느끼는 것은 이 답답한 터널 통과 구간을 견디지 못하기 때문입니다. 이것은 오히려 수험생들에게 좋은 기회입니다. 누구나 쉽게 공부에 흥미를 느끼고 잘할 수 있다면 공부 외에 또 다른 스펙으로 자신을 차별화해야 할 것입니다. 하지만 대부분의 학생들이 공부는 하기 싫다고 초반에 떨어져 나가니 조금만 참고 버티면 남들보다 유리한 고지를 차지할 수 있게 됩니다. 단언컨대 어떤 영역에서도 공부만큼 쉽게 남들을 앞서 나갈 수 있는 분야는 없습니다. 천부적인 운동신경을 가진 경쟁자들과 경쟁해서 올림픽에 나가거나 재능을 꽃피워서 유명한 예술가가 되는 것이 쉬울까요? 열심히 공부를 해서 성적을 올리는 것이 쉬울까요? 전문 분야는 재능과

흥미를 가진 사람들과 경쟁해야 하지만 공부는 공부에 재능도 없을 뿐더러 공부를 싫어하는 사람들과 경쟁하면 되기 때문입니다.

　비행기는 이륙 구간에서 연료의 50%를 사용한다고 합니다. 5분에서 10분 남짓한 이 구간에서 연료와 엔진 출력을 최대로 가동해 에너지를 집중시키는 것입니다. 이 구간을 잘 넘기면 안정적으로 목적지까지 도착할 수 있습니다. 시작이 어렵기는 공부도 마찬가지 입니다. 낯섦을 익숙함으로 만드는 터널 구간을 잘 통과하는 것이 중요합니다. 한번 터널을 통과한 사람은 터널에 대한 막연한 두려움이 사라지게 됩니다. 과거 인내심을 가지고 터널을 통과했던 경험을 바탕으로 또 다른 터널을 통과하고 각 터널을 지날 때마다 비약적으로 발전합니다. 이 단계가 되면 공부에 재미를 붙이게 되는 것은 당연합니다.

⑧ 고3은 버텨야 하는 시기인가?

Q : 고3은 버텨야 하는 시기인가요?

A : 고3은 버텨야 하는 시기가 아니라 자신의 꿈에 다가가
는 시기입니다.

　고3 시기는 힘들게 버텨야 하는 시기가 아니라 노력에 따라 가장 행복한 시간이 될 수도 있습니다. 많은 수험생들이 내일을 위해 오늘을 버려야 한다고 생각합니다. 그러나 오늘을 버리면 내일도 오지 않습니다. 오늘의 노력을 통해 내일의 자신이 성장할 수 있습니다.

많은 학생들이 고3을 버텨야 하는 시기로 오해하고 있습니다. 고3은 버텨야 하는 시기가 아니라 자신의 꿈에 다가가는 시기라고 말하고 싶습니다. 고3은 1년 뒤, 자신이 되고 싶은 모습을 상상하고, 그 목표에 닮아가는 시간입니다.

단순히 더 큰 애벌레가 되고 싶은 애벌레와 화려한 나비를 꿈꾸는 애벌레는 큰 차이가 있습니다. 나비를 꿈꾸는 그 학생의 하루는 육체적으로는 힘들지만 정신적으로는 확신으로 충만합니다. 이렇게 생각하면 고3은 버티는 시기가 아니라 보람으로 가득 찬 시기입니다.

애플의 스티브잡스의 말처럼 "아무 의미 없는 시기는 없다"고 생각합니다. 청춘멘토 황선찬 작가님은 힘든 시기를 이렇게 비유해 말씀하셨습니다. "옛날 영화를 보면 기차가 터널을 들어갈 때 반드시 기적을 울려요. 터널만 만나면 기적을 울리니까 터널이 기적을 만드는 거예요. 기적 같은 일은 어두운 터널을 지나지 않고는 절대 일어나지 않는다는 뜻입니다. 그래서 고3 시기는 앞이 보이지 않지만 일단 지나고 나면 더 밝은 행복이 기다리고 있죠."

어쩌면 고3 시기는 힘들게 버텨야 하는 시기가 아니라 노력에 따라 가장 행복한 시간이 될 수도 있습니다. 많은 수험생들이 내일을 위해 오늘을 버려야 한다고 생각합니다. 그러나 오늘을 버리면 내일도 오지 않습니다. 오늘의 노력을 통해 내일의 자신이 성장할 수 있습니다. 요즘은 재활용이나 재생 공장이 전망이 밝다고 합니다. 폐기물을 수거해서 돈을 받고 재생으로 제품을 만들어 돈을 버니까 양쪽에서 수

익이 생긴다고 합니다. 즉, 의미 없이 흘러가는 시간도 잘만 재활용하면 성적도 오르고 정신도 성장하지 않을까요?

미국의 철학자 버트런드 러셀은 이런 말을 남겼습니다.

과거는 이미 흘러갔고 미래는 아직 오지 않았다고. 우리가 누릴 수 있는 시간은 오직 현재(Present)뿐입니다. 선물(Present)로 받은 오늘을 버티려고 하지 말고 즐기려고 해 보세요.

고3은 버텨야 할 시기가 아니라 누려야 할 시간입니다.

공부의 중요성은 아는데 공부가 잘 안돼요

예전에는 학생 상담을 할 때 제 이야기를 많이 했습니다. 그런데 이제는 일단 학생의 이야기를 먼저 듣습니다. 질문 속에 이미 답이 다 나와 있거든요. 본인도 아는 거예요. 공부를 해야 된다는 것을요. 공부가 잘 안된다고 말하는 학생들은 열심히 하고자 하는 의욕은 있는데 자신의 역량은 이에 못 미치기 때문에 고민하게 됩니다. 이런 학생들은 고민만 하고 시도는 별로 하지 않는다는 공통점이 있습니다.

공부를 왜 해야 하는지 고민하는 친구들에 비하면 절반의 문제는 해결된 거나 마찬가지입니다. 공부만 하면 되니까요. 공부는 어렵기 때문에 할 가치가 있습니다. 예를 들면 수학 공부가 쉬워서 모두 90점 이상을 맞는다면 100점을 맞은들 그리 큰 의미가 있을까요?

걸음마를 이제 막 뗀 어린아이에게 달리기 대회에 나가라고 할 수

는 없습니다. 공부에도 성장의 단계가 있습니다. 무슨 일이든 처음부터 잘할 수는 없죠. '생활의 달인'이라는 TV 프로그램을 보면 수많은 반복과 시행착오가 달인을 만듭니다. 조급한 마음과 성적 향상에 대한 열정을 구분할 수 있는 안목이 필요합니다. 공부가 잘 안되는 이유에는 여러 가지가 있습니다. 첫 번째로는 실제로 공부에 들이는 물리적인 시간이 길지 않은 경우가 대부분입니다. 두 번째로는 자리에는 앉아 있지만 실제로 집중하는 시간이 짧은 경우이고, 세 번째로는 그 내용을 습득하기 위한 기초가 부실한 경우입니다.

공부는 원래 생각한 대로 잘 안되는 것이 당연합니다.

안되는 공부를 쉽고 재미있게 할 수 있는 방법을 찾아야지요. 예를 들면 친구들과 계획을 세우고 같이 하거나, 어려운 공부를 참고 열심히 했으면 잘한 나에게 어떤 선물을 주는 것도 좋은 방법입니다. 공부를 잘하려면 공부계획을 구체적으로 짜고 많은 유형의 문제를 접해 보면서 스스로 취약한 부분을 찾아야 합니다. 그리고 이를 개선하기 위해 노력해야 합니다. 이는 공부의 신이라고 해도 피해갈 수 없는 공부의 정석입니다.

⑨ 기준이 생기면 슬럼프도 없다.

Q : 공부의 기준이 생기면 슬럼프도 없나요?

A : 결과에 집중이 아닌, 과정에 집중을 통해 슬럼프를 극복할 수 있습니다.

   수학 문제를 하루에 30문제씩 풀면 1등급, 20문제씩 풀면 2등급, 10문제씩 풀면 3등급을 받을 수 있다고 학생들에게 방법을 전합니다. 하루 30문제라고 하면 한 달이면 900문제를 공부할 수 있는 분량이 됩니다. 이 정도 기준을 달성하면 충분히 1등급을 맞을 수 있는 거죠. 이것이 수학 공부에서의 기준이 됩니다.

청춘멘토 황선찬 작가님께서 집필하신《사하라로 간 세일즈맨》을 보면 이런 내용이 나옵니다. 볼링을 칠 때는 볼링 핀이 아니라 에임 스팟을 보고 쳐야 한다고요. 공부도 마찬가지 아닐까요? 막연하게 1등급만 목표로 하기보다 명확한 자신만의 기준을 만들면 그게 객관적인 공부의 기준이 됩니다.

자신만의 기준이 있으면 지치지 않습니다. 시험이 쉽건 어렵건 스스로 정한 기준을 지키면 되니까요. 목표가 크고, 장기적일수록 나에게 주어진 오늘, 한 달 후, 1년 후에 해야 할 과제에 집중해야 합니다. '지금, 여기서' 해야 할 과제들을 수행하면 결코 슬럼프에 빠지지 않습니다.

세일즈의 신이시기도 한 황 작가님은 "세일즈를 하다 보면 사람을 만나야 하거든요. 하루에 5명을 만나겠다는 기준을 정하고 지키면 슬럼프가 없어요. 그런데 몇 명 만나지도 않고 좋은 실적을 내려고 하면 성과가 없다고 실망하는 거죠. 에임 스팟과 같은 기준은 걱정과 슬럼프를 없애주는 명약이에요"라고 말씀해주셨습니다.

공부에서는 구체적으로 에임 스팟을 어떻게 정할 수 있을까요? 수학 문제를 하루에 30문제씩 풀면 1등급, 20문제씩 풀면 2등급, 10문제씩 풀면 3등급을 받을 수 있다고 학생들에게 방법을 전합니다. 하루 30문제라고 하면 한 달이면 900문제를 공부할 수 있는 분량이 됩니다. 이 정도 기준을 달성하면 충분히 1등급을 맞을 수 있는 거죠. 이것이 수학공부에서의 에임 스팟입니다. 다른 과목도 마찬가지입니다.

이렇게 자신만의 명확한 기준이 있는 학생들은 모의고사 성적이 잘 안 나왔다고 실망하거나 오늘 무엇을 할지 몰라 슬럼프에 빠지지 않습니다. 성적이 잘 안 나온 원인은 기준을 달성하지 못했기 때문이라는 것을 수치로 확인할 수 있기 때문에 다시 공부에 집중할 수 있습니다. 이렇듯 기준이 명확하면 실행 여부만을 확인하면 되기 때문에 불필요한 주관적인 판단이 사라집니다.

무엇보다 중요한 점은 '매순간 최선을 다하면 슬럼프는 앉을 곳이 없다'는 점입니다.

힘들었던 고3 시기가 삶의 버팀목이 되었어요!

매월 신학기가 되고 3월이 되면 전국단위 모의평가를 보게 됩니다. 시험을 본 많은 학생들이 성적이 좋지 않게 나왔다고 고민하게 되지요. 저는 그런 학생들에게 이렇게 질문합니다. "1년 뒤 모습을 상상했을 때 오늘을 만족할 수 있는가?"라고 말이지요. 스스로에게 던지는 이와 같은 물음을 항상 잊지 말고 지금 내게 주어진 하루를 충실히 보내야 한다고 조언을 합니다.

수험생활을 '자신이 되고 싶은 1년 뒤 모습을 그리고 그 모습에 다가가는 시간.'이라고 정의합니다. 컨설팅을 하다 보면 처음에는 막연했던 꿈이 시간이 지나면서 구체적인 현실로 변했다는 이야기를 많

이 듭니다. 이 과정을 통해 배운 습관이 대학생활과 사회생활에 큰 도움이 되었다는 제자의 이야기도 생각납니다.

제 경우도 마찬가지였습니다. 고등학교 3학년까지 공부를 안 했으니까 재수 때 정말 치열하게 했습니다. 그런 경험들이 나중에 대학생활을 하거나 사회생활을 할 때 어려운 일을 이겨낼 수 있는 버팀목이 된 것 같습니다.

고3이라는 시기는 결과만 놓고 생각하면 소모적인 시간이 됩니다. 그 과정에서 의미를 찾아야 노력한 만큼 강하게 단련되는 생산적인 시기가 됩니다. 이따금 나태해질 때면 치열했던 20대를 떠올리며 마음을 다잡습니다. 비행기는 공기저항 없이 1m도 날 수 없는 것처럼 치열했던 시기가 있었기 때문에 지금의 제가 있다고 생각합니다.

PART 2

올해 출제될
수능을 미리
볼 수 있다고?

① 수능은 이미 공개되었다

Q : 수능을 정말 예상할 수 있나요?
A : 수능을 예측하는 방법은 '따로' 있습니다.

재수를 하고 처음 수능 시험 공부를 할 때는 저도 막연한 노력으로 시행착오를 겪었습니다. 그러다 우연히 수능 시험을 출제하는 한국교육과정평가원의 자료를 볼 기회가 있었습니다. 매번 수능 시험이 치러지고 나면, 평가원에서는 모든 국민이 볼 수 있게 시험 출제의 방향과 이유를 사이트에 공지합니다. 그 기준을 바탕으로 공부 방향을 재정비하고 순차적으로 공부를 해나갔습니다. 그런 시간들이 쌓이니 패턴이 보이기 시작했습니다. 그렇게 네 번째 시험을 치를 때는 수능 시험 문제를 정말로 예측할 수 있을 정도로 수능 시험 출제 방향에 대해 정확하게 이해할 수 있는 단계에 이르렀습니다.

낯선 장소를 찾아갈 때 어떻게 가는 것이 가장 빠를까요?

인터넷을 검색하거나 이미 다녀온 사람에게 직접 물어볼 수도 있을 것입니다. 또 내비게이션을 이용할 수도 있습니다. 요컨대 목적지에 도착하기 위해 다양한 방법이 존재합니다. 우리는 지금 수능과 대입성 공이라는 목적지를 향해 출발하려고 합니다. 어떻게 하면 가장 빠르고 정확하게 목적지에 도착할 수 있을지에 대한 답을 가지고 출발해야 합니다.

낯선 길을 갈 때 가장 중요한 것은 정보력입니다. 무턱대고 열심히 공부하던 시대는 지났습니다. 수능에 대한 정보를 가장 많이, 가장 정확하게 입수하는 것이 수능이라는 레이스를 시작하는 첫걸음입니다. 매년 수능 강의를 시작하면서 학생들에게 다음과 같이 묻습니다.

"수능 시험을 어디서 출제하는 줄 알고 있니?"

너무나 평범해 보이는 이 질문에 자신 있게 답하는 고3 학생은 그리 많지 않습니다. 앞서 낯선 길을 갈 때 내비게이션을 이용한다고 답했던 학생들도 수능에 대해서는 너무나 무지한 것이 현실입니다.

수능 시험은 한국교육과정평가원(이하 평가원) 수능시험출제본부에서 출제를 합니다. 평가원에서는 수능 시험 출제를 비롯해 그 동안의 수능 시험 기출문제를 공개하고 있습니다. 뿐만 아니라 각 시험 문항이 만들어지는 과정을 예시 자료와 함께 설명하고 있으며 EBS 연계 교재 반영 방법과 실제 수능 시험 문항 적용 예제도 보도 자료 형식으로 공개합니다. 시기별 효과적인 수능 학습 방법을 안내 책자 형식으로 만들어 배포하고 있으며 홈페이지에도 그 자료를 공개해 수능 시험을 준비하는 학생들과 학부모님들의 궁금증에 답하고 있습니다. 지나칠 정도로 친절하게 말입니다.

시험 정보를 꽁꽁 비밀로 감춰둘 거라는 많은 사람들의 예상과 달리 출제 기관에서는 출제 과정부터 수능 학습 방법에 이르기까지 모든 정보를 매년 홈페이지를 통해 공개하고 있는 것입니다. 시험에 대해 가장 잘 아는 사람은 시험을 출제하는 사람입니다. 따라서 본격적인 수능 공부를 시작하기에 앞서 평가원 사이트에 공개된 다양한 정보를 입수해야 합니다. 수능이 끝나면 매년 논란이 되는 이의 제기 문항도 출제자의 머릿속을 들여다볼 수 있는 훌륭한 자료가 됩니다.

출제 기관에서 직접 공개한 정보만큼 중요하고 정확한 정보는 없습니다. 평가원에서는 매년 4월이면 '대학수학능력시험 학습 방법 안내' 자료를 홈페이지에 공개합니다.

(http://suneung.re.kr) 당해 연도 수능 시험, 방향성을 제시하는 보도 자료 머리말은 언제나 이렇게 시작됩니다.

대학수학능력시험(이하 수능)은 고등학교뿐만 아니라 초등학교와 중학교 등 교육 전반에 걸쳐 지대한 영향을 미치고 있으며, 수험생을 비롯한 모든 국민의 관심 대상이 되어 왔습니다.

2021학년도 수능은 2015 개정 교육과정을 기반으로 출제하는 것을 원칙으로 하여, 학교에서 가르치는 내용과 수능의 출제 내용을 일치시킴으로써 학교 수업을 통해 충분히 수능을 준비할 수 있도록 출제할 것입니다.

수험생과 학부모님들은 수능 준비를 위한 학습 방법에 대해서 많은 궁금증을 가지고 있습니다. 한국교육과정평가원에서는 수험생들의 궁금증을 해소하고, 나아가 학교 현장에서 교육과정과 교수·학습 및 평가의 적절한 운영 및 수행에 도움을 주고자 올해에는 더 많은 내용을 포함시킴은 물론 가독성을 높인 학습 안내 책자를 발간하게 되었습니다.

이 책자는 2021학년도 수능 체제의 특징, 영역별 시험의 성격 및 평가목표, 학습방법, 수능-EBS 연계 방식 및 유형의 주요 내용을 담고 있습니다. 특히 수능-EBS 연계 방식 및 유형에서는 연계 유형별 특징과 예시 문항을 제시함으로써 수험생들이 EBS 연계 교재를 통해 효과적으로 학습할 수 있도록 하였습니다.

이 책자를 통하여 수험생들이 수능의 성격과 평가 목표를 더 잘 이해하여 효율적으로 수능을 준비할 수 있기를 바랍니다. 아울러 학교에서 학생들을 지도하시는 교사 및 교육 관계자에게도 도움이 되기를 기대합니다.

2020.3.31.(화)에 '2021학년도 대학수학능력시험 시행기본 계획'이 발표 되었습니다.

자료에서 확인할 수 있듯이 평가원 보도 자료는 수능 영역 과목별 연계율의 방향성과 학습 방법에 대한 계획을 확인할 수 있는 자료가 됩니다.

올해 대학수학능력시험(이하 수능)은 학생들이 학교교육을 충실히 받고 EBS 연계 교재와 강의로 보완하면 문제를 해결할 수 있는 수준으로 출제할 계획이다. 또한 한국사 영역을 제외한 전 영역/과목에 2015 개정 교육과정이 처음 적용되므로 해당 교육과정의 내용과 수준에 맞추어 출제하고, 수능이 끝난 후 문항별 성취기준 등 교육과정 근거를 공개할 예정이다. EBS 수능 교재 및 강의와 수능 출제의 연계도 전년과 같이 영역/과목별 문항 수 기준으로 70% 수준을 유지한다. 영어 영역의 경우 학생들이 한글 해석본을 암기하는 문제를 해소하기 위해 2016학년도부터 적용하였던 EBS 연계 방식을 올해에도 유지한다.

수능이 안정적으로 출제 · 시행될 수 있도록 2차례(6월, 9월)의 모의평가를 실시하여 수험생들에게 적용할 수 있는 기회를 제공하고자 하며, 학생들의 균형 있는 영어능력을 향상시킬 수 있는 학교 수업을 유도하기 위하여 2018학년도 수능부터 도입된 영어 영역 절대평가는 올해도 유지한다. 필수로 지정된 한국사 영역의 경우, 변별이 아닌 우리 역사에 대한 기본 소양을 평가하고, 수험 부담이 최소화되도록, 핵심적이고 중요한 내용 중심으로 평이하게 출제할 계획이다. 또한 필수화 취지에 따라 한국사 영역 미응시자의 경우 수능 성적 전체가 무효 처리되며 성적통지표가 제공되지 않는다.

② 출제자가 말해주는 출제 의도

Q: 입시 정보가 너무 많아서 헷갈립니다. 알짜 정보는 어떻게 구분할 수 있을까요?
A: 최고급 입시 정보에는 출제기관 바코드가 찍혀있습니다.

시험 출제를 담당하는 기관의 정보만큼 중요하고 정확한 정보는 없습니다. 수능 시험 출제기관인 한국교육과정평가원에서 발표하는 자료를 효과적으로 활용하는 것이야말로 수능에서 원하는 결과를 얻는 지름길입니다. 또한, 기출문제를 최대한 많이 접하고, 수능 시험과 70% 연계되는 EBS교재를 효과적으로 활용하면 수능의 본질에 더 가까이 다가갈 수 있습니다.

브리태니커 백과사전은 세계에서 가장 영향력 있는 사전으로 학술 발표회나 전문 지식을 발표하는 자리에서 자주 인용됩니다. 즉, 브리태니커와 같이 영향력 있는 백과사전에 수록된 내용이라면 누구나 인정할 수밖에 없는 것입니다. 논란이 있는 문제도 '브리태니커에 의하면'이라는 말 한 마디로 정리가 됩니다. 마찬가지로 수능을 준비하는 우리는 '수능 출제기관인 평가원에 의하면'이라는 말에 익숙해져야 합니다. 우리가 접해야 하는 최고급 정보는 사설 입시 기관이 아닌 평가원에서 직접 발표한 자료인 것입니다.

평가원은 매년 수능 시험을 비롯해 6월과 9월 전국연합모의평가를 출제합니다. 이에 따라 각 시험별 시행 계획과 시험 관련 준비 자료를 비롯해 시험이 끝난 후에는 각종 질의응답 및 이의 제기 문항을 보도자료 형태로 공개합니다. 우리는 이 자료를 통해 시험이 어떻게 출제가 되고, 시기마다 어떠한 방법으로 준비해야 되며, 기출문제를 어떻게 활용해야 하는지에 대한 가장 객관적인 정보를 얻을 수 있습니다.

시험과 관련한 수많은 정보를 담고 있는 이 자료에서 우리가 주목해야 할 부분은 바로 영역별 자료 페이지의 '문항 유형' 부분입니다. 이 부분에 출제자의 의도를 그대로 담고 있기 때문에 각 기출 문항을 분석하고 자신이 부족한 문항을 공부할 때 정답을 찾는 객관적인 근거 자료로 활용할 수 있습니다. 수능 시험 기출문제를 3회 정도 풀어본 학생이라면 누구나 각 영역마다 반복 출제되는 유형이 정해져 있음을 알 수 있습니다. 이는 수능이 평가하고자 하는 목표와 성격이 고등학교 교과과정의 특정 부분으로 정해져 있기 때문입니다. 출제 단원과 주제가 정해져 있는 과목은 수리, 사회, 과학 영역입니다. 국어 영역과 영어 영역은 해당 지문의 내용은 매번 바뀌지만 출제되는 유형은 매년 동일합니다.

모든 문제에는 출제자의 의도가 숨어 있습니다. 2020학년도 대학수학능력시험 출제본부 보도 자료입니다. 각 영역에서 출제자의 출제 의도와 EBS 연계교재 출제 문항을 확인할 수 있습니다.

① 2020학년도 수능 시험 국어 영역

자세히 살펴 볼까요!

하위 평가 내용 영역별로 살펴보면 '화법'의 경우, 총 5개 문항(1~3번, 4~5번)을 출제하였다. '화법과 작문' 중 화법 교육과정에서 제시하고 있는 '화법의 개념, 원리, 과정 등에 대한 이해 및 다양한 담화 상황에서의 실제적인 화법 능력'을 평가 목표로 하여, '볼펜에 대한 학생 발표'를 소재로 한 문항(1~3번), '인공 지능 면접에 대한 토론'을 소재로 한 문항(4~5번) 등을 출제하였다.

'작문'의 경우, 총 5개 문항(6~7번, 8~10번)을 출제하였다. '화법과 작문' 중 작문 교육과정에서 제시하고 있는 '작문의 개념, 원리, 과정 등에 대한 이해 및 다양한 작문 상황에서의 실제적인 작문 능력'을 평가 목표로 하여, '인간과 인공 지능의 관계에 대한 주장하는 글쓰기'를 소재로 한 문항(6~7번), '지역 방언 보호에 관한 글쓰기'를 소재로 한 문항(8~10번) 등을 출제하였다.

'문법'의 경우, 총 5개 문항(11~15번)을 출제하였다. '독서와 문법' 중 문법 교육과정에서 제시하고 있는 '국어의 구조, 국어의 변천, 국어 생활에 관한 이해와 탐구 능력'을 평가 목표로 하여, '다의어의 의미 관계'를 설명한 지문을 바탕으로 출제한 문항(11~12번), '음운 변동 및 음절 유형'을 소재로 한 문항(13번), '관형사형 어미의 체계'를 소재로 한 문항(14번), '국어 자료의 탐구 활동'을 소재로 한 문항(15번) 등을 출제하였다.

'독서'의 경우, 총 15개 문항(16~20번, 26~29번, 37~42번)을 출제하였다. '독서와 문법' 중 독서 교육과정에서 제시하고 있는 '독서의 개념과 원리, 다양한 분야와 시대에 대한 능동적이고 통합적인 독서 능력'을 평가 목표로 하여, '조건화 원리에 따른 믿음의 정도 변화'를 소재로 한 인문 지문(16~20번), '장기 이식과 내인성

▲ 2020학년도 대학수학능력시험 출제본부 보도 자료

레트로바이러스'를 소재로 한 과학 지문(26~29번), '국제적 기준의 규범성'이라는 화제에 대해 법학, 경제학적 설명을 연계한 융합 지문(37~42번) 등 다양한 분야와 제재를 활용하여 출제하였다.

'문학'의 경우, 총 15개 문항(21~25번, 30~32번, 33~36번, 43~45번)을 출제하였다. '문학' 교육과정에서 제시하고 있는 '문학의 수용과 생산, 한국 문학의 범위와 역사, 문학과 삶에 대한 이해와 창의적 사고력'을 평가 목표로 하여, 신계영의 '월선헌 십육경가'와 권근의 '어촌기'를 소재로 한 고전시가·수필 복합 지문(21~25번), 김소진의 '자전거 도둑'을 소재로 한 현대 소설 지문(30~32번), 작자 미상의 '유씨 삼대록'을 소재로 한 고전 소설 지문(33~36번), 윤동주의 '바람이 불어'와 김기택의 '새'를 소재로 한 현대시 지문(43~45번) 등 현대와 고전의 다양한 갈래의 작품들을 활용하여 출제하였다.

▲ 2020학년도 대학수학능력시험 출제본부 보도 자료

【예시 문항 1】 국어 26~29번 세트의 지문과 문항

[26~29] 다음 글을 읽고 물음에 답하시오.

신체의 세포, 조직, 장기가 손상되어 더 이상 제 기능을 하지 못할 때에 이를 대체하기 위해 이식을 실시한다. 이때 이식으로 옮겨 붙이는 세포, 조직, 장기를 이식편이라 한다. 자신이나 일란성 쌍둥이의 이식편을 이용할 수 없다면 다른 사람의 이식편으로 '동종 이식'을 실시한다. 그런데 우리의 몸은 자신의 것이 아닌 물질이 체내로 유입될 경우 면역 반응을 일으키므로, 유전적으로 동일하지 않은 이식편에 대해 항상 거부 반응을 일으킨다. 면역적 거부 반응은 면역 세포가 표면에 발현하는 주조직적합복합체(MHC) 분자의 차이에 의해 유발된다. 개체마다 MHC에 차이가 있는데 서로 간의 유전적 거리가 멀수록 MHC에 차이가 커져 거부 반응이 강해진다. 이를 막기 위해 면역 억제제를 사용하는데, 이는 면역 반응을 억제함으로 질병 감염의 위험성을 높인다.

이식에는 많은 비용이 소요될 뿐만 아니라 이식이 가능한 동종 이식편의 수가 매우 부족하기 때문에 이를 대체하는 방법이 개발되고 있다. 우선 인공 심장과 같은 '전자 기기 인공 장기'를 이용하는 방법이 있다. 하지만 이는 장기의 기능을 일시적으로 대체하는 데 사용되며, 추가 전력 공급 및 정기적 부품 교체 등이 요구되는 단점이 있고, 아직 인간의 장기를 완전히 대체할 만큼 정교한 단계에 이르지는 못했다.

다음으로는 사람의 조직 및 장기와 유사한 다른 동물의 이식편을 인간에게 이식하는 '이종 이식'이 있다. 그런데 이종 이식은 동종 이식보다 거부 반응이 훨씬 심하게 일어난다. 특히 사람이 가진 자연항체는 다른 종의 세포에서 발현되는 항원에 반응하는데, 이로 인해 이종 이식편에 대해서 초급성 거부 반응 및 급성 혈관성 거부 반응이 일어난다. 이런 거부 반응을 일으키는 유전자를 제거한 형질 전환 미니돼지에서 얻은 이식편을 이식하는 실험이 성공한 바 있다. 미니돼지는 장기의 크기가 사람의 것과 유사하고 번식력이 높아 단시간에 많은 개체를 생산할 수 있다는 장점이 있어, 이를 이용한 이종 이식편을 개발하기 위한 연구가 진행되고 있다.

이종 이식의 또 다른 문제는 ㉠내인성 레트로바이러스이다. 내인성 레트로바이러스는 생명체의 DNA의 일부분으로, 레트로바이러스로부터 유래된 것으로 여겨지나 고유의 기능을 가지는데, 이는 바이러스의 활성을 가지지 않아 사람을 포함한 모든 포유류에 존재한다. ㉡레트로바이러스는 자신의 유전 정보를 RNA에 담고

그러나 내인성 레트로바이러스를 떼어 내어 다른 종의 세포 속에 주입하면 이는 레트로바이러스로 변환되어 그 세포를 감염시키기도 한다. 따라서 미니돼지의 DNA에 포함된 내인성 레트로바이러스를 효과적으로 제거하는 기술이 개발 중에 있다.

그동안의 대체 기술과 관련된 연구 성과를 토대로 ㉮이상적인 이식편을 개발하기 위해 많은 연구가 수행되고 있다.

26. 윗글에서 알 수 있는 내용으로 적절하지 않은 것은?

① 동종 간보다 이종 간에 MHC 분자의 차이가 더 크다.
② 면역 세포로 적용으로 인해 장기 이식의 거부 반응이 일어난다.
③ 이종 이식을 하는 것만으로도 바이러스 감염의 원인이 될 수 있다.
④ 포유동물은 과거에 어느 조상이 레트로바이러스에 의해 감염된 적이 있다.
⑤ 레트로바이러스는 숙주 세포의 역전사 효소를 이용하여 RNA를 DNA로 바꾼다.

27. ㉮가 갖추어야 할 조건으로 적절하지 않은 것은?

① 이식편의 비용을 낮추어서 정기 교체가 용이해야 한다.
② 이식편이 대체를 하려는 장기와 크기가 유사해야 한다.
③ 이식편과 수혜자 사이의 유전적 거리를 극복해야 한다.
④ 이식편을 짧은 시간에 대량으로 생산이 가능해야 한다.
⑤ 이식편이 체내에서 거부 반응을 유발하지 않아야 한다.

28. 다음은 신문 기사의 일부이다. 윗글을 참고할 때, 기사의 ㉯에 대한 반응으로 적절하지 않은 것은? [3점]

○○신문

최근의 줄기 세포 연구와 3D 프린팅 기술이 급속도로 발전하고 있다. 줄기 세포는 인체의 모든 세포나 조직으로 분화할 수 있다. 그러므로 수혜자 자신의 줄기 세포만을 이용하여 3D 바이오 프린팅 기술로 제작한 ㉯세포 기반 인공 이식편을 만들 수 있을 것으로 전망된다. 이미 미니 폐, 미니 심장 등의 개발 성공 사례가 보고되었다.

EBS 교재 「수능완성 - 국어」 86~89쪽 1~3번 세트의 지문과 문항

[01~04] 다음 글을 읽고 물음에 답하시오.

　　많은 사람의 목숨을 위협하고 있는 후천 면역 결핍증이나 사스(SARS), 독감 등은 모두 바이러스가 일으키는 감염증들이다. 현대 의학과 약학의 역사는 이러한 감염증과의 싸움의 역사라고 해도 과언이 아니다. 바이러스는 혼자서는 증식할 수 없고, 숙주 세포*에 기생하여 그 세포의 단백질 합성계와 에너지를 이용해서 증식한다. 그리고 바이러스가 증식하는 과정에서 숙주 세포에 장애를 일으키고 이것이 질병이 되는 것이다. 그러므로 바이러스 감염으로 인한 질병의 치료제 개발을 위해서는 바이러스의 생활사를 이해할 필요가 있다.

　　치료가 어려운 감염증들의 원인이 되는 레트로바이러스의 생활사를 살펴보면서 새로운 약제의 개발 가능성을 탐색해 보자. 레트로바이러스는 RNA를 유전자로 갖고 있는 RNA 바이러스의 일종이며 그 RNA를 주형으로 하여 DNA를 합성하는 역전사 효소*를 가지고 있는 바이러스이다. 일반적으로는 DNA의 유전 정보가 RNA로 전사되고 이를 바탕으로 단백질이 합성되지만 레트로바이러스의 경우에는 이와 반대로 RNA로부터 DNA가 만들어진다. 레트로바이러스가 숙주 세포에 들어가 증식한(감염) 후 숙주 세포로부터 나가는(방출) 과정을 간략히 설명하면 다음과 같다. 바이러스가 숙주 세포에 흡착, 침입한 다음 세포 내로 RNA를 방출하면 역전사 효소의 작용에 의해 이 RNA를 주형으로 DNA가 합성된다. 다음에 이 DNA는 이중 가닥의 DNA가 된 후 숙주 세포의 DNA로 끼어들어 간다. 이 상태를 '프로바이러스'라고 하는데, 바이러스의 유전 정보가 숙주 세포의 DNA 속으로 잠입한 형태이다. 다음으로 숙주 세포가 가지고 있는 전사 및 단백질 합성 시스템을 사용하여 바이러스의 단백질들이 합성되고 이 단백질들을 이용하여 다시 바이러스가 조립되어 세포 밖으로 나온다. 이런 과정을 통해서 숙주 세포는 감염되고 방출된 바이러스 입자는 새롭게 감염시킬 세포를 찾아간다. 이러한 생활사의 특정 부분을 방해하면 바이러스의 활동을 정지시킬 수 있을 것이다. 바이러스 퇴치를 위한 약제의 개발은 바로 여기에서부터 시작된다.

(중략)

🎬 지문 내용을 세부적으로 확인하는 유형

02 윗글에 대한 이해로 적절하지 않은 것은?

① 면역 세포에만 특징적으로 존재하는 세포 표면 단백질로 인해서 면역 세포는 레트로바이러스에 감염되지 않을 수 있다.

② 프로바이러스 상태가 되면, 숙주 세포는 바이러스의 DNA 정보에 따라 바이러스 조립에 필요한 단백질을 합성하게 된다.

③ 레트로바이러스는 일반적인 유전 정보의 전달 과정과는 반대로 RNA로부터 DNA를 합성하도록 돕는 역전사 효소를 가지고 있다.

④ 레트로바이러스는 세포를 감염시킨 후 다시 바이러스가 조립되어 방출되기 때문에 또 다른 세포를 감염시키는 과정을 반복할 수 있게 된다.

⑤ 뉴클레오사이드계 역전사 효소 저해제는 뉴클레오사이드와 구조는 유사하지만 하이드록시기가 없는 점을 이용해서 바이러스 DNA의 합성을 막는다.

(하략)

▲ 2020학년도 대학수학능력시험 출제방향 보도자료

【예시 문항 2】국어 33~36번 세트의 지문과 문항

[33~36] 다음 글을 읽고 물음에 답하시오.

[앞부분의 줄거리] 아들 유세기가 부모의 허락 없이 백공과 혼사를 결정했다고 여긴 선생은 유세기를 집에서 내쫓는다.

백공이 왈,

"혼인은 좋은 일이라 서로 헤아려 잘 생각할 것이니 어찌 [이같이 좋지 않은 일]이 일어나는가? 내가 한림의 재모를 아껴 이같이 기별해 사위를 삼고자 하였더니 선생 형제는 도학 군자라 예가 아닌 것을 뭇밖게라신도다. 내가 마땅히 곡절을 말하리라."

이에 백공이 유씨 집안에 이르러 선생 형제를 보고 인사를 하고 나서 흔쾌히 웃으며 가로되,

"제가 두 형과 더불어 죽마고우로 절친하고 또 아드님의 특출함을 아껴 제 딸의 배필로 삼고자 하여, 어제 세기를 보고 여차여차하니 아드님이 단호하게 말하고 돌아가더이다. 제가 더욱 흠모하여 염치를 잊고 거짓말로 일을 꾸며 구혼하면서 '정약'이라는 글자 둘을 더했으니 이는 진실로 저의 희롱함이외다. 두 형께서 과도히 곧이듣고 아드님을 엄히 꾸짖으셨다 하니, 혼사에 도리어 괘방이 되었으므로 어찌 우습지 않으리까? 원컨대 두 형은 아드님을 용서하여 아드님이 저를 원망하게 하지 마오."

선생과 승상이 비야흐로 아들의 죄가 없는 줄을 알고 기뻐 하면서 사례하 왈,

"저희 자식이 분에 넘치게 공의 극진한 대우를 받으니 마땅히 그 후의를 받들 선물이나 이는 선조로부터 내려오는 가법이 아니므로 감히 재취를 허락하지 못하였소이다. 저희 자식이 방자함이 있나 통탄하였더니 그간 곡절이 이렇듯 있었소이다."

백공이 화답하고, 이윽고 돌아가서 다시 혼삿말을 이르지 못하고 딸을 다른 데로 시집보냈다. 선생이 백공을 돌려보낸 후에 한림을 불러 앞으로 더욱 행실을 닦을 것을 훈계하자 한림이 절을 하면서 명령을 받들었고, 차후 더욱 행실을 배우기를 힘써 학문과 도덕이 날로 숙연하고, 소 소저와 더불어 백수해로 하면서 여립 아들, 두 딸을 두고, 집안에 한 명의 첩도 없이 부부 인생 희로를 요동함이 없더라.

승상의 둘째 아들 세형의 자는 문회이니, 형제 중 가장 빼어 났으니 신천의 정기와 일월의 조화를 타고 태어나 아름다운 얼굴은 윤택한 옥과 빛나는 봄꽃 같고, 호방하고 깨끗한 풍채는 용과 호랑이의 기상이 있으며, 성품이 호기롭고 의협심이 강하고 맑고 더러움의 분별을 조금도 잃지 않으니, 부모가 매우 사랑하여 며느리를 널리 구하더라.

(중략)

화설, 장 씨 ⓐ이화정에 돌아와 긴 단장을 벗고 난간에 기대어 하늘가를 바라보며 평생 살아갈 계책을 곰곰히 헤아리자, 한이 눈썹에 맺히고 슬픔이 마음속에 가득하여 생각하되,

'내가 재상가의 귀한 몸으로 유생과 백년가약을 맺었으니 마음이 흡족하고 뜻이 즐거울 것이거늘, 천지의 귀함으로 한 부마를 룸는데 어찌 구차하여 나의 아름다운 낭군을 빼앗아가 위세로써 나로 하여금 공주 저 사람의 아래가 되게 하

섰는가? 도리어 저 사람의 덕을 찬송하고 은혜를 읊어 한없는 영광은 남에게 돌려보내고 구차한 자취는 내 일신에 모이게 되었도다. 우주 사이는 우러러 바라보기나 하려니와 나와 공주의 현격함은 하늘과 땅 같도다. 나의 재주와 용모가 저 사람보다 떨어지는 것이 없고 먼저 혼인 예물까지 받았는데 이처럼 남의 천대를 감심할 줄 어찌 알리오? 공주가 덕을 배풀수록 나의 몸엔 빛이 나지 않으리니 제 짐짓 능활하여 아버님, 어머님이나 시누이를 제 편으로 끌어들인다면 낭군의 마음은 이를 좇아 완전히 달라질지라. 슬프다, 나의 앞날은 어이 될고?'

[A]

생각이 이에 미치자 북받쳐 오르는 한이 마음속에 가득 쌓이기 시작하니 어찌 좋은 뜻이 나리오? 정히 눈물을 머금고 마음을 붙일 곳 없어하더니, 문득 세형이 보라색 두건과 녹색 도포를 가볍게 나부끼며 이르러 장 씨의 참담한 안색을 보고 옥수를 잡고 어깨를 비스듬히 기대게 하며 물어 왈,

"그대 무슨 일로 슬픈 빛이 있나뇨? 나를 죽음을 원망하는가?"

장 씨가 잠시 동안 탄식 왈,

"낭군은 부질없는 말씀 마옵소서. 제가 낭군을 좇는 것을 원망했다면 어찌 깊은 규방에서 홀로 늙는 것을 감심하였 사오리까? 다만 제가 귀댁에 들어온 지 오륙일이 지났으나 좌우에 친한 사람이 없고 오직 우러르는 비는 아버님, 어머님과 낭군뿐이라 어린 여자의 마음이 편안하지 못한 비이옵니다. 공주가 위에 계셔 온 집의 권세를 오로지 하시니 그 위의와 덕택이 저로 하여금 면변품은 재주 가진 하령이 머뭇거나 채색 우물 속에서 하늘을 바라보는 것 같게 만드나. 제가 감히 항거할 뜻이 있는 것이 아니라 평생의 신세가 구차하여 슬프고, 진양궁에 나아가면 궁비와 시녀들이 다 저를 손가락질하며 비웃어 한 가지 일도 자유롭게 하지 못하게 하옵고, 제 입에서 말이 나면 일천여 시녀가 다 제 입을 가리니, 공주의 은덕에 의지하여 겨우 실례를 면하고 돌아왔사옵니다."

[B]

부마가 비야흐로 장 씨의 의로움을 가련하게 여기고 공주의 위세가 장 씨를 억누르는 것을 좋지 않게 여기다가 장 씨의 이렇듯 애원한 모습을 보자 크게 불쾌하여 장 씨를 위한 애정이 샘솟는 듯하였다. 은근하게 간곡하게 장 씨를 위로하고 그 절개와 외로움에 감동하여 이날부터 발자취가 ⓑ이화정을 떠나지 않았다. 연리지와 같은 신혼의 정은 양쪽의 꿈에 빠진 듯 어지럽고, 낙천의 마음이 취한 듯 기쁘고 즐거워 바라던 바를 다 얻은 듯한 마음은 세상에 비할 데가 없더라.

— 작자 미상, 「유씨삼대록」 —

33. [이같이 좋지 않은 일]에 대한 이해로 적절하지 않은 것은?

① 백공의 거짓말 때문에 일어난 일이다.
② 백공이 한림을 곤경에 처하게 한 일이다.
③ 선생과 승상 사이에서 의견 대립이 심화된 일이다.
④ 한림이 선생과 승상으로부터 꾸지람을 당한 일이다.
⑤ 백공이 한림을 자신의 딸과 혼인시키려다 일어난 일이다.

(하략)

▲ 2020학년도 대학수학능력시험 출제방향 보도자료

[09~12] 다음 글을 읽고 물음에 답하시오.

태후가 더욱 염려하시어 상을 돌아보고 말씀하셨다.

"진양 공주의 병이 이같이 중대한데 좌우에서 조심함이 없어 그 먹는 약에 독을 넣었다 하니 어찌 역모를 꾀하는 무리가 아니리오? 상께서는 빨리 형벌을 갖추어 궁궐에 속한 사람들을 심문하소서."

상이 명을 받드시자 태후가 또 말씀하셨다.

"공주가 어려서부터 성스러운 덕이 있으니 궁인들이 무슨 연고로 그 주인을 몰래 해치려 하리오? 짐이 전일에 친히 누에를 칠 때 장 씨를 보았는데 가장 간악하고 음흉한 여자였다. 이 일이 어찌 장 씨가 저지른 악행이 아니겠는가?"

이에 장 씨의 주변 사람들을 먼저 심문하라 하셨다. 태후가 안에서 상과 사사로이 의논하신 옥사(獄事)로 유사(有司)가 비록 삼척(三尺)의 법률 조문을 잡지는 않았으나 내시와 사관(史官)이 뜰아래 시위하고 어림군(御臨軍)이 수풀 같아서 형장(刑杖) 기구들을 진열해 놓았으니 진공 또한 마음이 두려워 계단 아래에서 죄를 청하였다.

장 씨가 비록 매우 대담하나 이때를 당해서는 넋이 날아가고 담이 떨어지는 듯하여 단지 가슴을 두드리며 자결하고자 하였다. 그러나 좌우가 붙들어 말리어 대(臺) 아래에서 명령을 기다리게 되었다. 상이 엄한 형벌로 먼저 장 씨의 시녀를 심문하셨다. 평범한 사람들이 하인들을 심문하는 위세라도 오히려 두렵거늘 하물며 천자의 위세일 것인가? 호령이 벽력같으니 불과 십여 장에 장 씨의 시녀 채운이 자백하였다.

(중략)

9001-0257

12 〈보기〉를 바탕으로 윗글을 이해한 내용으로 적절하지 않은 것은?

┌─ 보기 ─────────────────────────────────────

「유씨삼대록」은 18세기에 널리 향유된 국문 장편 소설로, 사대부 가문의 창달과 번영, 인생살이의 다채로운 모습을 빌도 높게 보여 주는 작품이다. 이 작품은 '진양 공주전'이라 평가되기도 할 만큼, 유씨 가문을 수호하는 가장 전인적인 인물로 그려지는 진양 공주의 인물이 집중적으로 부각된다. 특히 가족 구성원 간의 갈등에서 비롯된 사건을 중심으로, 당대 여성들의 삶에 가해지는 제약을 충실히 반영하는 가운데 상층 가문의 품격 높은 삶을 재현하고 있다. 특히, 세세한 대목에서 당대의 예법을 충실히 재현하려 애쓰고 있어, 당대 상층의 삶에 가장 밀착되어 있는 가운데 이를 격조 높게 형상화한 작품으로 평가된다.

└───

① '장 씨의 주변 사람들'을 심문하기 위해 태후가 직접 나서는 모습은 위기에 대응하여 왕실의 창달과 번영을 꾀하려는 노력이라고 할 수 있겠군.

② 진양 공주의 '먹는 약에 독을 넣'은 것이 장 씨라고 태후에게 실토하는 채운의 증언은 가족 구성원 간의 갈등이 표출된 사건의 전말을 보여 준다고 할 수 있겠군.

③ 진양 공주가 자신을 해하려 한 장 씨의 '죄를 은닉'해 주려 했다는 장손 상궁의 말은 전인적인 인물로서 진양 공주의 인품을 드러낸다고 할 수 있겠군.

④ 시비를 처형한 장 씨의 행태에 대해 '부녀자의 호령은 중문 밖을 나가서는 안' 된다는 이 부인의 말은 당대 여성에게 가해진 제약을 보여 준다고 할 수 있겠군.

⑤ '진공 아주버님의 박대'를 장 씨 행위의 원인이라고 보는 소 씨의 말은 가문 내의 갈등 상황이 벌어지는 이유를 드러낸다고 할 수 있겠군.

(하략)

▲ 2020학년도 대학수학능력시험 출제방향 보도자료

② 2020학년도 수능 시험 수학 영역

이외에 수학 가형에서는 로그함수를 미분할 수 있는지를 묻는 문항(22번), 삼각함수의 덧셈정리를 활용하여 문제를 해결할 수 있는지를 묻는 문항(10번), 합성함수의 미분과 역함수의 미분을 활용하여 미분계수를 구할 수 있는지를 묻는 문항(26번), 함수의 그래프의 개형과 정적분의 의미를 이해하여 문제를 해결할 수 있는지를 묻는 문항(21번), 중복조합을 이해하여 조합의 수를 구할 수 있는지를 묻는 문항(16번), 독립시행의 확률을 이해하고 이를 활용하여 문제를 해결할 수 있는지를 묻는 문항(25번), 정규분포의 뜻을 알고 그 성질을 이해할 수 있는지를 묻는 문항(18번), 쌍곡선의 뜻을 알고 이를 활용하여 문제를 해결할 수 있는지를 묻는 문항(17번), 미분법을 이용하여 속력에 대한 문제를 해결할 수 있는지를 묻는 문항(9번), 좌표공간에서 벡터와 직선의 방정식을 활용하여 문제를 해결할 수 있는지를 묻는 문항(29번) 등을 출제하였다.

수학 나형에서는 두 집합 사이의 포함 관계를 이해할 수 있는지를 묻는 문항(2번), 역함수의 뜻을 알고 있는지를 묻는 문항(7번), 여러 가지 수열의 첫째항부터 제n항까지의 합을 구할 수 있는지를 묻는 문항(25번), 로그의 뜻을 알고 이를 활용하여 문제를 해결할 수 있는지를 묻는 문항(17번), 등비급수를 활용하여 문제를 해결할 수 있는지를 묻는 문항(18번), 함수의 극한을 이해할 수 있는지를 묻는 문항(8번), 함수의 그래프 개형을 그릴 수 있고 방정식과 부등식에 활용할 수 있는지를 묻는 문항(30번), 곡선으로 둘러싸인 도형의 넓이를 구할 수 있는지를 묻는 문항(26번), 순열과 조합의 뜻을 알고 순열과 조합의 수를 구할 수 있는지를 묻는 문항(22번), 조건부확률의 뜻을 알고 이를 구할 수 있는지를 묻는 문항(9번), 정규분포의 뜻을 알고 그 성질을 이해할 수 있는지를 묻는 문항(13번) 등을 출제하였다.

▲ 2020학년도 대학수학능력시험 출제본부 보도 자료

13. 그림과 같이 두 점 F$(0, c)$, F$'(0, -c)$를 초점으로 하는

타원 $\dfrac{x^2}{a^2} + \dfrac{y^2}{25} = 1$이 x축과 만나는 점 중에서 x좌표가

양수인 점을 A라 하자. 직선 $y=c$가 직선 AF$'$과 만나는

점을 B, 직선 $y=c$가 타원과 만나는 점 중 x좌표가 양수인

점을 P라 하자. 삼각형 BPF$'$의 둘레의 길이와

삼각형 BFA의 둘레의 길이의 차가 4일 때, 삼각형 AFF$'$의

넓이는? (단, $0 < a < 5$, $c > 0$) [3점]

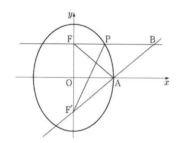

① $5\sqrt{6}$ ② $\dfrac{9\sqrt{6}}{2}$ ③ $4\sqrt{6}$

④ $\dfrac{7\sqrt{6}}{2}$ ⑤ $3\sqrt{6}$

EBS 교재 『수능완성 – 수학 가형』 105쪽 12번

12   ▶ 9050-0245

그림과 같이 두 초점이 F$(2\sqrt{6}, 0)$, F$'(-2\sqrt{6}, 0)$인 타원이

y축과 만나는 점 중에서 y좌표가 양수인 점을 A라 하자. 직선

$x=2\sqrt{6}$이 직선 AF$'$과 만나는 점을 B, 직선 $x=2\sqrt{6}$이 타원과

만나는 점 중 y좌표가 양수인 점을 P라 할 때, $\overline{PF'} - \overline{PB} = 4$이

다. 선분 PF의 길이는?

① 3   ② $\dfrac{22}{7}$ ③ $\dfrac{23}{7}$

④ $\dfrac{24}{7}$ ⑤ $\dfrac{25}{7}$

◀ 2020학년도 대학수
학능력시험 출제본부
보도 자료

8. 함수 $y=f(x)$의 그래프가 그림과 같다.

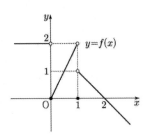

$$\lim_{x \to 0+} f(x) - \lim_{x \to 1-} f(x)$$의 값은? [3점]

① -2　　② -1　　③ 0　　　④ 1　　　⑤ 2

EBS 교재 『수능완성 – 수학 나형』 64쪽 1번

01

함수 $y=f(x)$의 그래프가 그림과 같다.

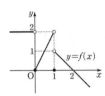

$$\lim_{x \to 0-} f(x) + \lim_{x \to 1+} f(x)$$의 값은?

① 0　　　　　　② 1　　　　　　③ 2
④ 3　　　　　　⑤ 4

▲ 2020학년도 대학수학능력시험 출제본부 보도 자료

③ 2020학년도 수능 시험 영어 영역

○ 듣기 영역의 전체 17문항 중, 순수 듣기 문항은 12문항을 출제하였으며, 간접 말하기 문항은 5문항을 출제하였다. 순수 듣기 문항은 담화의 목적(3번)과 같이 맥락을 추론하는 문항 유형이 1문항, 화자의 의견(4번)과 같이 중심 내용을 추론하는 문항 유형이 1문항, 대화자의 관계(5번)와 이유(8번)와 같이 논리적 관계를 추론하는 문항 유형이 2문항, 그림(6번)이나 할 일(7번), 담화·대화의 내용 일치/불일치, 언급/불언급(9번, 10번, 11번, 12번)과 같은 세부 내용을 파악하는 문항이 6문항, 그리고 복합 문항(16번, 17번)이 출제되었다. 간접 말하기 문항은 짧은 대화 응답 2문항(1번, 2번)과 대화 응답 2문항(13번, 14번), 담화 응답 1문항(15번)을 출제하였다. 16번과 17번(복합 문항 유형)은 1대화·담화 1문항과 달리 2회 들려주어 수험생의 시험 부담을 완화하고자 하였다.

○ 읽기 영역의 전체 28문항 중, 순수 읽기 문항은 22문항을 출제하였으며, 간접 쓰기 문항은 6문항을 출제하였다. 순수 읽기 문항은 목적(18번), 심경(19번), 주장(20번), 함축적 의미(21번)와 같이 맥락을 추론하는 문항 유형 4문항, 요지(22번), 주제(23번), 제목(24번)과 같이 중심내용을 추론하는 문항 유형 3문항, 그리고 도표(25번), 지문 내용(26번)과 실용자료(27번, 28번)의 세부내용을 파악하는 문항 유형 4문항을 출제하였다. 논리적 관계를 추론하는 빈칸 추론 유형은 빈칸이 '단어' 단위에 해당하는 문항 1문항(31번)과 '구' 단위에 해당하는 문항 3문항(32번, 33번, 34번)을 출제하였다. 간접 쓰기 문항은 글의 흐름(35번), 글의 순서(36번, 37번), 그리고 문장 삽입(38번, 39번)과 같이 상황과 목적에 맞게 쓰는 능력을 평가하는 문항 유형 5문항과 문단 요약(40번)과 같이 중심내용을 쓰는 능력을 평가하는 문항 유형 1문항을 출제하였다. 또한 어법(29번), 어휘(30번)의 어법·어휘 문항 유형 2문항, 그리고 1지문 2문항(제목-41번, 어휘-42번) 유형과 1지문 3문항(글의 순서-43번, 지칭-44번, 내용일치-45번) 유형을 각각 1문항씩 출제하였다.

▲ 2020학년도 대학수학능력시험 출제방향 보도자료

6. 대화를 듣고, 그림에서 대화의 내용과 일치하지 <u>않는</u> 것을 고르시오.

\<Script\>

W: What are you looking at, honey?
M: Aunt Mary sent me a picture. She's already set up a room for Peter.
W: Wow! She's excited for him to stay during the winter vacation, isn't she?
M: Yes, she is. I like the blanket with the checkered pattern on the bed.
W: I'm sure it must be very warm. Look at the chair below the window.
M: It looks comfortable. He could sit there and read.
W: Right. I guess that's why Aunt Mary put the bookcase next to it.
M: That makes sense. Oh, there's a toy horse in the corner.
W: It looks real. I think it's a gift for Peter.
M: Yeah, I remember she mentioned it. And do you see the round mirror on the wall?
W: It's nice. It looks like the one Peter has here at home.
M: It does. Let's show him this picture.

▲ 2020학년도 대학수학능력시험 출제방향 보도자료

5 대화를 듣고, 그림에서 대화의 내용과 일치하지 <u>않는</u> 것을 고르시오.

<Script>

M: What are you looking at, honey?

W: It's a picture that my sister sent me. She set up a room for when Tommy visits this summer.

M: Wow! Tommy will love it.

W: Yeah, he'll especially like the blanket on the bed with the stars and moons.

M: Definitely. And look at these stuffed owls on the shelf on the wall. The biggest one is wearing a hat.

W: They're so cute. Tommy will enjoy sitting on this bench next to the lamp.

M: Yeah. He could sit there and read.

W: Right. I think that's why my sister put the bookcase next to it below the window.

M: And Tommy will have fun playing with this wizard hat and wand hanging on the tree coat rack.

W: Sure thing. He's crazy about magic.

M: Yeah. Why don't you show this picture to Tommy?

W: Okay. He'll be so excited.

▲ 2020학년도 대학수학능력시험 출제방향 보도자료

【예시 문항 2】 영어 20번

20. 다음 글에서 필자가 주장하는 바로 가장 적절한 것은?

Probably the biggest roadblock to play for adults is the worry that they will look silly, improper, or dumb if they allow themselves to truly play. Or they think that it is irresponsible, immature, and childish to give themselves regularly over to play. Nonsense and silliness come naturally to kids, but they get pounded out by norms that look down on "frivolity." This is particularly true for people who have been valued for performance standards set by parents or the educational system, or measured by other cultural norms that are internalized and no longer questioned. If someone has spent his adult life worried about always appearing respectable, competent, and knowledgeable, it can be hard to let go sometimes and become physically and emotionally free. The thing is this: You have to give yourself permission to improvise, to mimic, to take on a long-hidden identity.

* frivolity: 경박함   ** improvise: 즉흥적으로 하다

① 어른도 규범에 얽매이지 말고 자유롭게 놀이를 즐겨야 한다.
② 아동에게 사회 규범을 내면화할 수 있는 놀이를 제공해야 한다.
③ 개인의 창의성을 극대화할 수 있는 놀이 문화를 조성해야 한다.
④ 타인의 시선을 의식하지 않고 자신의 목표 달성에 매진해야 한다.
⑤ 어른을 위한 잠재력 계발 프로그램에서 놀이의 비중을 늘려야 한다.

EBS 교재 「수능특강-영어」 194쪽 Test2 19번(순서)

19
[9004-0253]

주어진 글 다음에 이어질 글의 순서로 가장 적절한 것은?

When we're depressed, play can seem like a foreign concept. Sometimes when I ask my depressed clients what they envision when I say the word *play*, they look at me with a blank stare.

(A) I found that many subjects I spoke with had a hard time conceiving what play is for grown-ups, because it's different from child's play, which was the only kind of play they knew.

(B) So I decided to conduct an experiment about play with a number of people I worked with, as well as some family and friends. It was simple: I asked them all what play meant to them.

(C) This finding relates to a common thought of play. In a culture that prizes productivity, adult play seems to be defined as a negative, unproductive, self-indulgent activity — or even something X-rated. I believe that we need to update our definition of play.

* self-indulgent 방종한, 제멋대로 하는   ** X-rated 성인용 등급의

① (A) – (C) – (B)　　② (B) – (A) – (C)　　③ (B) – (C) – (A)
④ (C) – (A) – (B)　　⑤ (C) – (B) – (A)

【예시 문항 3】 영어 25번

25. 다음 도표의 내용과 일치하지 <u>않는</u> 것은?

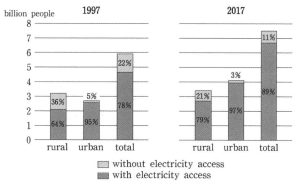

World Population Access to Electricity

   The above graph shows the world population access to electricity in 1997 and in 2017. ① The percentage of the total world population with electricity access in 2017 was 11 percentage points higher than that in 1997. ② Both in 1997 and in 2017, less than 80% of the rural population had access to electricity while over 90% of the urban population had access to electricity. ③ In 1997, 36% of the rural population did not have electricity access while 5% of the urban population did not have access to electricity. ④ The percentage of the rural population without electricity access in 2017 was 20 percentage points lower than that in 1997. ⑤ The percentage of the urban population without electricity access decreased from 5% in 1997 to 3% in 2017.

◀▲ 2020학년도 대학수학능력시험 출제방향 보도자료

EBS 교재 「수능완성-영어」 139쪽 실전모의고사 4회 24번(도표)

24
▶ 9049-0254

다음 도표의 내용과 일치하지 <u>않는</u> 것은?

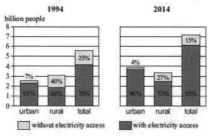

World Population Access to Electricity

The above graph shows the world population access to electricity in 1994 and 2014. ① Compared to 1994, 2014 recorded a 10 percentage point increase in the percentage of the total world population with electricity access. ② In both 1994 and 2014, the percentage of the rural population with electricity access was less than 80%, while more than 90% of the urban population had access to electricity. ③ In 1994, the percentage of the total world population with electricity access was three times as high as that of the total world population without electricity access. ④ In 1994, 40% of the rural population did not have electricity access, while 7% of the urban population didn't have access to electricity. ⑤ In 2014, the rural population that didn't have access to electricity took up less than a quarter of the overall rural population.

▲ 2020학년도 대학수학능력시험 출제방향 보도자료

[31~34] 다음 빈칸에 들어갈 말로 가장 적절한 것을 고르시오.

31. The role of science can sometimes be overstated, with its advocates slipping into scientism. Scientism is the view that the scientific description of reality is the only truth there is. With the advance of science, there has been a tendency to slip into scientism, and assume that any factual claim can be authenticated if and only if the term 'scientific' can correctly be ascribed to it. The consequence is that non-scientific approaches to reality — and that can include all the arts, religion, and personal, emotional and value-laden ways of encountering the world — may become labelled as merely subjective, and therefore of little _____ in terms of describing the way the world is. The philosophy of science seeks to avoid crude scientism and get a balanced view on what the scientific method can and cannot achieve.

* ascribe: 속하는 것으로 생각하다 ** crude: 투박한

① question   ② account   ③ controversy
④ variation   ⑤ bias

▲ 2020학년도 대학수학능력시험 출제방향 보도자료

29
▸ 9049-0259

(A), (B), (C)의 각 네모 안에서 문맥에 맞는 낱말로 가장 적절한 것은? [3점]

The role of science can sometimes be (A) overstated / underestimated, its exponents slipping into scientism. Scientism is the view that the scientific description of reality is the only truth there is. With the advance of science, there has been a tendency to slip into scientism, and assume that any factual claim can be (B) authenticated / obscured if and only if the term 'scientific' can correctly be ascribed to it. The consequence is that non-scientific approaches to reality — and that can include all the arts, religion, and personal, emotional and value-laden ways of encountering the world — may become labelled as merely subjective, and therefore of little account in terms of describing the way the world is. The philosophy of science seeks to (C) avoid / pursue crude scientism and get a balanced view on what the scientific method can and cannot achieve.

*exponent 지지자

	(A)		(B)		(C)
①	overstated	·····	authenticated	·····	avoid
②	overstated	·····	obscured	·····	avoid
③	overstated	·····	authenticated	·····	pursue
④	underestimated	·····	obscured	·····	avoid
⑤	underestimated	·····	authenticated	·····	pursue

▲▶ 2020학년도 대학수학능력시험 출제방향 보도자료

35. 다음 글에서 전체 흐름과 관계 <u>없는</u> 문장은?

Although commonsense knowledge may have merit, it also has weaknesses, not the least of which is that it often contradicts itself. For example, we hear that people who are similar will like one another ("Birds of a feather flock together") but also that persons who are dissimilar will like each other ("Opposites attract"). ① We are told that groups are wiser and smarter than individuals ("Two heads are better than one") but also that group work inevitably produces poor results ("Too many cooks spoil the broth"). ② Each of these contradictory statements may hold true under particular conditions, but without a clear statement of when they apply and when they do not, aphorisms provide little insight into relations among people. ③ That is why we heavily depend on aphorisms whenever we face difficulties and challenges in the long journey of our lives. ④ They provide even less guidance in situations where we must make decisions. ⑤ For example, when facing a choice that entails risk, which guideline should we use — "Nothing ventured, nothing gained" or "Better safe than sorry"?

* aphorism: 격언, 경구(警句)　** entail: 수반하다

EBS 교재 「수능특강-영어독해연습」 218쪽 MiniTest3 17번(빈칸추론)

[9008-0225]

17

Although commonsense knowledge may have merit, it also has drawbacks, not the least of which is that it often contradicts itself. For example, we hear that people who are similar will like one another ("Birds of a feather flock together") but also that persons who are dissimilar will like each other ("Opposites attract"). We are told that groups are wiser and smarter than individuals ("Two heads are better than one") but also that group work inevitably produces poor results ("Too many cooks spoil the broth"). Each of these contradictory statements may hold true under particular conditions, but without a clear statement of when they apply and when they do not, aphorisms provide little insight into relations among people. They ＿＿＿＿＿＿＿＿＿＿＿＿＿＿＿＿＿＿＿＿＿＿＿＿＿＿. For example, when facing a choice that entails risk, which guideline should we use --- "Nothing ventured, nothing gained" or "Better safe than sorry"?

*aphorism 경구(警句), 격언

① are easy to quote and tend to attract a lot of attention
② include humor to make the process of decision-making easy
③ offer traditional wisdom that can shape an understanding of the present
④ provide even less guidance in situations where we must make decisions
⑤ communicate the collected wit of the world summarized in one or two sentences

④ 2020학년도 수능 시험 한국사 영역

한국사 영역에서는 역사 지식의 이해, 연대기적 사고, 역사 상황 및 쟁점의 인식, 역사 탐구의 설계 및 수행, 역사 자료의 분석 및 해석, 역사적 상상 및 판단 등의 평가 요소를 측정할 수 있는 문항을 출제하였다. 지도를 통해 본 조선 전기의 대외 관계에 대한 역사 지식의 이해(7번), 6·25전쟁의 전개 과정에 대한 연대기적 사고(14번), 일제 강점기 전시 총동원 체제에 대한 역사 상황 및 쟁점의 인식(17번), 1920년대 국외 무장 독립군의 활동에 대한 탐구의 설계 및 수행(18번), 광주 학생 항일 운동에 대한 자료 분석 및 해석(16번), 고려 경제 상황에 대한 역사적 상상 및 판단(6번) 등 다양한 유형의 문항들을 출제하고자 노력하였다.

5. EBS 연계 예시 문항

한국사 영역에서 연계하여 출제된 문항을 EBS 연계 교재 문항과 비교하여 제시하면 다음과 같다.

【예시 문항 1】한국사 6번

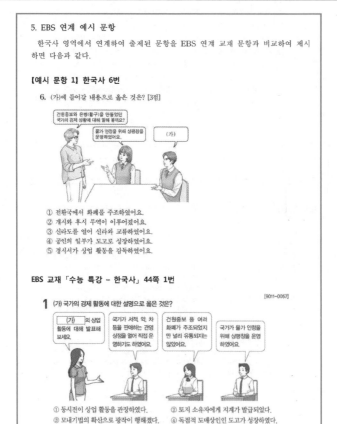

6. (가)에 들어갈 내용으로 옳은 것은? [3점]

건원중보와 은병(활구)을 만들었던 국가의 경제 상황에 대해 말해 볼까요?

물가 안정을 위해 상평창을 운영하였어요.

(가)

① 전환국에서 화폐를 주조하였어요.
② 개시와 후시 무역이 이루어졌어요.
③ 신라도를 열어 신라와 교류하였어요.
④ 공인의 일부가 도고로 성장하였어요.
⑤ 경시서가 상업 활동을 감독하였어요.

EBS 교재 「수능 특강 – 한국사」 44쪽 1번

[9011-0057]

1 (가) 국가의 경제 활동에 대한 설명으로 옳은 것은?

(가) 의 상업 활동에 대해 발표해 보세요.

국가가 서적, 약, 차 등을 판매하는 관영 상점을 열어 직접 운영하기도 하였어요.

건원중보 등 여러 화폐가 주조되었지만 널리 유통되지는 않았어요.

국가가 물가 안정을 위해 상평창을 운영하였어요.

① 동시전이 상업 활동을 관장하였다.
② 토지 소유자에게 지계가 발급되었다.
③ 모내기법의 확산으로 광작이 행해졌다.
④ 독점적 도매상인인 도고가 성장하였다.
⑤ 벽란도가 국제 무역항으로 번성하였다.

【예시 문항 2】 한국사 9번

9. 밑줄 친 ㉠에 대한 정부의 대책으로 옳은 것은? [3점]

> 진주 안핵사 박규수가 아뢰기를, "이번에 ㉠진주에서 민란이 일어난 것은 전적으로 백낙신이 재물을 탐하여 백성들을 지나치게 수탈했기 때문입니다. 그의 잘못으로 민란이 일어났으니 그 죄는 예사로 취급해서는 안 되며, 각별히 문초해야 합니다." 라고 하였다.

① 전민변정도감을 설치하였다.
② 황룡사 9층 목탑을 세웠다.
③ 삼정이정청을 설치하였다.
④ 수원 화성을 건설하였다.
⑤ 정동행성을 폐지하였다.

EBS 교재 「수능 특강 – 한국사」 71쪽 12번

[9011-0108]

12 밑줄 친 '변란' 이후 시행된 정부의 대책으로 옳은 것은?

> 금번 진주의 난민들이 소동을 일으킨 것은 오로지 백낙신이 탐욕을 부려 수탈하였기 때문입니다. 병영에서 써 버린 환곡과 전세 6만 냥 모두를 집집마다 배정하여 억지로 받으려 하였습니다. 이 때문에 고을 인심이 들끓고 여러 사람의 노여움이 한꺼번에 폭발해서 전에 듣지 못하던 변란이 갑자기 일어난 것입니다.

① 역분전을 지급하였다.
② 호패법을 도입하였다.
③ 연분9등법을 마련하였다.
④ 삼정이정청을 설치하였다.
⑤ 전시과 제도를 실시하였다.

◀▲ 2020학년도 대학수학능력시험 출제방향 보도자료

사회탐구 영역은 교과목의 특성에 따라 윤리적, 지리적, 역사적, 사회적 상황 등을 소재로 제시하고, 인문·사회과학적 접근 방법을 사용하여 대학 교육을 받는 데 필요한 인문·사회과학적 탐구 능력과 사회 문제 해결을 위한 창의적 사고력을 측정하는 문항을 출제하였다.

【예시 문항 1】생활과 윤리 1번

1. 갑, 을의 입장으로 가장 적절한 것은?

> 갑 : 윤리학은 윤리 이론의 탐구보다는 실제 삶에서 만나는 도덕 문제의 해결을 목표로 삼아야 한다. 이를 위해 도덕 이론의 도움을 받을 뿐 아니라 생명공학, 법학 등의 자연과학 및 사회과학 지식을 적극 활용해야 한다.
> 을 : 윤리학은 개인의 생활 그리고 사회의 구조와 기능 속에 존재하는 도덕 현상을 과학적으로 탐구하는 것을 목표로 삼아야 한다. 즉 사람들이 따랐거나 따르고 있는 윤리가 무엇인지 기술하고 설명해야 한다.

① 갑 : 윤리학은 도덕 관행의 발생 과정을 인과적으로 서술해야 한다.
② 갑 : 윤리학은 구체적 삶의 도덕적 딜레마 해결을 중시해야 한다.
③ 을 : 윤리학은 당위의 관점에서 이상적 덕이 무엇인지 모색해야 한다.
④ 을 : 윤리학은 도덕 문제에 응용되는 보편적 도덕 원리를 정립해야 한다.
⑤ 갑, 을 : 윤리학은 도덕 언어의 의미 분석을 탐구 목적으로 삼아야 한다.

EBS 교재 「수능 완성 – 생활과 윤리」 6쪽 1번

01   ▶ 9053-0001

(가), (나)의 입장을 <보기>에서 고른 것은?

> (가) 윤리학은 어떤 원리가 윤리적 행위를 위한 근본 원리로 성립할 수 있는지 연구하는 것에 주된 관심을 가져야 한다. 단지 개인들이 행위 하는 방식만을 객관적으로 기술하는 것은 그들이 어떻게 행위 해야 하는지를 보여 주지 못한다. 즉 윤리학은 사실로서의 도덕이 아니라 당위로서의 도덕을 말해야 한다.
> (나) 윤리학은 한 문화권 내에서 살아가고 있는 사람들이 생활 속에서 행위 하는 방식에 주된 관심을 가져야 한다. 이에 근거해 개인과 사회는 어떤 도덕 판단을 통해 행위 하게 되는지 가치 중립적으로 기술하고, 도덕 판단의 원인과 결과도 정확히 탐구해야 한다. 즉 윤리학은 삶에 대한 경험의 한 부분인 도덕규범을 경험적으로 연구해야 한다.

보기

ㄱ. (가) : 윤리학은 옳은 행위의 규범적 기준이 되는 도덕 원리 제시를 목표로 삼아야 한다.
ㄴ. (나) : 윤리학은 도덕 추론 과정에 대한 논리적 타당성 검증을 주된 목적으로 해야 한다.
ㄷ. (나) : 윤리학은 도덕적인 현상의 인과 관계를 객관적으로 설명하는 것에 주목해야 한다.
ㄹ. (가), (나) : 윤리학은 삶의 지침이 되는 도덕규범의 정립을 핵심 과제로 삼아야 한다.

① ㄱ, ㄴ   ② ㄱ, ㄷ   ③ ㄴ, ㄷ
④ ㄴ, ㄹ   ⑤ ㄷ, ㄹ

▲ 2020학년도 대학수학능력시험 출제방향 보도자료

【예시 문항 2】 세계 지리 8번

8. 다음 글의 (가), (나) 도시에 대한 설명으로 옳은 것만을 <보기>
   에서 고른 것은?

○ ⬚(가)⬚ 은/는 남반구에 위치한 대도시로 2016년 하계 올림픽을 개최하였다.
  '파벨라'라고 불리는 빈민가는 관광 상품으로 개발되어 명소가 되었고, 올림픽 개최
  이후에도 많은 관광객이 방문하고 있다.
○ ⬚(나)⬚ 은/는 세계적인 경제·문화의 중심지로 도심에는 초고층 빌딩이 밀집해
  있다. 특히 맨해튼의 '월스트리트'에는 대형 금융 업체와 증권사가 집중되어 있다.
  반면 도시 내부에서는 경제적 양극화로 인해 저소득층 주거지도 나타난다.

─────〈보 기〉─────
ㄱ. (가)는 오세아니아 대륙에 위치한다.
ㄴ. (나)에는 국제 연합(UN) 본부가 있다.
ㄷ. (가)는 (나)보다 세계 500대 다국적 기업의 본사 수가 많다.
ㄹ. (나)는 (가)보다 생산자 서비스업 종사자 비율이 높다.

① ㄱ, ㄴ   ② ㄱ, ㄷ   ③ ㄴ, ㄷ   ④ ㄴ, ㄹ   ⑤ ㄷ, ㄹ

EBS 교재 「수능 완성 – 세계 지리」 69쪽 7번

07
▶ 9057-0107

다음 글은 두 도시에 대한 설명이다. (가)에 대한 (나)의 상대적 특징을 그림의 A~E에서 고른 것은?

(가) 남반구에 위치한 세계적인 대도시이자 관광 도시이다. 여기에서는 관광 안내원의 인솔하에 산비탈에 있
는 거대한 빈민가를 둘러보는 관광 상품이 판매되고 있다. 보다 생생한 체험을 위해 빈민가 주민의 집에
서 하룻밤 자기, 공터에서 주민과 같이 축구하기 등 세부적인 프로그램이 제공되기도 한다. 이 관광 상품
은 연간 수만 명이 이용하고 있고, 몇 년 전 올림픽 개최 이후에는 약 50만 명의 관광객이 몰리면서 '올림
픽 특수'를 맞기도 했다.
(나) 국제 금융의 중심지이자 국가의 수도이다. 역사·문화유산이 많아 전통과 현대가 살아 숨 쉬는 도시이기
도 하다. 도시 인구 유입이 크게 늘면서 1930년대 이후 개발 제한 구역이라 불리는 '그린벨트'가 세계 최
초로 도입되기도 하였다. 도시의 영향력이 커지고 인구가 많아지면서 다수의 금융과 상업 시설 건설이 요
구됨에 따라 1960년대 이후에는 시설의 노후화와 산업 구조 변화로 버려졌던 지역을 중심으로 도시 재생
사업을 본격적으로 진행하고 있다.

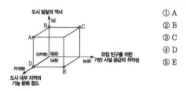

① A
② B
③ C
④ D
⑤ E

▲ 2020학년도 대학수학능력시험 출제방향 보도자료

【예시 문항 3】 동아시아사 1번

1. 밑줄 친 '토기'에 해당하는 유물로 가장 적절한 것은?

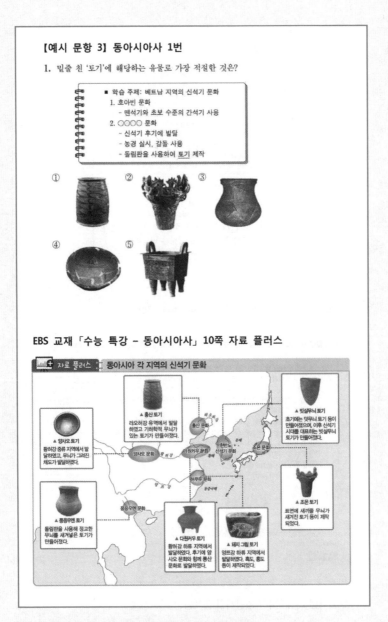

■ 학습 주제: 베트남 지역의 신석기 문화
1. 호아빈 문화
   - 맨석기와 초보 수준의 간석기 사용
2. ○○○○ 문화
   - 신석기 후기에 발달
   - 농경 실시, 갈돌 사용
   - 돌림판을 사용하여 토기 제작

① ② ③ ④ ⑤

EBS 교재 「수능 특강 – 동아시아사」 10쪽 자료 플러스

자료 플러스 | 동아시아 각 지역의 신석기 문화

▲ 양사오토기
황하강 중류 지역에서 발달하였고, 무늬가 그려진 채도가 발달하였다.

▲ 홍산 토기
라오허강 유역에서 발달하였으고 기하학적 무늬가 있는 토기가 만들어졌다.

▲ 빗살무늬 토기
초기에는 덧무늬 토기 등이 만들어졌으며, 이후 신석기 시대를 대표하는 빗살무늬 토기가 만들어졌다.

▲ 충동우옌 토기
돌림판을 사용해 정교한 무늬를 새겨넣은 토기가 만들어졌다.

▲ 다원커우토기
황하강 하류 지역에서 발달하였다. 후기에 양사오 문화와 함께 룽산 문화로 발달하였다.

▲ 쿼지 그림 토기
양쯔강 하류 지역에서 발달하였다. 흑도, 홍도 등이 제작되었다.

▲ 조몬 토기
표면에 새끼줄 무늬가 새겨진 토기 등이 제작되었다.

▲ 2020학년도 대학수학능력시험 출제방향 보도자료

【예시 문항 4】 사회·문화 6번

6. A~D의 일반적 특징에 대한 설명으로 옳은 것은? (단, A~D는 각각 면접법, 문헌 연구법, 질문지법, 참여 관찰법 중 하나이다.)

연구 사례	자료 수집 방법
갑은 소방관 스트레스 완화 방안에 대한 연구를 위해 상담 사례집 내용을 분석하여 스트레스 유형을 분류하고, 비구조화된 질문으로 소방관들과 심층 면담을 하여 그들의 스트레스 경험을 조사하였다.	A, C
을은 소방관 근무 만족도 연구에 필요한 설문 문항 개발을 위해 선행 연구를 검토하여 질문 내용을 구성하고, 30개의 구조화된 문항을 통해 소방관 500명을 대상으로 근무 만족도에 대해 조사하였다.	B, C
병은 소방관 안전 실태 연구를 위해 6개월간 소방관들과 함께 생활하며 그들이 겪는 위험 상황을 관찰하고, 정서적 교감이 형성된 소방관 15명과 깊은 대화를 통해 현장에서 느끼는 위험 요인에 대해 조사하였다.	A, D

① C는 A에 비해 시간과 장소의 제약이 크다.
② D는 B에 비해 수집된 자료를 통계적으로 처리하기가 용이하다.
③ A, D는 B에 비해 연구자의 가치가 개입될 가능성이 높다.
④ C는 B, D와 달리 조사 대상자와의 언어적 상호 작용이 필수적이다.
⑤ C, D는 A, B와 달리 질적 연구에만 사용 가능하다.

EBS 교재 「수능 완성 – 사회·문화」 20쪽 8번

08

▶ 9060-0024

자료의 갑~병이 사용한 자료 수집 방법에 대한 설명으로 옳지 **않은** 것은? (단, A~C는 각각 문헌 연구법, 실험법, 참여 관찰법 중 하나이다.)

공통의 연구 주제 : 외국인의 인종에 따른 한국인들의 친절도 차이에 대한 연구		
학생	연구 내용	자료 수집 방법
갑	선행 연구를 탐구한 후, 유사한 연구 사례의 설계를 참고하여 인위적으로 3개의 서로 다른 인종의 외국인이 한국인에게 길을 묻는 상황을 만들어 대화 시간, 응답 횟수, 제공되는 정보의 종류 등의 양적 자료를 측정함	A, B
을	다문화 축제에 참가한 연구자가 인위적으로 서로 다른 인종의 사람들을 선정한 후, 한국인들이 이들의 질문에 얼마나 친절하게 응답하는지 알아보는 한편, 자연스럽게 축제 과정 전반을 관찰하면서 한국인이 다른 인종들과 만났을 때 어떤 언행을 보이는지 촬영함	B, C
병	최근의 연구 동향을 파악하는 과정에서 성인과 미성년자에 차이가 있음을 알게 됨. 미성년자인 한국인들과 성인인 한국인들에게 인위적으로 서로 다른 인종의 외국인이 접근하여 길을 묻게 하고, 외국인이 많은 거리에서 자연스럽게 길을 묻거나 대화하는 상황을 발견하면 촬영하고 상황을 요약함	A, B, C

① A는 문헌 연구법, B는 실험법이다.
② C는 A보다 수집된 자료의 실제성이 높다.
③ B, C 모두 문맹자를 대상으로 실시할 수 있다.
④ 갑과 을의 연구 모두에서 연구 대상자의 심층적 동기까지 파악할 수 있는 자료 수집 방법이 사용되었다.
⑤ 갑~병의 연구 모두에서 변인 간의 상관관계 검증이 가능한 자료 수집 방법이 사용되었다.

▲ 2020학년도 대학수학능력시험 출제방향 보도자료

ⓑ 2020학년도 수능 시험 과학탐구 영역

문항 소재는 과학계의 학문적 동향을 반영하여 다양한 학문적 소재를 활용함과 동시에 실생활과 관련된 내용과 실험 상황 등을 문항의 소재로 활용하였다. 실생활과 관련된 내용으로는 전자기파(물리Ⅰ 1번), 전력 수송(물리Ⅰ 15번), 장대높이뛰기(물리Ⅱ 1번), 오목 렌즈(물리Ⅱ 3번), 탄소 동소체(화학Ⅰ 6번), 신약 개발(화학Ⅱ 1번), 물과 얼음(화학Ⅱ 4번), 체내 삼투압 조절(생명 과학Ⅰ 8번), 방어 작용(생명 과학Ⅰ 11번), 발효(생명 과학Ⅱ 13번), 한반도의 지질 명소(지구 과학Ⅰ 2번), 지하 자원(지구 과학Ⅰ 3번), 대기 오염(지구 과학Ⅰ 11번), 기단과 전선(지구 과학Ⅰ 12번), 태풍(지구 과학Ⅰ 13번), 퇴적 구조(지구 과학Ⅱ 1번), 엘니뇨(지구 과학Ⅱ 9번) 등을 소재로 활용하였다.

【예시 문항 1】 물리Ⅰ 7번

7. 그림 (가)는 원자핵 A가 두 번의 붕괴 과정을 거쳐 원자핵 B가 되는 동안의 중성자수와 양성자수를 나타낸 것이다. 그림 (나)는 (가)의 과정에서 방출된 입자 X, Y를 균일한 전기장에 입사시켰을 때, X와 Y의 운동 경로를 나타낸 것이다.

이에 대한 설명으로 옳은 것만을 <보기>에서 있는 대로 고른 것은?

<보 기>

ㄱ. 전하량의 크기는 X와 Y가 서로 같다.
ㄴ. X는 헬륨(He) 원자핵이다.
ㄷ. B의 질량수는 231이다.

① ㄱ ② ㄴ ③ ㄱ, ㄷ ④ ㄴ, ㄷ ⑤ ㄱ, ㄴ, ㄷ

EBS 교재 「수능특강 - 물리Ⅰ」 172쪽 9번

[9021-0243]
09 그림 (가)는 원자핵 A가 A → B → C로 붕괴하는 과정에서 각 원소의 중성자수와 양성자수를 나타낸 것으로 A → B 과정에서 방사선 ⓐ가, B → C 과정에서 방사선 ⓑ가 방출된다. 그림 (나)는 (가)의 ⓐ, ⓑ를 균일한 전기장 영역에 전기장의 방향과 수직이 되도록 입사시켰을 때 운동하는 경로를 나타낸 것으로, X, Y는 ⓐ, ⓑ의 경로를 순서 없이 나타낸 것이다.

이에 대한 설명으로 옳은 것만을 <보기>에서 있는 대로 고른 것은?

ㄱ 보기 ㅣ

ㄱ. 전하량의 크기는 ⓑ가 ⓐ의 2배이다.
ㄴ. X는 ⓐ의 경로이다.
ㄷ. 질량수는 A가 C보다 5만큼 더 크다.

① ㄱ ② ㄷ ③ ㄱ, ㄴ ④ ㄴ, ㄷ ⑤ ㄱ, ㄴ, ㄷ

7. 그림은 수소 원자핵($_1^1H^+$)으로부터 헬륨 원자핵($_2^4He^{2+}$)이 생성
   되는 과정을 나타낸 것이다. ㉠과 ㉡은 각각 양성자와 중성자 중
   하나이다.

$$_1^1H^+ + _1^1H^+ \rightarrow _2^4He^{2+}$$

(가)

(나)

이에 대한 설명으로 옳은 것만을 <보기>에서 있는 대로 고른
것은? [3점]

───────< 보 기 >───────

ㄱ. ㉠은 양성자이다.
ㄴ. (나)는 $_2^3He^{2+}$이다.
ㄷ. 질량수는 (가)와 (나)가 같다.

① ㄱ   ② ㄴ   ③ ㄷ   ④ ㄱ, ㄴ   ⑤ ㄴ, ㄷ

EBS 교재 「수능완성 - 화학Ⅰ」 34쪽 2번

02   ▶ 9062-0059

그림은 빅뱅 이후 우주에서 헬륨 원자핵($_2^4He^{2+}$)이 생성되는 과
정을 나타낸 것이다. ⚪과 ⚫은 각각 양성자와 중성자 중 하나이
며, (나)와 $_2^4He^{2+}$은 동위 원소의 원자핵이다.

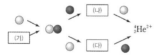

이에 대한 설명으로 옳은 것만을 <보기>에서 있는 대로 고른 것
은?

보기

ㄱ. (가)는 양성자이다.
ㄴ. 질량수는 (나)가 (가)의 3배이다.
ㄷ. $\dfrac{중성자 수}{전하량}$ 는 (다)가 (나)보다 크다.

① ㄱ   ② ㄷ   ③ ㄱ, ㄴ
④ ㄴ, ㄷ   ⑤ ㄱ, ㄴ, ㄷ

▲◀ 2020학년도 대학수학능력시험 출제방향 보도자료

【예시 문항 3】 생명 과학Ⅰ 20번

20. 그림은 생태계를 구성하는 요소 사이의 상호 관계를 나타낸 것이다.
이에 대한 설명으로 옳은 것만을 〈보기〉에서 있는 대로 고른 것은?

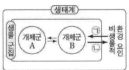

─────────〈보 기〉─────────

ㄱ. 뿌리혹박테리아는 비생물적 환경 요인에 해당한다.
ㄴ. 기온이 나뭇잎의 색 변화에 영향을 미치는 것은 ㉠에 해당한다.
ㄷ. 숲의 나무로 인해 햇빛이 차단되어 토양 수분의 증발량이
   감소되는 것은 ㉡에 해당한다.

　① ㄱ　　② ㄷ　　③ ㄱ, ㄴ　　④ ㄴ, ㄷ　　⑤ ㄱ, ㄴ, ㄷ

EBS 교재「수능완성 - 생명 과학Ⅰ」94쪽 4번

04
▶ 9063-0193

그림은 생태계를 구성하는 요소 사이의 상호 관계를 나타낸 것이
다.

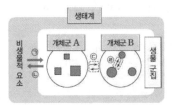

이에 대한 설명으로 옳은 것만을 〈보기〉에서 있는 대로 고른 것은?

보기

ㄱ. 개체군 A는 동일한 종으로 구성되어 있다.
ㄴ. 지의류에 의해 바위의 토양화가 촉진되는 것은 ㉡에 해당
   한다.
ㄷ. 뿌리혹박테리아가 공기 중의 질소를 고정시켜 콩과식물에
   공급하는 것은 ㉣에 해당한다.

　① ㄱ　　② ㄷ　　③ ㄱ, ㄴ　　④ ㄴ, ㄷ　　⑤ ㄱ, ㄴ, ㄷ

▲ 2020학년도 대학수학능력시험 출제방향 보도자료

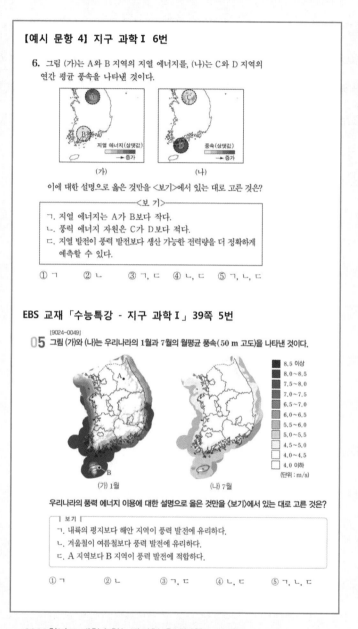

【예시 문항 4】 지구 과학 I 6번

6. 그림 (가)는 A와 B 지역의 지열 에너지를, (나)는 C와 D 지역의 연간 평균 풍속을 나타낸 것이다.

(가)   (나)

이에 대한 설명으로 옳은 것만을 <보기>에서 있는 대로 고른 것은?

―――――<보 기>―――――
ㄱ. 지열 에너지는 A가 B보다 작다.
ㄴ. 풍력 에너지 자원은 C가 D보다 적다.
ㄷ. 지열 발전이 풍력 발전보다 생산 가능한 전력량을 더 정확하게 예측할 수 있다.

① ㄱ   ② ㄴ   ③ ㄱ, ㄷ   ④ ㄴ, ㄷ   ⑤ ㄱ, ㄴ, ㄷ

EBS 교재 「수능특강 - 지구 과학 I」 39쪽 5번

[9024-0049]
05 그림 (가)와 (나)는 우리나라의 1월과 7월의 월평균 풍속(50 m 고도)을 나타낸 것이다.

■ 8.5 이상
■ 8.0~8.5
■ 7.5~8.0
■ 7.0~7.5
■ 6.5~7.0
■ 6.0~6.5
■ 5.5~6.0
□ 5.0~5.5
□ 4.5~5.0
□ 4.0~4.5
□ 4.0 이하
(단위 : m/s)

(가) 1월   (나) 7월

우리나라의 풍력 에너지 이용에 대한 설명으로 옳은 것만을 <보기>에서 있는 대로 고른 것은?

보기
ㄱ. 내륙의 평지보다 해안 지역이 풍력 발전에 유리하다.
ㄴ. 겨울철이 여름철보다 풍력 발전에 유리하다.
ㄷ. A 지역보다 B 지역이 풍력 발전에 적합하다.

① ㄱ   ② ㄴ   ③ ㄱ, ㄷ   ④ ㄴ, ㄷ   ⑤ ㄱ, ㄴ, ㄷ

▲ 2020학년도 대학수학능력시험 출제방향 보도자료

출제본부 보도 자료를 통해 '출제자의 평가 주제 및 학습 방향'을 알 수 있습니다. 우선 기출문제와 평가원 보도 자료를 통해 수능 시험이 요구하는 학습 방향을 확인해야 합니다. 또한 이를 활용해 객관적인 시각으로 문제를 분석하는 능력을 키우면 반드시 수능을 정복할 수 있습니다.

③ 수능의 나침반, 수험 자료 3종 세트

Q : 수능 출제기관에서는 어떤 자료를 공개하나요?

A : 수능에 관련된 모든 자료를 공개합니다.

수능 시험에서 고득점을 받기 위해서는 반드시 한국교육과정평가원에서 공개하는 수능 관련 자료를 확인해야 합니다. 평가원은 수능 시험 출제를 비롯해서 그간의 수능 기출문제 및 출제원칙을 무료로 공개하고 있습니다. 이를 통해 수험생들은 출제자의 의도와 출제 과정, 기출 문제의 활용 방법, 시기별 효과적인 수능 학습 방법까지도 분명하게 알 수 있습니다. 하지만 무료로 배포되기 때문에 그 가치를 몰라서일까요? 정작 그 정보를 활용할 줄 아는 학생들은 많지 않습니다.

다른 친구들에 비해 상대적으로 낮은 성적으로 재수 생활을 시작하다 보니 나름 효율적인 공부법에 대한 고민을 많이 했습니다. 국, 영, 수 교과목처럼 공부법을 알려주는 별도의 교과목이 있다면 얼마나 좋을까? 하는 생각마저 들었습니다. 만약 수능 출제 기관에서 직접 수능 공부법을 소개한다면 어떨까? 수능 만점의 꿈에 한 걸음 다가설 수 있지 않을까? 놀랍게도 출제 기관에서 직접 밝힌 수능 공부법은 실제로 존재했습니다.

평가원 홈페이지 '대학수학능력시험' 수험자료 게시판에는 대표적인 3가지 수험 자료를 매년 3월에서 4월 사이에 공개합니다. 당해 수능 시험을 준비하는 수험생들은 이 자료를 기준으로 학습의 방향을 정할 수 있습니다. 평가원에서 제공하는 수험 자료 3종 세트는 다음과 같습니다.

○ 대학수학능력시험 학습 방법 안내

수능 시험 전 영역에 걸쳐 각 과목별 출제 평가 요소를 설명하는 자

2021학년도 대학수학능력시험
학습 방법 안내

료이다. 또한 전년도 수능 시험 기출문제를 예시 문항으로 각 문항의 출제 의도와 학습 방법을 소개한다. 출제 의도를 가장 직접적으로 확인할 수 있는 자료이기 때문에 수능을 공부하는 수험생이라면 반드시 확인해야 한다.

더구나 이 자료에는 매년 수능 시험에서

출제 비중이 강화되고 있는 EBS 연계 교재가 수능에 어떻게 적용되었는지도 확인할 수 있다. 수험 자료 3종 세트 중에서도 가장 중요한 자료라고 할 수 있다.

○ 대학수학능력시험 이렇게 준비하세요.

2021학년도 대학수학능력시험 이렇게 준비하세요

이 자료는 당해 연도에 시행하는 대학수학능력시험의 주요 특징이 구체적으로 나와 있다. 필수 정보라고 할 수 있는 영역/ 과목 선택 방법, 영역별 출제 범위, 과목별 문항 수와 시험 시간 및 문항의 형태를 알려주며 영역별 평가 목표, 출제 방향, 학습 방법을 소개한다. 각 시기별 수능 시험 공부 계획을 세울 때 활용할 수 있는 자료이다.

○ 대학수학능력시험 Q&A 자료집

2021학년도 대학수학능력시험 Q&A 자료집

이 자료는 그 동안 평가원 게시판에 올랐던 질문들을 비슷한 항목별로 분류해 놓은 것이다. 원서 접수 방법부터 수능 시험 출제 범위에 이르기까지 수험생들이 공통적으로 알고 싶은 질문에 대한 공신력 있는 답을 얻을 수 있다. 또한 시험 출제 방향과 관련한 문항별 안내 및 시험 응시 및 성적 점수 체계에 대한 답변 자료가 담겨 있다.

19년째 수능 강의를 하면서 대학 입시 전략을 세울 때는 지금도 평가원 보도 자료를 기준으로 삼습니다. 평가원에서 공개하는 양질의 자료를 효과적으로 활용하는 것이야말로 수능에서 원하는 결과를 얻는 가장 빠른 길이 됩니다.

④ 진짜 수능 공부법은 따로 있다

Q : 입시에도 왕도가 있나요?
A : 수능의 본질을 이해하면 대입의 90%는 해결됩니다.

　수능의 본질을 이해하는 것이 대입을 승리로 이끄는 출발점입니다. 수능은 막연히 지식의 양을 검증하는 시험이 아닌, 사고력에 기반한 자료 분석 능력을 평가하는 시험입니다. 따라서 그 본질을 이해해야 목표 지점에 더 명확하게 도달할 수 있습니다. 이것이 지난 19년 동안 수능을 강의하고 직접 수능에 10회 응시하면서 제가 내린 결론입니다."

어떤 시험이든 출제자의 의도에 맞추어 공부해야 합니다. 수험 자료 3종 세트 중 가장 중요한 자료로 '대학수학능력시험 학습 방법 안내'를 꼽는 것도 이러한 이유 때문입니다. 놀랍게도 평가원은 작년 수능 시험 문항을 예로 들면서 올바른 수능 공부법까지 공개하고 있습니다. 이 자료에서 가장 주목해야 할 부분은 '과목별 평가 요소별 학습 방법 안내'와 EBS연계교재 '수능-EBS 연계 방식 및 유형' 부분입니다.

국어 영역 기출 문항 예시

⊙ 다음 글을 읽고 물음에 답하시오.

[앞부분 줄거리] 조준구와 아내 홍 씨는 서희가 물려받아야 할 최 참판가의 재산을 가로채고, 하인 삼수를 내세워 마을 사람들을 착취한다. 한편, 윤보는 의병 자금을 확보하기 위해 최 참판가 습격을 준비하는데 삼수가 찾아온다.

"아무리 그리 시치미를 떼 쌓아도 알 만치는 나도 알고 있으니께요. 머 내가 훼방을 놓자고 찾아온 것도 아니겄고, 나는 나대로 생각이 있어서 온 긴데 너무 그러지 마소. 한마디로 딱 짤라서 말하겠소. 왜눔들하고 한통속인 조가 놈을 먼지 치고 시작하라 그 말이오. 고방에는 곡식이 썩을 만큼 쌓여 있고 안팎으로 쌓인 기 이 재물인데 큰일을 하자 카믄 빈손으로 우찌 하겄소. 그러니 왜눔과 한통속인 조가부터 치고 보믄 ㉠ 꿩 묵고 알 묵는 거 아니겄소."
"야아가 참 제정신이 아니구마는."
"하기사 전력이 있으니께 나를 믿지 않는 것도 무리는 아니겄소. 하지마는 두고 보믄 알 거 아니오?"
"야, 야 정신 산란하다. 나는 원체 입이 무겁고 또 초록은 동색이더라도 내 안 들은 거로 해 둘 기니 어서 돌아가거라. 공연히 신세 망칠라."
윤보는 삼수 등을 민다.
"이거 놓으소. 누가 안 가까 바 이러요? 지내 놓고 보믄 알 기니께요. 내가 머 염탐이라도 하러 온 줄 아요? 흥, ㉡ 그랬을 양이믄 벌써 조가 놈한테 동네 소문 고해바칫일 기고 읍내서 순사가 와도 몇 놈 왔을 거 아니오."
큰소리로 지껄이며 삼수는 언덕을 내려간다.

헌병이 총대를 들이대자 겁에 질린 삼수는 그러나 무엇인가 잘못되었거니 믿는 구석이 있어서 조준구를 향해 도움을 청하였다.

"이놈! 이 찢어 죽일 놈 같으니라구!"

무섭게 눈을 부릅뜬 조준구를 바라본 삼수 얼굴은 일순 백지장으로 변한다.

"예? 머, 머, 머라 캤십니까?"

"이놈! 네 죄를 몰라 하는 말이냐? ⓐ 간밤에 감수한 생각을 하면 네놈을 내 손으로 타살할 것이로되 으음, 능지처참할 놈 같으니라구. 이놈! 어디 한번 죽어 봐라!"

"나, 나으리! 꾸, 꿈을 꾸시는 깁니까? 이, 이 목심을 건지 디린 이, 이 삼수 놈을 말입니다!"

그러나 조준구는 바로 저놈이 폭도의 앞잡이였다고 이미 한 말을 다시 강조할 뿐이다. 물론 이 경우 폭도란 의병을 일컬은 것이다.

– 박경리, 「토지」 –

⊙ 〈보기〉를 바탕으로 윗글을 감상한 내용으로 적절하지 <u>않은</u> 것은?

───── 〈보 기〉 ─────

「토지」는 개화기부터 해방 무렵까지 우리 민족의 수난과 저항의 역사를 다루고 있다. 근대 이전까지 비교적 안정적이었던 신분 질서와 사회적 관계는 이 시기를 거치며 큰 변화를 겪는데, 「토지」에서는 몰락한 양반층, 친일 세력, 저항 세력, 기회주의자 등 다양한 인물들이 때로 협력하고 때로 대립하면서 복잡한 관계망을 형성한다.

① 최 참판가 습격을 준비하던 윤보가 삼수의 제안을 듣지 않은 것으로 하겠다는 내용으로 보아, 윤보는 삼수와의 협력 관계를 거부한 것이군.

② 타작마당에 모인 장정들이 횃불을 들고 윤보와 함께 움직이는 것으로 보아, 이들은 조준구로 대표되는 친일 세력과 대립하고 있군.

③ 봉순이가 달려들어 서희 몸을 잡아당기는 것으로 보아, 이전까지 비교적 안정적이었던 신분 질서가 흔들리며 봉순이와 서희의 협력 관계가 약화되고 있군.

④ 홍 씨의 모욕에 죽을 생각을 했던 서희가 홍 씨의 눈을 똑바로 주시한 것으로 보아, 홍 씨와 서희는 대립 관계를 이어 가겠군.

⑤ 윤보에게 조준구를 치라고 했던 삼수가 조준구의 목숨을 구해 줬다는 것으로 보아, 조준구와 삼수의 관계는 상황에 따라 변하는군.

▲ 2021학년도 대학수학능력시험 학습방법안내

[37~42] 다음 글을 읽고 물음에 답하시오.

국제법에서 일반적으로 조약은 국가나 국제기구들이 그들 사이에 지켜야 할 구체적인 권리와 의무를 명시적으로 합의하여 창출하는 규범이며, 국제 관습법은 조약 체결과 관계없이 국제 사회 일반이 받아들여 지키고 있는 보편적인 규범이다. 반면에 경제 관련 국제기구에서 어떤 결정을 하였을 경우, 이 결정 사항 자체는 권고적 효력만 있을 뿐 법적 구속력은 없는 것이 일반적이다. 그런데 국제결제은행 산하의 바젤위원회가 결정한 BIS 비율 규제와 같은 것들이 비회원의 국가에서도 엄격히 준수되는 모습을 종종 보게 된다. 이처럼 일종의 규범적 성격이 나타나는 현실을 어떻게 이해할지에 대한 논의가 있다. 이는 위반에 대한 제재를 통해 국제법의 효력을 확보하는 데 주안점을 두는 일반적 경향을 되돌아보게 한다. 곧 신뢰가 형성하는 구속력에 주목하는 것이다.

BIS 비율은 은행의 재무 건전성을 유지하는 데 필요한 최소한의 자기자본 비율을 설정하여 궁극적으로 예금자와 금융 시스템을 보호하기 위해 바젤위원회에서 도입한 것이다. 바젤위원회에서는 BIS 비율이 적어도 규제 비율인 8%는 되어야 한다는 기준을 제시하였다. 이에 대한 식은 다음과 같다.

$$BIS\ 비율(\%) = \frac{자기자본}{위험가중자산} \times 100 \geq 8(\%)$$

여기서 자기자본은 은행의 기본자본, 보완자본 및 단기후순위 채무의 합으로, 위험가중자산은 보유 자산에 각 자산의 신용 위험에 대한 위험 가중치를 곱한 값들의 합으로 구하였다. 위험 가중치는 자산 유형별 신용 위험을 반영하는 것인데, OECD 국가의 국채는 0%, 회사채는 100%가 획일적으로 부여되었다. 이후 금융 자산의 가격 변동에 따른 시장 위험도 반영해야 한다는 요구가 커지자, 바젤위원회는 위험가중자산을 신용 위험에 따른 부분과 시장 위험에 따른 부분의 합으로 새로 정의하여 BIS 비율을 산출하도록 하였다. 신용 위험의 경우와 달리 시장 위험의 측정 방식은 감독 기관의 승인하에 은행의 선택에 따라 사용할 수 있게 하여 '바젤Ⅰ' 협약이 1996년에 완성되었다.

금융 혁신의 진전으로 '바젤Ⅰ' 협약의 한계가 드러나자 2004년에 '바젤Ⅱ' 협약이 도입되었다. 여기에서 BIS 비율의 위험가중자산은 신용 위험에 대한 위험 가중치에 자산의 유형과 신용도를 모두 ⓐ고려하도록 수정되었다. 신용 위험의 측정 방식은 표준 모형이나 내부 모형 가운데 하나를 은행이 이용할 수 있게 되었다. 표준 모형에서는 OECD 국가의 국채는 0%에서 150%까지, 회사채는 20%에서 150%까지 위험 가중치를 구분하여 신용도가 높을수록 낮게 부과한다. 예를 들어 실제 보유한 회사채가 100억 원인데 신용 위험 가중치가 20%라면 위험가중자산에서 그 회사채는 20억 원으로 계산된다. 내부 모형은 은행이 선택한 위험 측정 방식을 감독 기관의 승인하에 그 은행이 사용할 수 있도록 하는 것이다. 또한 감독 기관은 필요시 위험가중자산에 대한 자기자본의 최저 비율이 ⓑ규제 비율을 초과하도록 자국 은행에 요구할 수 있게 함으로써 자기자본의 경직된 기준을 보완하고자 했다.

최근에는 '바젤Ⅲ' 협약이 발표되면서 자기자본에서 단기후순위 채무가 제외되었다. 또한 위험가중자산에 대한 기본자본의 비율이

최소 6%가 되게 보완하여 자기자본의 손실 복원력을 강화하였다. 이처럼 새롭게 발표되는 바젤 협약은 이전 협약에 들어 있는 관련 기준을 개정하는 효과가 있다.

바젤 협약은 우리나라를 비롯한 수많은 국가에서 채택하여 제도화하고 있다. 현재 바젤위원회에는 28개국의 금융 당국들이 회원으로 가입되어 있으며, 우리 금융 당국은 2009년에 가입하였다. 하지만 우리나라는 가입하기 훨씬 전부터 BIS 비율을 도입하여 시행하였으며, 현행 법제에도 이것이 반영되어 있다. 바젤 기준을 따름으로써 은행이 믿을 만하다는 징표를 국제 금융 시장에 보여 주어야 했던 것이다. 재무 건전성을 의심받는 은행은 국제 금융 시장에 자리를 잡지 못하거나, 심하면 아예 ⓒ발을 들이지 못할 수도 있다.

바젤위원회에서는 은행 감독 기준을 협의하여 제정한다. 그 현장에서는 회원들에게 바젤 기준을 자국에 도입할 의무를 부과한다. 하지만 바젤위원회가 초국가적 감독 권한이 없으며 그의 결정도 ⓓ법적 구속력이 없다는 것 또한 밝히고 있다. 바젤 기준은 100개가 넘는 국가가 채택하여 따른다. 이는 국제기구의 결정에 형식적으로 구속을 받지 않는 국가에서까지 자발적으로 받아들여 시행하고 있다는 것인데, 이런 현실을 ⓞ말랑말랑한 법(soft law)의 모습이라 설명하기도 한다. 이때 조약이나 국제 관습법은 그에 대비하여 딱딱한 법(hard law)이라 부르게 된다. 바젤 기준도 장래에 ⓔ딱딱하게 응고될지 모른다.

37. 윗글의 내용 전개 방식으로 가장 적절한 것은?

① 특정한 국제적 기준의 내용과 그 변화 양상을 서술하며 국제 사회에 작용하는 규범성을 설명하고 있다.

② 특정한 국제적 기준이 제정된 원인을 서술하며 국제 사회의 규범을 감독 권한의 발생 원인에 따라 분류하고 있다.

③ 특정한 국제적 기준의 필요성을 서술하며 국제 사회에 수용되는 규범을 상반된 관점에서 논증하고 있다.

④ 특정한 국제적 기준과 관련된 국내법의 특징을 서술하며 국제 사회에 받아들여지는 규범의 장단점을 설명하고 있다.

⑤ 특정한 국제적 기준의 설정 주체가 바뀐 사례를 서술하며 국제 사회에서 규범 설정 주체가 지닌 특징을 분석하고 있다.

38. 윗글에서 알 수 있는 내용으로 적절하지 않은 것은?

① 조약은 체결한 국가들에 대하여 권리와 의무를 부과하는 것이 원칙이다.

② 새로운 바젤 협약이 발표되면 기존 바젤 협약에서의 기준이 변경되는 경우가 있다.

③ 딱딱한 법에서는 일반적으로 제재보다는 신뢰로써 법적 구속력을 확보하는 데 주안점이 있다.

④ 국제기구의 결정을 지키지 않을 때 입게 될 불이익은 그 결정이 준수되도록 하는 역할을 한다.

⑤ 세계 각국에서 바젤 기준을 법제화하는 것은 자국 은행의 재무 건전성을 대외적으로 인정받기 위해서이다.

▲ 2020학년도 수능 국어 37번

문항 풀이를 위한 주요 개념과 원리를 이렇게 설명합니다.

이 문항의 정답을 찾기 위해서는 지문을 읽고 필자가 중심 내용을 어떠한 방식으로 전개하였는지를 파악할 수 있어야 한다. 1문단에서 '조약'과 '국제 관습법' 및 '경제 관련 국제기구의 결정'에 대해 규범성에 초점을 맞추어 설명하고, 바젤위원회의 BIS 비율 규제 현상이 이들과 구별되는 특성을 지닌다는 점을 언급한 후, 2문단부터 4문단까지에서 BIS 비율의 개념, '바젤 I' 협약부터 '바젤Ⅲ' 협약에 이르기까지의 변화 양상을 기술하였다. 이어 5문단과 6문단에서는 바젤 협약의 국제적 가입 현황과 더불어 각국에서의 구속력에 대해 '말랑말랑한 법'과 '딱딱한 법'이라는 용어를 통해 설명하였으므로 정답은 ①이다.

이 문항을 해결하기 위해서는 필자의 사고 전개 과정이 글의 내용 전개 방식과 밀접한 관련성을 지닌다는 점, 내용 전개 방식의 여러 가지 유형과 특성 등을 학습할 필요가 있다.

⊙ 다음 글을 읽고 물음에 답하시오.

> **[앞부분 줄거리]** 조준구와 아내 홍 씨는 서희가 물려받아야 할 최 참판가의 재산을 가로채고, 하인 삼수를 내세워 마을 사람들을 착취한다. 한편, 윤보는 의병 자금을 확보하기 위해 최 참판가 습격을 준비하는데 삼수가 찾아온다.

"아무리 그리 시치미를 떼 쌓아도 알 만치는 나도 알고 있으니께요. 머 내가 훼방을 놓자고 찾아온 것도 아니겠고, 나는 나대로 생각이 있어서 온 긴데 너무 그러지 마소. 한마디로 딱 짤라서 말하겠소. 왜놈들하고 한통속인 조가 놈을 먼지 치고 시작하라 그 말이오. 고방에는 곡식이 썩을 만큼 쌓여 있고 안팎으로 쌓인 기이 재물인데 큰일을 하자 카믄 빈손으로 우찌 하겠소. 그러니 왜놈과 한통속인 조가부터 치고 보믄 ⊙ <u>꿩 묵고 알 묵는 거 아니겠소.</u>"

"야아가 참 제정신이 아니구마는."

"하기사 전력이 있으니께 나를 믿지 않는 것도 무리는 아니겠소. 하지마는 두고 보믄 알 거 아니오?"

"야, 야 정신 산란하다. 나는 원체 입이 무겁고 또 초록은 동색이더라도 내 안 들은 거로 해 둘 기니 어서 돌아가거라. 공연히 신세 망칠라."

윤보는 삼수 등을 민다.

"이거 놓으소. 누가 안 가까 바 이러요? 지내 놓고 보믄 알 기니께요. 내가 머 염탐이라도 하러 온 줄 아요? 흥. ⓒ <u>그랬을 양이믄 벌써 조가 놈한테 동네 소문 고해바칬일 기고 읍내서 순사가 와도 몇 놈 왔일 거 아니오.</u>"

큰소리로 지껄이며 삼수는 언덕을 내려간다.

헌병이 총대를 들이대자 겁에 질린 삼수는 그러나 무엇인가 잘못되었거나 믿는 구석이 있어서 조준구를 향해 도움을 청하였다.

"이놈! 이 찢어 죽일 놈 같으니라구!"

무섭게 눈을 부릅뜬 조준구를 바라본 삼수 얼굴은 일순 백지장으로 변한다.

"예? 머, 머, 머라 캤십니까?"

"이놈! 네 죄를 몰라 하는 말이냐? ⓒ <u>간밤에 감수한 생각을 하면 네놈을 내 손으로 타살할 것이로되</u> 으음, 능지처참할 놈 같으니라구. 이놈! 어디 한번 죽어 봐라!"

"나, 나으리! 꾸, 꿈을 꾸시는 깁니까? 이, 이 목심을 건지 디린 이, 이 삼수 놈을 말입니다!"

그러나 조준구는 바로 저놈이 폭도의 앞잡이였다고 이미 한 말을 다시 강조할 뿐이다. 물론 이 경우 폭도란 의병을 일컬은 것이다.

– 박경리, 「토지」 –

⊙ 〈보기〉를 바탕으로 윗글을 감상한 내용으로 적절하지 <u>않은</u> 것은?

— 〈보 기〉 —

「토지」는 개화기부터 해방 무렵까지 우리 민족의 수난과 저항의 역사를 다루고 있다. 근대 이전까지 비교적 안정적이었던 신분 질서와 사회적 관계는 이 시기를 거치며 큰 변화를 겪는데, 「토지」에서는 몰락한 양반층, 친일 세력, 저항 세력, 기회주의자 등 다양한 인물들이 때로 협력하고 때로 대립하면서 복잡한 관계망을 형성한다.

① 최 참판가 습격을 준비하던 윤보가 삼수의 제안을 듣지 않은 것으로 하겠다는 내용으로 보아, 윤보는 삼수와의 협력 관계를 거부한 것이군.
② 타작마당에 모인 장정들이 횃불을 들고 윤보와 함께 움직이는 것으로 보아, 이들은 조준구로 대표되는 친일 세력과 대립하고 있군.
③ 봉순이가 달려들어 서희 몸을 잡아당기는 것으로 보아, 이전까지 비교적 안정적이었던 신분 질서가 흔들리며 봉순이와 서희의 협력 관계가 약화되고 있군.
④ 홍 씨의 모욕에 죽을 생각을 했던 서희가 홍 씨의 눈을 똑바로 주시한 것으로 보아, 홍 씨와 서희는 대립 관계를 이어 가겠군.
⑤ 윤보에게 조준구를 치라고 했던 삼수가 조준구의 목숨을 구해 줬다는 것으로 보아, 조준구와 삼수의 관계는 상황에 따라 변하는군.

▲ 2021학년도 대학수학능력시험 학습방법안내

"무서우면 어떻게 무서워! 우리 내외한테 비상을 먹이겠다 그 말이냐?"
아이고! 아이고! 눈물도 안 나오는 헛울음을 울더니 이면에는 봉순에게 달려들어 머리끄덩이를 끄두르고 한 소동을 피운다. 읍내서 헌병, 순사들이 왔다는 말에 통 겨우 본체로 돌아갔다. 서희는 벗겨진 처고리를 내려다본다.
"길상이 놈이 날 죽으라고 내버리고 갔다."
눈이 부어오른 봉순이는.
"마지막까지 남아서 찾아던지는 사당 바깥을 밑에 숨은 중이라우, 우째 ...... ㅇㅇㅎㅎ."
뇌명이 입술을 벌면서 서희는 말했다.
"길상이 놈이 날 죽으라고 내버리고 갔다."
달려든 헌병들에게 맨 먼저 당한 것은 삼수다.
"나, 나으리! 이, 이기이 우쩐 된 영문입니까!"
헌병이 총대를 들이대자 겁에 질린 삼수는 그러나 무엇인가 잘못되었거니 믿는 구석이 있어서 조준구를 향해 도움을 청하였다.
"이놈! 이 뼛어 죽일 놈 같으니라구."
무섭게 눈을 부릅뜬 조준구를 바라본 삼수 얼굴은 일순 백지장으로 변한다.
"예? 머, 머, 머라 캤십니까?"
"이놈! 내 죄를 몰아 하는 말이야 ㉮ 간밤에 잠수한 생각을 하면 네놈을 내 손으로 타살할 것이로되 으음, 능지처참할 놈 같으니라구. 이놈! 어디 한번 죽어 봐라!"
"나, 나으리! 꾸, 꿈을 꾸시는 깁니까? 이, 이 목심을 건지 디딘 이 삼수 놈을 말입니다!"
그러나 조준구는 바로 저놈이 폭도의 앞잡이였다고 이미 한 말을 다시 강조할 뿐이다. 물론 이 경우 폭도란 의병을 일컫는 것이다.

– 박경리, 「토지」 –

서희가 그들과 공모했다고 몰아가고 있다.
④ ㉮: 서희는 홍 씨에게 홍 씨의 뻔뻔함과 영악함이 도를 넘었음을 경고하고 있다.
⑤ ㉯: 조준구는 지난밤 자신을 습격했던 삼수의 행동에 분노하고 있다.

18. 〈보기〉를 바탕으로 윗글을 감상한 내용으로 적절하지 <u>않은</u> 것은? [3점]

— 〈보 기〉 —

「토지」는 개화기부터 해방 무렵까지 우리 민족의 수난과 저항의 역사를 다루고 있다. 근대 이전까지 비교적 안정적이었던 신분 질서와 사회적 관계는 이 시기를 거치며 큰 변화를 겪는데, 「토지」에서는 몰락한 양반층, 친일 세력, 저항 세력, 기회주의자 등 다양한 인물들이 때로 협력하고 때로 대립하면서 복잡한 관계망을 형성한다.

① 최 참판가 습격을 준비하던 윤보가 삼수의 제안을 듣지 않은 것으로 하겠다는 내용으로 보아, 윤보는 삼수와의 협력 관계를 거부한 것이군.
② 타작마당에 모인 장정들이 횃불을 들고 윤보와 함께 움직이는 것으로 보아, 이들은 조준구로 대표되는 친일 세력과 대립하고 있군.
③ 봉순이가 달려들어 서희 몸을 잡아당기는 것으로 보아, 이전까지 비교적 안정적이었던 신분 질서가 흔들리며 봉순이와 서희의 협력 관계가 약화되고 있군.
④ 홍 씨의 모욕에 죽을 생각을 했던 서희가 홍 씨의 눈을 똑바로 주시한 것으로 보아, 홍 씨와 서희는 대립 관계를 이어 가겠군.
⑤ 윤보에게 조준구를 치라고 했던 삼수가 조준구의 목숨을 구해 줬다는 것으로 보아, 조준구와 삼수의 관계는 상황에 따라 변하는군.

▲ 2020학년도 수능 6월 모의평가 국어 18번

출제자의 문항 출제 의도와 이러한 유형에 대비하기 위한 학습 방법을 제시하고 있습니다.

2020학년도 수능 6월 모의평가 국어 16번~18번 세트는 2020학년도 수능-EBS 연계교재 중「수능특강 국어영역 문학」의 299~301쪽에 수록된 지문을 활용하여 새롭게 지문을 구성하고 이를 바탕으로 문항을 개발한 것이다.

「수능특강 국어영역 문학」에는 친척 어른인 조준구에게 재산을 빼앗길 위기에 처한 서희의 상황이 나타난 작품의 전반부 장면이 수록되었다. 이러한 작품 감상을 바탕으로「토지」의 이후 다른 장면을 활용하여 출제한 것이 2020학년도 수능 6월 모의평가 국어 16번~18번 지문과 문항 세트이다. 따라서 이러한 유형에 대비하기 위해서는 EBS 연계 교재의 지문이나 문학 작품을 깊이 있게 이해한 후 이와 연관되는 주제나 내용을 담고 있는 다양한 분야의 글이나 문학 작품을 능동적으로 찾아 학습할 필요가 있다.

수학영역 '수능-EBS 연계 방식 및 유형'

⊙ 닫힌 구간 $[-2, 2]$에서 정의된 함수 $y = f(x)$의 그래프가 그림과 같다.

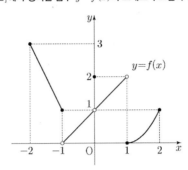

$$\lim_{x \to -1+} f(x) + \lim_{x \to 1-} f(x)의 값은? \ [3점]$$

① 1　　② 2　　③ 3　　④ 4　　⑤ 5

⊙ 열린 구간 $(-2, 2)$에서 정의된 함수 $y = f(x)$의 그래프가 그림과 같다.

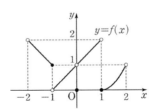

함수 $|f(x) - k|$가 불연속인 실수 x $(-2 < x < 2)$의 개수가 1이 되도록 하는 상수 k의 값은?

① 0　　② $\frac{1}{2}$　　③ 1　　④ $\frac{3}{2}$　　⑤ 2

▲ 2020학년도 수능특강 수학Ⅱ&미적분Ⅰ 141쪽 2번

출제자의 문항 출제 의도와 이러한 유형에 대비하기 위한 학습 방법을 제시하고 있습니다.

2020학년도 수능 6월 모의평가 수학 나형 7번 문항은 2020학년도 수능-EBS 연계 교재 중 「수능특강 수학Ⅱ&미적분Ⅰ」의 141쪽 2번 문항을 바탕으로 개발한 문항이다. 「수능특강 수학Ⅱ&미적분Ⅰ」의 141쪽 2번 문항에서는 연속과 불연속 개념에 대한 이해를 바탕으로 주어진 조건을 만족시키는 상수를 구할 수 있어야 한다. 2020학년도 수능 6월 모의평가 수학 나형 7번 문항에서는 연계 교재에 수록된 그래프를 활용하여 불연속인 점에서의 좌극한과 우극한을 구할 수 있는지를 평가하고 있다.

이러한 연계 유형에 대비하기 위해서는 먼저 EBS 연계 교재의 문항에서 활용하고 있는 그래프, 도형, 표와 같은 자료의 구성 요소들을 명확히 인지하고 그 요소들 사이의 관계를 파악할 수 있어야 한다. 이후 EBS 연계 교재에 제시된 자료 및 자료가 이용되는 문제 상황의 조건과 구하고자 하는 것을 변형해 봄으로써 문제 상황에 대한 이해를 높이는 방향으로 학습할 필요가 있다.

영어 영역 기출 문항 예시

[31~34] 다음 빈칸에 들어갈 말로 가장 적절한 것을 고르시오.

31. Some people have defined wildlife damage management as the science and management of overabundant species, but this definition is too narrow. All wildlife species act in ways that harm human interests. Thus, all species cause wildlife damage, not just overabundant ones. One interesting example of this involves endangered peregrine falcons in California, which prey on another endangered species, the California least tern. Certainly, we would not consider peregrine falcons as being overabundant, but we wish that they would not feed on an endangered species. In this case, one of the negative values associated with a peregrine falcon population is that its predation reduces the population of another endangered species. The goal of wildlife damage management in this case would be to stop the falcons from eating the terns without _____ the falcons.

* peregrine falcon: 송골매 ** least tern: 작은 제비갈매기

① cloning   ② harming   ③ training
④ overfeeding   ⑤ domesticating

▲ 2020학년도 수능 6월 모의평가 영어 31번

출제자의 문항 출제 의도와 이러한 유형에 대비하기 위한 학습 방법을 제시하고 있습니다.

평가요소, 이 유형은 글의 핵심적인 내용(주제문이나 주요 세부 내용)과 글의 논리적 흐름을 고려하여 문맥상 빈칸에 들어갈 가장 적절한 표현을 추론하는 능력을 측정하는 문항이다. 빈칸은 글의 핵심 내용에 해당하는 부분이나 핵심 내용과 밀접한 관련이 있는 세부 사항

부분에 주로 제시된다. 빈칸의 대상은 글에서 핵심적인 부분에 해당되는 한 단어가 될 수도 있고, 구나 절 또는 문장 전체가 될 수도 있다.

본 유형의 정답을 찾기 위해서는 지문을 빠르고 정확하게 읽으면서 지문의 중심 소재 및 주제문을 찾고, 이를 바탕으로 글의 중심 내용을 파악하는 능력이 무엇보다 중요하다. 빈칸 추론 문항의 빈칸은 일반적으로 해당 지문의 중심 내용 혹은 그것과 밀접한 관련이 있는 세부 정보와 관련이 있다.

위에서 제시된 예시 문항을 통해 빈칸 추론 유형 문항의 해결 과정을 살펴보면 다음과 같다. 예시 문항에서 활용된 지문의 소재는 '야생생물 피해 관리'이며, 중심 내용은 '야생생물 피해 관리는 과잉수량 종의 개체 수 증가 외에 멸종 위기 종의 개체 수 감소를 억제하는 광의적 개념으로 재정의 될 필요가 있다.'로 요약될 수 있다. 이러한 요지와 관련하여...

영어 영역 기출 문항 예시

⊙ 주어진 글 다음에 이어질 글의 순서로 가장 적절한 것은?

When we're depressed, play can seem like a foreign concept. Sometimes when I ask my depressed clients what they envision when I say the word play, they look at me with a blank stare.

(A) I found that many subjects I spoke with had a hard time conceiving what play is for grown-ups, because it's different from child's play, which was the only kind of play they knew.

(B) So I decided to conduct an experiment about play with a number of people I worked with, as well as some family and friends. It was simple: I asked them all what play meant to them.

(C) This finding relates to a common thought of play. In a culture that prizes productivity, adult play seems to be defined as a negative, unproductive, self-indulgent activity — or even something X-rated. I believe that we need to update our definition of play.

*self-indulgent: 방종한, 제멋대로 하는 **X-rated: 성인용 등급의

① (A) – (C) – (B)　　　② (B) – (A) – (C)　　　③ (B) – (C) – (A)
④ (C) – (A) – (B)　　　⑤ (C) – (B) – (A)

예시 문항

⊙ 다음 글의 밑줄 친 부분 중, 어법상 틀린 것은?

Speculations about the meaning and purpose of prehistoric art ①rely heavily on analogies drawn with modern-day hunter-gatherer societies. Such primitive societies, ②as Steven Mithen emphasizes in *The Prehistory of the Modern Mind*, tend to view man and beast, animal and plant, organic and inorganic spheres, as participants in an integrated, animated totality. The dual expressions of this tendency are *anthropomorphism* (the practice of regarding animals as humans) and *totemism* (the practice of regarding humans as animals), both of ③which spread through the visual art and the mythology of primitive cultures. Thus the natural world is conceptualized in terms of human social relations. When considered in this light, the visual preoccupation of early humans with the nonhuman creatures ④inhabited their world becomes profoundly meaningful. Among hunter-gatherers, animals are not only good to eat, they are also *good to think about*, as Claude Lévi-Strauss has observed. In the practice of totemism, he has suggested, an unlettered humanity "broods upon ⑤itself and its place in nature."

*speculation: 거대한 **analogy: 유사점 ***brood: 곰곰이 생각하다

▲ 2021학년도 대학수학능력시험 학습방법안내

29. 다음 글의 밑줄 친 부분 중, 어법상 틀린 것은?

Speculations about the meaning and purpose of prehistoric art ① <u>rely</u> heavily on analogies drawn with modern-day hunter-gatherer societies. Such primitive societies, ② <u>as</u> Steven Mithen emphasizes in *The Prehistory of the Modern Mind*, tend to view man and beast, animal and plant, organic and inorganic spheres, as participants in an integrated, animated totality. The dual expressions of this tendency are *anthropomorphism* (the practice of regarding animals as humans) and *totemism* (the practice of regarding humans as animals), both of ③ <u>which</u> spread through the visual art and the mythology of primitive cultures. Thus the natural world is conceptualized in terms of human social relations. When considered in this light, the visual preoccupation of early humans with the nonhuman creatures ④ <u>inhabited</u> their world becomes profoundly meaningful. Among hunter-gatherers, animals are not only good to eat, they are also *good to think about*, as Claude Lévi-Strauss has observed. In the practice of totemism, he has suggested, an unlettered humanity "broods upon ⑤ <u>itself</u> and its place in nature."

* speculation: 고찰 ** analogy: 유사점

*** brood: 곰곰이 생각하다

▲ 2020학년도 수능 영어 29번

출제자의 문항 출제 의도와 이러한 유형에 대비하기 위한 학습 방법을 제시하고 있습니다.

2020학년도 수능 영어 29번 문항은 2020학년도 수능-EBS 연계 교재 중 「수능완성 영어」의 161쪽 33번 지문을 활용하여 어법 문항으로 개발한 것이다. 「수능완성 영어」에 수록된 지문은 선사시대의 시각 예술에 담긴 의미에 대한 내용을 다루고 있으며, 문항 유형은 빈칸 추론

유형이다.

　2020학년도 수능 영어 29번은 기존의 문항을 활용하여 어법 사항을 묻고 있다. 이러한 유형에 대비하기 위해서는 문장을 구성하는 기본적인 영어 문법 지식과 글을 구성하는 다양한 문장 구조의 특성을 학습한 뒤 주어진 글의 맥락을 고려하여 문법성을 판단하는 연습을 할 필요가 있다.

⑤ 수능은 수능으로 준비하라

Q : 수능을 가장 효과적으로 준비하는 방법은 무엇인가요?
A : 수능은 수능으로 준비해야 합니다.

　달리기를 잘하려면 달리기로 연습해야지 수영을 하면 안 됩니다. 노래를 잘하려면 노래를 연습해야지 역기를 들면 안 됩니다. 마찬가지로 수능을 잘 보려면 수능으로 준비해야 합니다. 수능을 가장 효과적으로 준비하는 방법은 한국교육과정평가원에서 출제하는 6월, 9월, 수능 시험 기출문제 학습을 통해 현재 자신의 취약 부분을 찾고 각 과목별로 3문제씩 더 맞추는 계획을 세우는 것입니다. 한 등급을 결정하는 점수는 10점 내외이고 한 문제의 배점이 3~4점인 것을 감안하면 이 3문제가 등급과 대학을 가릅니다.

예전에 수능 시험을 끝내고 운전면허를 딸 때 있었던 일화입니다. 1단계인 필기시험에 합격하고 2단계 장내주행시험을 준비하기 위해 운전면허 학원에 등록했습니다. 이때 학원에서 배운 것은 운전하는 방법이 아니라 시험에 합격하는 요령이었습니다. 예를 들면 후진하여 주차하는 코스에서 핸들을 두 바퀴 반을 돌린 후 진입한다는 식이었습니다. 요령을 익힌 덕분인지 일주일 연습한 후 2단계 시험에 가볍게 통과했습니다.

당시 학원 강사가 해주었던 트럭 운전기사분의 이야기가 아직도 생각납니다. 음주운전으로 면허가 취소된 그분이 다시 면허시험에 응시했는데 2단계인 장내주행에서 거듭 떨어지더라는 것이었습니다. 20년을 넘게, 그것도 15톤 대형 트럭을 운전해 오던 기사분이 나 같은 초보자도 일주일이면 붙는 시험에 떨어지다니? 그 이유는 어이없게도 운전을 너무 잘했기 때문이었습니다. 장내주행은 센서에 의해서 자동으로 채점되는데 그분은 운전을 너무 능숙하게 해서 센서가 정지를 인식하지 못했던 것입니다. 여기서 우리는 무엇을 준비하든 평가하는 방식에 맞춰서 준비해야 한다는 사실을 알 수 있습니다.

"이번 수능에서는 적정 난이도를 유지하기 위해 전 영역에서 2019학년도 수능 및 2020학년도 6월, 9월 모의평가 분석 결과를 토대로 난이도를 조정하였다."

"고등학교 교육의 정상화와 타당도 높은 문항 출제를 위하여 이미 출제된 내용일지라도 교육과정에서 다루는 핵심적이고 기본적인 내용은 문항의 형태, 발상, 접근 방식 등을 다소 수정하여 출제할 수 있도록 하였다." (2020학년도 대학수학능력시험 보도 자료)

위 내용을 참고하면 수능 시험의 학습 계획과 방향을 확인할 수 있습니다.

첫 번째, 수능은 전년도 기출문제와 당해 연도 6월, 9월 평가원 모의평가 결과를 반영하여 난이도를 조정한다는 사실을 알 수 있습니다. '이미 출제된 내용이라도 반복 출제한다'에서 기출문제 학습의 중요성도 확인할 수 있습니다.

두 번째, 문항의 형태, 발상, 접근 방식을 알 수 있습니다. 수험생들은 수능 시험 기출문제를 통해 교과서 목차와 내용이 어떻게 시험에 반영되는지를 확인하고 이에 맞춰 공부해야 합니다.

많은 학생들이 개념을 완벽히 이해한 후 기출문제를 공부하겠다고 생각을 합니다. 얼핏 맞는 것 같지만 이 전략은 수능 시험의 특성에 비추어볼 때 대단히 비효율적인 방법입니다. 수능은 출제되는 유형과 주제가 정해져 있기 때문에 기출문제를 접하면서 문제 풀이를 통해 개념을 익히는 것이 가장 효율적입니다.

기출문제를 만나면 1등급 꿈이 현실이 됩니다. 그만큼 기출문제는 중요합니다.

김중근의 《궁하면 변하고 변하면 통한다》에 따르면 실패에는 두 가지 종류가 있다고 합니다. 하나는 나쁜 실패이고 다른 하나는 좋은 실패입니다. 나쁜 실패는 계획도 안 세우고 노력도 안 하다가 실패하는 것이고, 좋은 실패는 계획도 철저하게 세우고 열심히 노력했는데도 실패하는 것입니다. 나쁜 실패로는 수백 번을 경험해도 성공의 문턱을 넘을 수 없지만, 좋은 실패는 언젠가 성공의 희열을 맛보게 해줄 밑거름이 됩니다. 수험생들은 매월 시행되는 모의평가를 좋은 실패를 할 수 있는 기회로 활용해야 합니다. 실제 수능 시험에서는 평소와 다른 방법을 과감하게 시도하기 힘들고, 또 해서도 안 됩니다.

수학 성적이 낮은 학생들에게는 10회 이상의 기출모의고사 모음집을 천천히 손으로 넘겨 가면서 소리 내서 읽게 합니다. 수학의 경우 1회 분량에 30개의 문항이 있으니 300문제를 소리 내서 읽는 것입니다. 다 읽으면 반복적으로 많이 나온 단어에 형광펜으로 표시하게 합니다. 물론 수학 기호를 몰라 못 읽는 경우도 포함됩니다. 바로 그 단어들이 반복 출제되는 개념들이며 앞으로 우리가 정복할 주제가 됩니다.

무엇이든 대상의 본질을 이해하지 못하면 어려워 보이지만 본질을 알면 쉬워 보입니다. 수능 시험도 마찬가지입니다. 본질을 이해하지 못하면 이리저리 휩쓸리기 십상입니다. 하지만 기출문제를 바탕으로 수능의 본질을 이해하면 나아갈 방향을 명확히 정할 수 있습니다. 수능은 수능으로 준비해야 합니다. EBS 연계 교재를 포함하여 수험생들이 푸는 그 밖의 모든 문제는 기출문제의 변형에 지나지 않기 때문입니다.

⑥ 실수를 고쳐야 실력이 오른다

Q : 가장 확실하게 수능 시험 점수를 올리는 비결은 무엇인가요?
A : 100% 출제되는 '단원별 핵심 주제'를 공략해야 합니다.

평가원에서 출제하는 6월, 9월 모의평가 문제는 수능 시험에 직접적으로 반영됩니다. 권투시합으로 따지면 '나 여기 때릴게' 예고하고 펀치를 날리는 것이나 다름없습니다. 따라서 6월, 9월 모의평가에 출제된 문항들을 출제 주제별로 정리하고 비교하면 매번 출제되는 문항과 주제를 확인할 수 있습니다. 이것이 '단원별 핵심 주제'이며 이는 실제 수능 시험에 출제될 가능성이 매우 높은 문항입니다. 공부를 안 하고 성적을 올릴 수 있는 방법은 없습니다. 하지만 단원별 핵심 주제를 공략하면 같은 노력과 시간을 들이고 보다 효율적으로 성적을 올릴 수 있습니다.

수 능 시험을 처음 공부하는 학생들에게 현재 성적과 관계없이 '기출 문제 10회 풀기'를 숙제로 내줍니다. 그러면 현재 자신의 위치를 객관적인 점수와 등급으로 파악할 수 있기 때문입니다. 이때 자신의 생각보다 점수가 낮게 나왔다고 하는 학생들은 공통적으로 실수로 틀렸다고 말합니다. 그러나 실수가 과연 실수일까요?

기출문제 10회 풀기는 1회성으로 끝나지 않고 그 이후로도 계속됩니다. 개념 학습을 먼저 하고 기출문제를 풀면 안 되겠냐고 질문하는 학생들도 있지만 그보다 시급한 것은 현재 자신의 위치와 취약 부분을 진단하는 것입니다. 기출문제 10회 풀기가 반복될수록 학생들은 시험에 자주 출제되는 단원과 유형에 익숙해지게 됩니다. 그러나 여기서 끝이 아닙니다.

데이터가 축적되면 학생 개개인의 취약한 부분을 파악할 수 있습니다. 흔히 학생들이 '실수'라고 말하는 부분은 데이터에 따르면 '취약 부분'인 경우가 대부분입니다. 데이터는 거짓말을 하지 않습니다.

데이터를 기반으로 공부하지 않으면 성적 향상에 필요한 공부의 절대량을 이해하지 못하게 됩니다. 결국 슬럼프가 찾아오게 되고 공부에 대한 흥미를 잃게 됩니다. 그러나 데이터를 통해 반복 출제되는 단원과 개념을 눈으로 확인하고 자신의 취약 부분을 학습의 우선순위로 배치한다면 목표가 보다 더 구체적으로 세워집니다. 이제 남은 것은 취약 부분을 극복할 수 있는 공부의 절대량을 소화하는 것뿐입니다. 이렇게 체계적으로 계획을 세우고 공부하면 슬럼프가 끼어들 틈이 없습니다. 슬럼프는 할 일이 없을 때 찾아옵니다.

기출문제를 통해 수능이 요구하는 평가 요소에 익숙해지면 과목별 성적은 쉽게 3등급 이내로 진입합니다. 여기서부터는 내용 이해가 아닌 주어진 자료 분석에 집중해야 2등급 이내로 진입할 수 있습니다. 자신이 정답을 고른 근거와 출제자의 출제 근거를 비교해보는 것이 핵심이 됩니다. 개념을 잘못 이해해 답이 틀리게 된 최초의 부분, 일명 '오개념'을 찾아서 교정하는 과정을 거치는 것입니다.

기출문제 풀이 과제를 진행하다 보면 틀리는 부분을 반복적으로 틀린다는 사실을 알게 됩니다. 이것은 개념 이해가 부족한 것도 원인이지만 자료를 객관적인 출제 의도에서 벗어나 주관적으로 해석하기 때문이기도 합니다. 따라서 수능 시험을 준비할 때는 문제 풀이와 개념 학습을 병행해야 합니다. 국어 영역의 경우 '자의적 해석'을 방지하기 위해 주어진 자료를 판단의 기준으로 삼아야 합니다. 국어 영역을 예로 드는 이유는 문학 작품의 경우 수능시험의 본질을 이해하지 못하면 공부의 양을 무한히 늘려도 성적이 향상될 수 없기 때문입니다.

수능 시험의 본질은 배경지식의 이해가 아니라 주어진 자료 해석에 있습니다. 문학 작품과 관련한 문제들은 자의적 해석을 방지하기 위해 객관적인 근거들을 제공합니다. 예를 들어 시와 소설 지문의 경우 〈보기〉에 제시된 자료를 통해 주제와 작가의 생각, 창작 배경 등 객관적인 판단의 근거를 제공합니다. 낯선 작품이 등장했다고 하더라도 객관적 근거로 문제를 분석하면 명확한 기준으로 정답을 찾을 수 있게 됩니다.

기출문제를 푼 후 오답노트를 만들 때는 반드시 자신이 답을 고른 이유를 종이에 적어야 합니다. 자신의 사고 과정을 시각화함으로써 객관적으로 관찰하고 교정할 수 있기 때문입니다. 자신이 오답을 고른 이유를 종이에 적고 출제자의 생각과 비교하는 과정을 통해 '출제자의 눈'을 얻을 수 있습니다. 다소 귀찮더라도 손으로 직접 종이에 적어야 하는 이유는 머릿속으로만 생각하면 알고 있는 부분과 모르는 부분을 체계적으로 구분할 수 없기 때문입니다.

공부는 알고 있는 부분과 모르는 부분을 구분하는 것에서부터 출발합니다. 기출문제를 푸는 이유는 정답을 많이 맞혀서 뿌듯함을 느끼고자 함이 아닙니다. 오히려 자신이 모르는 부분을 파악하고 주관적인 판단 기준을 객관적인 판단 기준에 맞게 사고 회로를 교정하기 위함 입니다. 그러기 위해서는 문항 해설 자료와 평가원 보도 자료를 바탕으로 출제자의 의도에 맞게 문제를 분석하고 필수 개념을 공부해야 합니다.

⑦ 평가원이 제공하는 유일한 해설지, '이의 제기 자료'

Q : 출제 기관에서는 수능 해설 자료도 발표하나요?

A : 공식적인 수능 해설 자료는 없습니다. '단 하나'만 빼고요.

　수능 시험 출제 기관에서 공식적으로 발표하는 수능 시험 해설 자료는 없습니다. 그러나 대안은 있습니다. 수능 시험이 끝나면 일정 기간 동안 수능 시험 문제에 대한 '이의 제기'를 할 수 있는 기간이 있습니다. 이때 접수된 질문들 중 일부 문항을 '수능 출제 위원'이 직접 문제 출제 의도를 설명하고 정답을 찾는 객관적인 방법을 설명합니다.

“ 선생님, 수능 시험을 출제하는 곳에서 해설 자료는 안 만드나요?"

안타깝게도 평가원에서는 공식적인 해설 자료를 제공하지 않습니다. 시중에 판매되고 있는 기출 문제집들에 수록된 해설은 출판사에서 자체적으로 만든 자료들입니다. 수능 시험 문제에서 출제자의 의도를 파악하기 위해서는 평가원의 시선으로 만들어진 설명 자료가 필요합니다. 공식적인 해설 자료가 없는 상황에서 이를 대체할 수 있는 것이 바로 '이의 제기 자료'입니다.

6월, 9월 전국연합모의평가와 수능 시험이 끝나게 되면 이의 신청 기간이 있습니다. 평가원은 문항별 정답만을 공개하기 때문에 정답에 대한 이의 신청을 접수해 적절한 질문에는 설명의 형태로 이의 제기 답변 자료를 공개합니다. 이 자료를 통해 출제자의 문항 출제 의도를 알 수 있고, 효과적인 수능 학습 자료로도 활용할 수 있습니다.

국어 영역은 자칫 자의적 해석의 함정에 빠지기 쉽습니다. 이러한 특성 때문에 상위권 학생일수록 어렵게 생각하는 과목이 국어 영역입니다. 국어 영역의 경우 고득점에서 만점으로 가기 위해선 반드시 자료를 분석하는 능력이 필요한데 배경지식이 많을수록 역설적이게도 객관적인 자료 분석에 방해가 되는 경우가 있습니다. 출제자의 생각을 올바르게 파악하기 위해 반드시 필요한 자료가 '이의 제기' 답변 자료입니다.

'이의 제기' 답변 자료를 제외하면, 공식적으로 평가원이 만든 해설 자료는 없습니다. 대부분의 경우 정답이 잘못된 경우는 없지만, 논란의 여지가 가장 많은 과목은 국어 영역입니다. 즉, '이렇게도 생각할 수 있지 않느냐'와 같은 질문이 그것인데, 평가원의 이의 제기 답변 자료를 보면 '주어진 자료를 통해'라는 설명이 자주 등장합니다. 감상에 초점을 맞춰 문제를 해석하면 논란의 여지가 있을 수 있으나, '주어진 자료'를 통해서 문제를 해석하면 객관적인 답을 찾을 수 있다는 설명입니다.

다음은 2019학년도 대학수학능력시험 국어 31번 '이의 제기 문항' 답변 내용입니다.

---

31. <보기>를 참고할 때, [A]에 대한 이해로 적절하지 <u>않은</u> 것은? [3점]

<보 기>

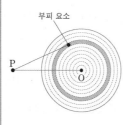

부피 요소

구는 무한히 작은 부피 요소들로 이루어져 있다. 그 부피 요소들이 빈틈없이 한 겹으로 배열되어 구 껍질을 이루고, 그런 구 껍질들이 구의 중심 O 주위에 반지름을 달리 하며 양파처럼 겹겹이 싸여 구를 이룬다. 이때 부피 요소는 그것의 부피와 밀도를 곱한 값을 질량으로 갖는 질점으로 볼 수 있다.

(1) 같은 밀도의 부피 요소들이 하나의 구 껍질을 구성하면, 이 부피 요소들이 구 외부의 질점 P를 당기는 만유인력들의 총합은, 그 구 껍질과 동일한 질량을 갖는 질점이 그 구 껍질의 중심 O에서 P를 당기는 만유인력과 같다.

(2) (1)에서의 구 껍질들이 구를 구성할 때, 그 동심의 구 껍질들이 P를 당기는 만유인력들의 총합은, 그 구와 동일한 질량을 갖는 질점이 그 구의 중심 O에서 P를 당기는 만유인력과 같다.

(1), (2)에 의하면, 밀도가 균질하거나 구 대칭인 구를 구성 하는 부피 요소들이 P를 당기는 만유인력들의 총합은, 그

구와 동일한 질량을 갖는 질점이 그 구의 중심 O에서 P를 당기는 만유인력과 같다.

① 밀도가 균질한 하나의 행성을 구성하는 동심의 구 껍질들이 같은 두께일 때, 하나의 구 껍질이 태양을 당기는 만유인력은 그 구 껍질의 반지름이 클수록 커지겠군.
② 태양의 중심에 있는 질량이 m인 질점이 지구 전체를 당기는 만유인력은, 지구의 중심에 있는 질량이 m인 질점이 태양 전체를 당기는 만유인력과 크기가 같겠군.
③ 질량이 M인 지구와 질량이 m인 달은, 둘의 중심 사이의 거리만큼 떨어져 있으면서 질량이 M, m인 두 질점 사이의 만유인력과 동일한 크기의 힘으로 서로 당기겠군.
④ 태양을 구성하는 하나의 부피 요소와 지구 사이에 작용하는 만유인력은, 지구를 구성하는 모든 부피 요소들과 태양의 그 부피 요소 사이에 작용하는 만유인력들을 모두 더하면 구해지겠군.
⑤ 반지름이 R, 질량이 M인 지구와 지구 표면에서 높이 h에 중심이 있는 질량이 m인 구슬 사이의 만유인력은, $R+h$의 거리만큼 떨어져 있으면서 질량이 M, m인 두 질점 사이의 만유인력과 크기가 같겠군.

32. 문맥상 ⓐ~ⓔ와 바꿔 쓴 것으로 가장 적절한 것은?

① ⓐ: 진작(振作)할
② ⓑ: 고안(考案)했다
③ ⓒ: 소지(所持)한
④ ⓓ: 설정(設定)했다
⑤ ⓔ: 시사(示唆)되어

본 문항은 질점 사이에서 정의된 만유인력을 설명하는 〈보기〉에 근거하여 지문의 [A]의 내용을 설명하는 답지 중에서 옳지 않은 것을 찾는 문항입니다.

이의 제기의 주된 내용은 크게 다음의 두 가지입니다. (1) 답지 ②
가 옳은 진술이므로 정답이 아니다. (2) 답지 ⑤도 틀린 진술이므로 복
수정답이 되어야 한다.

(1)의 주장은, 태양과 지구의 중심에 있는 질점이란 태양과 지구의
질량과 같은 질량을 갖는 질점이어야 하므로 답지 ②의 진술이 옳다는
것입니다. 답지 ②에서 '태양의 중심에 있는 질량이 m인 질점', '지구의
중심에 있는 질량이 m인 질점'이라고 하였으므로 '태양의 중심'과 '지
구의 중심'은 질점의 위치를 표시한 것이며, 질점의 질량은 태양이나
지구의 질량이 아닌 m입니다. 이러한 질점과 상대 천체 사이에 작용
하는 만유인력은, 두 질점의 질량이 같고 각 질점과 상대 천체 사이의
거리가 같다 하더라도 상대 천체가 질량이 다르기 때문에 같을 수 없
으므로 답지 ②는 틀린 진술입니다.

(2)의 주장은 답지 ⑤에서 구슬의 크기, 모양, 밀도 분포를 서술하
지 않았기 때문에 진위가 확정되지 않거나 옳지 않은 진술이라는 것입
니다. 문두에서 요구하고 있는 바에 따라, 답지들을 판단하기 위해서
는 모두 [A]의 내용을 이해하기 위한 사고 과정을 추론하여야 합니다.
그러므로 답지의 '구슬'은 지문에 나와 있는 지상계의 물체의 사례인
'사과'의 낙하운동에 대응하여 〈보기〉에 나온 대로 구의 형태와 균질
한 밀도를 갖는 대상으로 제시된 것입니다. 구슬은 지구에 비하여 그

크기가 매우 작기 때문에 그러한 물체의 운동을 기술하는 과정에서 구슬이 가질 수 있는 모양이나 밀도의 변이가 무시되어 질점으로 취급이 가능합니다. 그러므로 구슬의 중심과 지구 중심 사이의 만유인력은 〈보기〉의 진술대로 구슬 중심의 높이 h와 지구의 반지름 R의 간격만큼 떨어진 두 질점 사이의 만유인력으로 상정할 수 있기에 답지 ⑤는 옳은 진술입니다.

따라서 이 문항은 오류가 없습니다.

한편, 이 문항의 오류 가능성이 아니라, 문항의 난도가 지나치게 높다는 의견이 있습니다. 이 문항은 EBS 연계 문항으로서, 「2019학년도 수능 대비 EBS 수능 특강 국어영역 독서」, 「2019학년도 수능 대비 EBS 수능 완성 국어영역 국어」라는 두 권의 연계 교재에 제시된 뉴턴의 만유인력 관련 지문을 활용하여 지문 및 문항을 구성하였으며, 문제 해결에 필요한 정보는 지문과 〈보기〉를 통해 제시하였습니다. 수능-EBS 연계 정책에 따라 수능을 준비하는 대다수의 수험생들이 상기 교재를 공부한다는 점을 고려하여 문항의 난이도를 설정하였으나, 수험생의 기대와 달랐던 부분에 대해 유감스럽게 생각합니다. 감사합니다.

다음은 2019학년도 대학수학능력시험 사회탐구 영역 : 생활과 윤리 3번 '이의 제기' 문항 답변 내용입니다.

---

3. 다음 사상가의 입장만을 <보기>에서 있는 대로 고른 것은? [3점]

> 집단은 개인과 비교할 때 충동을 억제할 수 있는 이성과 자기 극복 능력, 그리고 다른 사람들의 욕구를 수용하는 능력이 훨씬 결여되어 있다. 그리하여 개인 간의 관계에 나타나는 것보다 심한 비도덕성이 집단 간의 관계에 나타난다. 따라서 집단 간의 평등과 사회 정의는 투쟁에 의해 실현될 수 있다.

<보 기>

ㄱ. 애국심은 개인의 이타심을 국가 이기주의로 전환시킨다.
ㄴ. 개인 간의 도덕적 관계 수립은 설득과 조정으로는 불가능하다.
ㄷ. 최소한의 강제력으로 정의를 실현하는 것이 합리적이다.
ㄹ. 개인은 타인의 이익을 존중할 수 있는 도덕성을 갖고 있다.

① ㄱ, ㄴ   ② ㄴ, ㄷ   ③ ㄷ, ㄹ
④ ㄱ, ㄴ, ㄹ   ⑤ ㄱ, ㄷ, ㄹ

이 문항은 제시문의 내용을 주장한 사상가(니부어)의 입장을 이해할 수 있는지를 묻고 있습니다. 이의 신청 내용의 요지는 선지 ㄱ의 "애국심은 개인의 이타심을 국가 이기주의로 전환시킨다."라는 진술이 '전환시킨다'라는 단정적 표현을 포함하기 때문에 니부어의 입장에 대한 진술로 적절하지 않다는 것입니다.

니부어는 "애국심은 개인의 비이기성[이타심]을 국가 이기주의로 전환시킨다(patriotism transmutes individual unselfishness into national egoism)."라고 분명히 주장합니다(Moral Man and Immoral Society,

John Knox Press, 2013, p.91). 이와 같이 니부어 자신이 '전환시킬 수 있다(can transmute)'가 아니라 '전환시킨다(transmutes)'라는 표현을 사용하고 있습니다. 우리말 번역서에서도 "애국심은 개인의 희생적인 이타심을 국가의 이기심으로 전환시켜 버리기 때문이다.", "개인의 비이기성은 국가의 이기성으로 전환된다." 등의 진술들을 확인할 수 있습니다(「도덕적 인간과 비도덕적 사회」, 이한우 옮김, 문예출판사, 2006, p.133). 그러므로 이 문항은 정답에 이상이 없습니다.

다음은 2018학년도 대학수학능력시험 9월 모의평가 과학탐구 : 지구과학1 17번 '이의 제기' 문항 답변 내용이다.

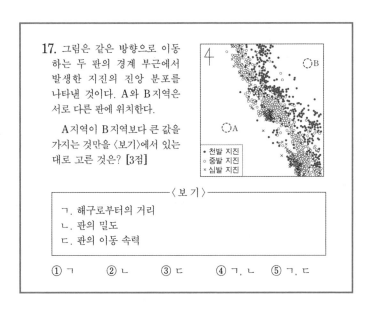

본 문항은 판의 경계 부근에서 발생하는 지진의 진원 분포 자료를 분석하여 판의 경계에 나타나는 지형과 판의 특징을 해석하는 능력을 평가하고 있습니다. 이의신청 내용을 요약하면 문항에서 진원 분포와 판의 이동 방향이 같다는 조건만 주어졌으므로, 두 판의 이동 방향이 남서쪽이냐 북동쪽이냐에 따라 <보기> ㄷ의 진위가 달라질 수 있어 정답으로 발표된 ①번뿐만 아니라 ⑤번도 정답으로 인정해야 한다는 것입니다. 이에 대해 관련 학회에 자문을 의뢰한 결과, 북동쪽으로 진행하는 경우와 같은 판 운동 사례는 지구상에서 발견되지 않는다는 답변이 있었고, 이를 고려했을 때 실제 상황에서의 정답은 ①번이 가장 타당합니다. 그럼에도 불구하고 지구의 실제 상황 외의 이론적인 상황에서는 두 가지 경우가 모두 가능할 수 있다는 답변도 있었습니다. 이에 이론적인 상황을 소재로 구성된 문항으로 학습한 학생들의 혼란을 방지하는 취지에서 ①번 외에 ⑤번도 정답으로 인정하기로 결정하였습니다.

다음은 2017학년도 대학수학능력평가 국어 12번 '이의 제기' 문항 답변 내용이다.

---

12. <보기>의 (가), (나)를 중심으로 음운 변동을 이해한 내용으로 적절한 것은? [3점]

<보 기>

국어의 음운 변동은 교체, 탈락, 첨가, 축약으로 구분된다. 이 중에는 음절의 종성과 관련된 음운 변동이 있다.

음절의 종성에 마찰음, 파찰음이 오거나 파열음 중 거센
소리나 된소리가 올 경우, 모두 파열음의 예사소리로
(가) 교체된다. 이는 종성에서 발음될 수 있는 자음의 종류가
제한됨을 알려 준다.

또한 음절의 종성에 자음군이 올 경우, 한 자음이 탈락
(나) 한다. 이는 종성에서 하나의 자음만이 발음될 수 있음을
알려 준다.

① '꽂힌 [꼬친]'에는 (가)에 해당하는 음운 변동이 있다.
② '몫이 [목씨]'에는 (나)에 해당하는 음운 변동이 있다.
③ '비읏 [비옫]'에는 (나)에 해당하는 음운 변동이 있다.
④ '않고 [안코]'에는 (가), (나) 모두에 해당하는 음운 변동이 있다.
⑤ '읊고 [읍꼬]'에는 (가), (나) 모두에 해당하는 음운 변동이 있다.

이 문항은 표준 발음법을 전제로 국어의 음운 변동 중 '음절의 끝소
리 규칙'과 '자음군 단순화'에 대해 정확히 이해하고 있는지를 평가하
기 위한 것입니다.

이의 신청의 주된 내용은 오답지 ①의 '꽂힌[꼬친]'을 '꽂힌 → 꼳힌
(음절의 끝소리 규칙, 교체) → 꼬틴(축약) → 꼬친(구개음화, 교체)'과
같은 음운 변동을 거쳐 발음되는 것으로 볼 수 있으므로 오답지 ①의
'꽂힌[꼬친]'에도 〈보기〉의 (가)에 해당하는 음운 변동이 있다는 것입
니다. 그 근거로 첫째, '낮 한때[나탄때]', '낮하고[나타고]'처럼 '꽂힌'의
종성 'ㅈ'이 음절의 끝소리 규칙에 따라 'ㄷ'으로 교체된 후, 후행하는
'ㅎ'과 축약되어 'ㅌ'이 된다는 것, 둘째, '꽂힌'에 음절의 끝소리 규칙이
적용되어 나온 '꼳힌'에서 축약을 거친 '꼬틴'에 구개음화가 적용될 수
있다는 것을 들고 있습니다. 하지만 이러한 주장은 현행 문법 교과서와
표준 발음법은 물론 학술적 관점에서 볼 때에도 타당하지 않습니다.

위 답변 내용에서처럼 출제자는 지문 내용 이해에 앞서 〈보기〉 자료를 통해 출제 의도를 말하고 있습니다. '이의 제기' 답변 자료가 있는 문항은 대부분 오답률이 높았던 고난도 문항들입니다. 매번 매력적인 오답에 빠지는 수험생들은 이 자료를 통해 정답과 오답의 기로에서 객관적인 판단 기준을 세울 수 있을 것입니다.

⑧ 출제 기관이 말하는
수능 출제 과정

Q : 효과적인 수능 학습 방법은 어디서 알 수 있나요?

A : 출제기관에서 발표하는 '수능학습방법'에 답이 있습니다.

　수능 시험을 출제하는 한국교육과정평가원에서는 매년 보도 자료를 통해 수능 시험을 준비하는 방법 및 학습 방법에 대해서도 모두 공개하고 있습니다. 시험을 출제하는 기관에서 발표하는 '학습 방법'을 꼭 참고해야 합니다. 입시의 성패는 객관적인 자료를 바탕으로 한 입시전략에 달려있습니다.

수능 시험 출제 과정을 올바르게 이해한다면 정확한 계획을 바탕으로 효과적으로 공부를 할 수 있게 됩니다. 7차 교육과정이 시작된 2004학년도에 한국교육과정평가원은 연구보고서를 통해 수능 시험 출제 전 과정을 공개했습니다. 공개된 출제 과정을 기본으로 수능 시험은 현재까지 매년 진화해 오고 있습니다.

대학수학능력시험의 출제를 담당하고 있는 한국교육과정평가원에서는 새롭게 변화된 수능 시험의 출제 과정을 공개함으로써 출제 과정 및 내용에 대한 수험생과 학부모 등 대학수학능력시험에 관심 있는 국민들의 이해를 돕기 위하여 '출제 매뉴얼'을 출간하게 되었다. 영역별 '출제 매뉴얼'에는 각 영역의 시험 목표, 내용, 출제 지침, 문항 개발 과정 등이 예시와 더불어 자세하게 제시되어 있어 학교 수준의 모의시험이나 시·도 교육청 주관 연합평가, 수능 모의평가 등의 출제 시 출제자에게 유용한 자료가 될 것으로 기대된다.《수능 출제 매뉴얼》

《수능 출제 매뉴얼》은 수능 시험의 개념과 평가 목표, 출제 세부 내용, 출제 절차, 문항 개발 방법 등 수능 출제 과정을 그야말로 숨김없이 공개합니다. 할 수만 있다면 숨겨 두고 나 혼자 보고 싶은 보물 같은 자료가 아닐 수 없습니다. 수능 시험 출제 과정에서 무엇보다 중요시되는 것은 바로 '교과서'입니다.

대부분의 학생들과 학부모들은 교과서를 중심으로 공부했다고 하는 수능 전국 1등의 인터뷰는 그저 빈말이라고 생각합니다. 과연 그럴까요?

《수능 출제 매뉴얼》에 소개된 내용은 표현만 다를 뿐 고등학교 교과서와 동일합니다. 학생들이 사용하는 교과서 목차를 《수능 출제 매뉴얼》에서는 출제 단원으로 표현하는 정도의 차이만 있을 뿐입니다. 교과서의 단원별 학습 목표는 《수능 출제 매뉴얼》에서 단원별 평가 요소에 해당합니다. 그뿐만 아니라 수능 시험 문항에서 사용하는 단어들과 자료로 주어지는 개념 및 표현에 설명하는 용어들도 모두 교과서에 소개된 개념을 기준으로 삼고 있습니다.

따라서 교과서 위주로 공부했다는 상위권 학생들의 말은 결코 빈말이 아님을 확인할 수 있습니다. 수능 시험에서 사용하고 있는 자료와 용어는 교과서를 기준으로 삼고 있는 만큼 교과서를 기준으로 개념 학습을 한 학생들이 절대적으로 유리할 수밖에 없습니다. EBS 연계 교재 반영 비율이 70%에 이르지만 이 기본적인 출제 방향은 지금도 변함이 없습니다. 수능 시험에서 사용하는 단어, 정의 문장, 자료들은 기본적으로 교과서를 따릅니다. EBS 연계 교재는 교과서를 바탕으로 만들어진 참고서에 불과합니다.

《수능 출제 매뉴얼》에 소개된 대로 수능 시험 출제자들이 활용하는 주된 자료는 '교과서'와 '고등학교 교육과정 해설 자료집' 그리고 '기출 문제'입니다.

《수능 출제 매뉴얼》에 소개된 수리 영역 '문항 출제 기본 원칙'의 내용을 보면 다음과 같습니다.

계산 능력, 이해 능력, 추론 능력, 문제 해결 능력을 적절하게 평가할 수 있으며 평가 목표가 분명한 문제를 출제하도록 하고 있다. 또 문항의 내용과 소재가 특정 영역에 지나치게 편중되지 않도록 고르게 출제하도록 하고 있다. 위의 두 항을 위하여 단원별 출제 문항 정보를 기록하고 있는 평가 목표 이원분류표를 먼저 작성하고 이를 준수해 출제하도록 한다.

영역별 특성상 이러한 평가 요소에 맞춰 공부할 수 있는 과목은 수학, 사회, 과학입니다. 이 영역은 교과서에 있는 개념과 정의를 명확하게 숙지하는 것에서부터 시작해야 합니다.《수능 출제 매뉴얼》에서 소개하고 있는 문항 출제 과정 문항 제작 단계 부분에는 이런 내용이 있습니다.

문항을 제작할 때에는 먼저 어떤 내용 영역과 행동 영역에 속하는 문항을 어떤 의도로 출제할 것인지를 분명히 하여야 한다. 이때 교육과정, 교과서, 관련 참고 자료 등을 참조하여 고등학교 교육과정의 내용과 수준을 넘어서는 문항을 제작하지 않도록 주의하여야 한다. 또한 교육과정의 내용 중에서도 고등학교를 졸업하는 학생들이 반드시 알아야 하는 핵심적이고 중요한 내용을 중심으로 문항을 제작하도록 하고, 교육적으로 유의미한 소재를 다루며, 단순 암기보다는 학생들의 수학적 사고력을 측정할 수 있는 문항을 제작하도록 한다.

이와 같이 수능 시험은 고등학교 교과과정에 대한 충분한 이해를 바탕으로 출제됩니다. 상위권 학생들에게도 여전히 교과서가 가장 중요합니다. 무엇이든 기본에 충실해야 이 기본을 바탕으로 응용을 할 수 있기 때문입니다. 다음으로 문항 검토 및 수정 단계에 소개된 내용을 확인하겠습니다.

> 문항 검토자는 '문항 검토 요소'에 따라 면밀히 문항을 검토한다. 또한 검토자는 시중에 시판되고 있는 참고서, 학습지, 문제지 등과 대조 작업을 하여 기출 문항인지 여부를 알아보고 기출 문항이면 출제자에게 알려주어 문항을 수정하거나 재출제할 수 있게 한다.

문항 검토 요소에서 가장 중요한 문항 내적 요소로서 '단서'를 꼽고 있습니다.

그렇다면 이 단서는 무엇이고 우리들은 그것을 어떻게 활용해야 할까요?

'단서' 검토 항목은 크게 세 가지 부분으로 요약됩니다.

• 단서가 너무 많이 제시되어 내용을 모르는 수험생도 정답을 맞힐 가능성이 있는지 여부

• 답지 중에 다른 답지와 너무 동떨어져 있어서 오답의 매력도가 낮은 오답지가 있는가?

• 다른 문제의 풀이가 정답이나 풀이의 힌트가 되는 문항은 있는가?

수능 시험을 준비하는 수험생이라면 위 세 가지 항목을 염두에 두고 공부 방향을 정해야 합니다. 우선 '단서가 너무 많이 제시되어 내용을

모르는 수험생도 정답을 맞힐 가능성이 있는지 여부'라는 검토 항목을 통해 모든 자료는 반드시 단서를 포함한다는 사실을 확인할 수 있습니다. 따라서 내신 시험과 같이 암기를 중심으로 한 문제 풀이 학습이 아니라 자료 해석 능력을 길러야 합니다.

또, '답지 중에 다른 답지와 너무 동떨어져 있어서 오답의 매력도가 낮은 오답지가 있는가?'라는 검토 항목을 통해 Best 오답을 철저히 분석해야 한다는 결론을 얻을 수 있습니다. 학생들이 많이 틀리는 문항은 단순히 어려운 문항이 아니라 출제자가 정답률을 조정하기 위해 의도적으로 배치한 문항입니다.

마지막으로 '다른 문제의 풀이가 정답이나 풀이의 힌트가 되는 문항은 있는가?'라는 검토 항목을 통해 선택지의 유사성을 보고 정답을 찾을 수 있는 수능 시험의 특성을 확인할 수 있습니다.

이처럼 수능 시험 공부의 초기 단계에서는 무작정 많은 문제를 풀기보다는 기출문제를 한 문제 한 문제 꼼꼼하게 풀며 위의 세 가지 '단서'가 어떻게 적용되었는지 분석해야 합니다.

⑨ 100% 출제되는 단원별 주제를 잡아라

Q : 시중에 EBS를 비롯한 많은 문제집이 있는데 어떤 것부터 풀어야 하나요?

A : 수능 시험은 기출에서 시작해서 기출로 끝납니다.

공부는 '자신이 맞출 수 있는 문제를 모두 맞추는 것'에서부터 출발해야 합니다. 기본 점수부터 확보한 후 자신의 취약한 부분을 중심으로 공부의 폭을 넓혀 나간다면 현재 수준에 상관없이 누구나 점수가 향상될수 있습니다. 그러려면 매번 반복해서 출제되는 주제를 놓치지 않아야합니다. 그러한 주제들은 기출문제에 모두 나와 있습니다. 따라서 수능시험을 출제하는 평가원에서 출제한 6월, 9월 그리고 수능 시험 기출문제부터 시작해야 합니다. EBS를 비롯한 시중의 모든 문제집은 기출문제의 변형에 지나지 않습니다. 수능 시험은 기출에서 시작해서 기출로 끝납니다.

기 출문제 10회 학습을 성실하게 수행한 학생들은 시험에 자주 나오는 유형을 알게 됩니다. 평가 단원별 요소가 정해져 있는 수학, 사회, 과학 탐구영역의 경우 출제 단원이 정해져 있고 이에 따라 출제 주제가 정해져 있기 때문입니다. 수능 공부는 이렇게 매번 출제되는 주제를 놓치지 않는 것에서부터 출발해야 합니다. 기본 점수부터 확보한 후 자신의 취약한 부분을 중심으로 공부의 폭을 넓혀 나간다면 현재 수준에 상관없이 누구나 점수가 향상될 수 있습니다.

6월, 9월 모의평가를 비롯해 수능 시험이 끝난 직후 공개되는 평가원 보도 자료를 보면 전 문항별 출제 주제를 확인할 수 있습니다. 이 자료를 문항 번호순으로 확인하면 두 가지 중요한 정보를 얻을 수 있습니다.

첫 번째로 문항별 출제 주제와 출제자의 의도를 파악할 수 있습니다.

두 번째로 문항 번호별로 정리한 자료를 6월, 9월을 비교하면 실제 수능 시험에 출제될 주제와 최근 자주 반영되는 단원을 파악할 수 있습니다. 이렇게 정리한 자료를 활용하여 자신이 틀린 부분을 중심으로 효과적인 공부 계획을 세울 수 있습니다.

매년 다른 지문을 읽고 풀어야 하는 국어 영역과 영어 영역과는 달리 수학, 사회, 과학 탐구영역은 출제 주제가 정해져 있습니다. 다음은 '2020학년도 수능 출제방향 보도자료'에서 발췌한 수학 영역 문항 유형 소개 자료입니다.

수학 영역은 고등학교 수학과 교육과정에 제시된 수학의 기본 개념, 원리, 법칙을 이해하고 적용하는 능력을 평가하는 문항, 수학에서 중요하게 다루어지는 기본 계산 원리 및 전형적인 문제 풀이 절차인 알고리즘을 이해하고 적용하는 능력을 평가하는 문항, 규칙과 패턴, 원리를 발견하고 논리적으로 추론하는 문항, 주어진 풀이 과정을 이해하고 빈 곳에 알맞은 식을 구할 수 있는 능력을 평가하는 문항을 출제하였다. 또한 두 가지 이상의 수학 개념, 원리, 법칙을 종합적으로 적용하여야 해결할 수 있는 문항과 실생활 맥락에서 수학의 개념, 원리, 법칙 등을 적용하여 해결하는 문항도 출제하였다.

'2020학년도 수능 출제방향 보도자료'에서 수학 영역 문항별 출제 주제를 이렇게 소개하고 있습니다.

수학 가형에서는 로그함수를 미분할 수 있는지를 묻는 문항(22번), 삼각함수의 덧셈정리를 활용하여 문제를 해결할 수 있는지를 묻는 문항(10번), 합성함수의 미분과 역함수의 미분을 활용하여 미분계수를 구할 수 있는지를 묻는 문항(26번), 함수의 그래프의 개형과 정적분의 의미를 이해하여 문제를 해결할 수 있는지를 묻는 문항(21번), 중복조합을 이해하여 조합의 수를 구할 수 있는지를 묻는 문항(16번), 독립시행의 확률을 이해하고 이를 활용하여 문제를 해결할 수 있는지를 묻는 문항(25번), 정규분포의 뜻을 알고 그 성질을 이해할 수 있는지를 묻는 문항(18번), 쌍곡선의 뜻을 알고 이를 활용하여 문제를 해결할 수 있는지를 묻는 문항(17번), 미분법을 이용하여 속력에 대한 문제를 해결할 수 있는지를 묻는 문항(9번), 좌표공간에서 벡터와 직선의 방정식을 활용하여 문제를 해결할 수 있는지를 묻는 문항(29번) 등을 출제하였다.

수학 나형에서는 두 집합 사이의 포함 관계를 이해할 수 있는지를 묻는 문항(2번), 역함수의 뜻을 알고 있는지를 묻는 문항(7번), 여러 가지 수열의 첫째항부터 제n항까지의 합을 구할 수 있는지를 묻는 문항(25번), 로그의 뜻을 알고 이를 활용하여 문제를 해결할 수 있는지를 묻는 문항(17번), 등비급수를 활용하여 문제를 해결할 수 있는지를 묻는 문항(18번), 함수의 극한을 이해할 수 있는지를 묻는 문항(8번), 함수의 그래프 개형을 그릴 수 있고 방정식과 부등식에 활용할 수 있는지를 묻는 문항(30번), 곡선으로 둘러싸인 도형의 넓이를 구할 수 있는지를 묻는 문안(26번), 순열과 조합의 뜻을 알고 순열과 조합의 수를 구할 수 있는지를 묻는 문항(22번), 조건부확률의 뜻을 알고 이를 구할 수 있는지를 묻는 문항(9번), 정규분포의 뜻을 알고 그 성질을 이해할 수 있는지를 묻는 문항(13번) 등을 출제하였다.

EBS를 비롯해 메가스터디와 같은 입시 기관 홈페이지에서 무료로 제공하는 '문제은행' 서비스 페이지를 활용하면 문항별로 배열된 '출제 주제' 자료를 확인할 수 있습니다. 이 자료는 아래와 같이 각 문항별 출제된 단원, 출제 주제를 확인하고 자신이 학습한 내용 중 틀린 문항을 확인할 때 참고할 수 있습니다.

예를 들면 '아! 수능 시험 문제 11번 문항을 잘 몰랐는데 미분법 단원에서 미분법을 이용하여 곡선의 변곡점을 갖도록 하는 조건을 물어보고 있구나! 배점이 3점이고 오답률이 25%인걸 보면 충분히 공부해서 맞힐 수 있겠군' 과 같이 구체적인 공부 방향을 정할 수 있습니다.

〈메가스터디 'MEGA 문제은행'활용 예시〉

선택한 조건으로 검색					
2019.11 수능〉 수학〉 수학 가형					
출제시험	번호	중분류	소분류	배점	정답률
2019.11 수능	1번	평면벡터	벡터의 연산	2점	96%
2019.11 수능	2번	지수함수와 로그함수	지수함수와 로그함수 활용	2점	96%
2019.11 수능	3번	공간도형과 공간좌표	직선, 평면, 구의 방정식	2점	90%
2019.11 수능	4번	경우의 수	이항정리	3점	95%
2019.11 수능	5번	미분법	여러 가지 미분법	3점	96%
2019.11 수능	6번	확률	조합	3점	84%
2019.11 수능	7번	삼각함수	삼각함수	3점	83%
2019.11 수능	8번	적분법	여러 가지 적분법	3점	83%
2019.11 수능	9번	적분법	정적분의 활용	3점	76%
2019.11 수능	10번	삼각함수	삼각함수	3점	87%
2019.11 수능	11번	미분법	여러 가지 미분법	3점	75%

또한 이 채점 서비스를 활용하면 단원별 출제 분포를 알 수 있습니다.

이 자료를 통해 효과적인 개인별 맞춤형 학습 계획을 구성할 수 있습니다. 수시 전형의 경우에도 수능최저등급 요건을 충족시켜야 합니다. 정시 전형의 경우에도 전 과목 만점이 아닌 자신이 지원하고자 하는 대학과 학과에 맞는 수능 시험 과목을 전략적으로 선택하게 되는데 이때 전 영역을 공부하기보다는 시험에 반드시 출제되면서 난도가 낮은 문항을 우선적으로 공부하는 전략을 세울 수 있습니다.

막연히 열심히 해서 좋은 결과를 얻을 수는 없습니다. 수능 시험 출제 기관인 평가원에서 공개하는 자료를 바탕으로 EBS, 메가스터디 등의 입시 기관에서 무료로 제공하는 '문제은행' 자료를 전략적으로 활용해야 합니다. 우선 수능 시험에 반드시 출제되는 단원부터 공부해서 기본 점수를 확보한 후, 역대 기출 문항 중 가장 쉬웠던 문항부터 단계적으로 공부해야 합니다.

문제은행 자료

⑩ 6월, 9월 모의평가는 수능 예상 문제

Q : 수능 예상하는 방법도 있나요?
A : 6월, 9월 모의평가는 수능 100% 예상문제입니다.

6월, 9월 모의평가 문제가 수능 시험에 반영되고 연계된다는 점을 이해해야 합니다. 시험에 출제된 문항들을 출제 주제별로 정리하고 비교하면 매번 출제된 문항과 주제를 확인할 수 있게 되는데 이는 실제 수능 시험에 출제될 가능성이 높은 문항입니다. 수능 시험에도 트렌드를 반영한 출제 가능 주제들이 존재합니다.

만약 올해 출제되는 수능 시험 문제를 예상할 수 있다면? 수험생과 학부모 입장에서는 귀가 솔깃한 말이 아닐 수 없습니다. 할 수만 있다면 천금을 들여서라도 정보를 얻고 싶을 것입니다. 그러나 앞에서 살펴보았듯이 평가원은 수능 공부법을 공개하는 것과 마찬가지로 수능 시험 문제도 사전에 공개합니다.

믿기지 않는다고요? 거짓말이 아닙니다. 6월, 9월 평가원 모의평가를 분석하면 당해 연도 수능 시험의 출제 방향과 난이도를 예상할 수 있습니다.

> 이번 수능에서는 적정 난이도를 유지하기 위해 전 영역에서 2019 학년도 수능 및 2019학년도 6월, 9월 모의평가 분석 결과와 수험생들의 모의평가 대비 수능 학습 준비 정도를 함께 반영하여 난이도를 조정하였다.

6월, 9월 모의평가에 출제된 문항들을 출제 주제별로 정리하고 비교하면 매번 출제된 문항과 주제를 확인할 수 있게 되는데 이는 실제 수능 시험에 출제될 가능성이 높은 문항들 입니다. 수능 시험에도 트렌드를 반영한 출제 가능 주제들이 존재하기 때문입니다. 공부를 안 하고 성적을 올릴 수 있는 방법은 없지만, 보다 효율적으로 성적을 올리는 것은 얼마든지 가능합니다.

과거를 보면 미래를 알 수 있게 됩니다. 가장 최근 자료인 2019년 시행 자료를 확인하면 그 답을 찾을 수 있습니다. 2019년 시행 6월, 9월, 수능시험 출제 주제를 비교하면 연계성을 확인할 수 있습니다.

〈연계사례 6월, 9월, 수능〉 2019년 시행, 수학 가형

2019.06월 평가원		
문항	중분류	출제주제
1번	확률	조합의 수
2번	지수함수와 로그함수	로그함수의 도함수
3번	지수함수와 로그함수	지수함수의 극한
4번	확률	배반사건의 덧셈정리
5번	적분법	정적분의 값
6번	미분법	음함수의 미분법
7번	경우의 수	자연수의 분할
8번	이차곡선	포물선의 초점의 좌표
9번	미분법	함숫값 구하기

2019.09월 평가원		
문항	중분류	출제주제
1번	평면벡터	벡터의 연산
2번	지수함수와 로그함수	지수함수의 극한값
3번	공간도형과 공간좌표	선분의 외분점의 좌표
4번	확률	곱의 법칙 경우의 수
5번	확률	확률의 덧셈정리
6번	미분법	음함수의 미분법
7번	경우의 수	이항정리
8번	미분법	미분계수
9번	삼각함수	삼각함수의 사이의 관계

2019.11월 수능 시험		
문항	중분류	출제주제
1번	지수와 로그	지수
2번	집합과 명제	집합
3번	함수의 극한과 연속	함수의 극한
4번	함수	함수
5번	확률	확률의 뜻과 활용
6번	집합과 명제	명제
7번	함수	함수
8번	함수의 극한과 연속	함수의 극한
9번	확률	조건부 확률

〈연계사례 6월, 9월, 수능〉 2019년 시행, 수학 나형

2019.06월 평가원		
문항	중분류	출제주제
1번	지수와 로그	지수
2번	수열의 극한	수열의 극한
3번	집합과 명제	집합
4번	함수	함수
5번	집합과 명제	명제
6번	확률	확률의 뜻과 활용
7번	함수의 극한과 연속	함수의 극한
8번	지수와 로그	로그
9번	수열	수학적 귀납법

2019.09월 평가원		
문항	중분류	출제주제
1번	지수와 로그	지수
2번	집합과 명제	집합

3번	함수	함수
4번	집합과 명제	명제
5번	순열과 조합	경우의 수
6번	다항함수의 적분법	정적분
7번	수열	등차수열과 등비수열
8번	확률	조건부 확률
9번	함수	유리함수와 무리함수

2019.11월 수능 시험		
문항	중분류	출제주제
1번	지수와 로그	지수
2번	집합과 명제	집합
3번	함수의 극한과 연속	함수의 극한
4번	함수	함수
5번	확률	확률의 뜻과 활용
6번	집합과 명제	명제
7번	함수	함수
8번	함수의 극한과 연속	함수의 극한
9번	확률	조건부 확률

〈연계사례 6월, 9월, 수능〉 2019년 시행, 사회탐구 생활과 윤리

2019.06월 평가원		
문항	중분류	출제주제
1번	생활과 윤리의 의의	현대 생활과 실천 윤리
2번	생활과 윤리의 의의	윤리 문제의 탐구와 실천
3번	생명,성윤리,가족윤리	죽음과 윤리
4번	생명,성윤리,가족윤리	신체와 윤리
5번	사회적 정의 직업윤리	사회 생활과 정명 정신
6번	과학, 생태, 정보 윤리	인간 중심주의와 생태 중심주의

7번	생명,성윤리,가족윤리	친족, 이웃 관계와 윤리
8번	생명,성윤리,가족윤리	출생과 윤리
9번	평화와 윤리	민족 통합의 윤리적 과제

2019.09월 평가원		
문항	중분류	출제주제
1번	생활과 윤리의 의의	현대 생활과 실천 윤리
2번	생활과 윤리의 의의	윤리 문제의 탐구와 실천
3번	생명,성윤리,가족윤리	성과 사랑의 윤리
4번	생명,성윤리,가족윤리	부모, 조상 공경과 효친
5번	문화와 윤리	의식주의 윤리적 문제
6번	사회적 정의 직업윤리	사회 생활과 정명 정신
7번	사회적 정의 직업윤리	사회 부패 현상과 윤리
8번	사회적 정의 직업윤리	직업 생활과 윤리
9번	생명,성윤리,가족윤리	죽음과 윤리

2019.11월 수능 시험		
문항	중분류	출제주제
1번	생활과 윤리의 의의	현대 생활과 실천 윤리
2번	문화와 윤리	종교 생활과 윤리
3번	평화와 윤리	전쟁과 평화
4번	문화와 윤리	예술과 윤리
5번	생활과 윤리의 의의	정적분의 값
6번	생명,성윤리,가족윤리	신체와 윤리
7번	사회적 정의 직업윤리	기업가, 근로자 윤리
8번	평화와 윤리	지구촌의 윤리적 상황과 관제
9번	사회적 정의 직업윤리	전문직, 공직자 윤리

〈연계사례 6월, 9월, 수능〉 2019년 시행, 과학탐구 생명과학 I

2019.06월 평가원		
문항	중분류	출제주제
1번	생명과학의 이해	생명의 특성
2번	생명과학의 이해	생명의 특성
3번	항상성과 건강	생명활동과 에너지
4번	생명과학의 이해	생명의 특성
5번	세포와 생명의 연속성	세포 주기와 세포 분열
6번	항상성과 건강	생명활동과 에너지
7번	항상성과 건강	항상성과 몸의 기능 조절
8번	세포와 생명의 연속성	유전
9번	항상성과 건강	방어작용

2019.09월 평가원		
문항	중분류	출제주제
1번	생명과학의 이해	생명의 특성
2번	생명과학의 이해	생명의 특성
3번	세포와 생명의 연속성	세포 주기와 세포 분열
4번	생명과학의 이해	생명의 특성
5번	항상성과 건강	생명활동과 에너지
6번	항상성과 건강	방어 작용
7번	항상성과 건강	항상성과 몸의 기능 조절
8번	항상성과 건강	항상성과 몸의 기능 조절
9번	항상성과 건강	항상성과 몸의 기능 조절

2019.11월 수능 시험		
문항	중분류	출제주제
1번	생명과학의 이해	생명의 특성
2번	생명과학의 이해	생명의 특성

3번	세포와 생명의 연속성	세포 주기와 세포 분열
4번	생명과학의 이해	생명의 특성
5번	세포와 생명의 연속성	세포 주기와 세포 분열
6번	항상성과 건강	방어 작용
7번	세포와 생명의 연속성	유전
8번	항상성과 건강	항상성과 몸의 기능 조절
9번	항상성과 건강	항상성과 몸의 기능 조절

〈연계사례 6월, 9월, 수능〉 2019년 시행, 한국사

2019.06월 평가원		
문항	중분류	출제주제
1번	우리 역사의 형성과 고대 국가의 발전	선사 문화와 고조선의 성립과 성장
2번	우리 역사의 형성과 고대 국가의 발전	삼국 및 가야의 발전과 대외 관계
3번	우리 역사의 형성과 고대 국가의 발전	통일 신라와 발해의 발전
4번	고려 귀족 사회의 형성과 변천	경제 정책과 경제 활동
5번	고려 귀족 사회의 형성과 변천	고려의 성립과 정치 발전
6번	조선 유교 사회의 성립과 변화	조선의 건국과 통치 체제의 정비
7번	조선 유교 사회의 성립과 변화	경제 정책과 경제 생활의 변화
8번	국제 질서의 변동과 근대 국가 수립	개항 이후 경제와 사회, 문화의 변화
9번	조선 유교 사회의 성립과 변화	양난과 조선 후기의 정치

2019.09월 평가원		
문항	중분류	출제주제
1번	우리 역사의 형성과 고대 국가의 발전	선사 문화와 고조선의 성립과 성장
2번	우리 역사의 형성과 고대 국가의 발전	삼국 및 가야의 발전과 대외 관계
3번	고려 귀족 사회의 형성과 변천	고려의 성립과 정치 발전
4번	우리 역사의 형성과 고대 국가의 발전	통일 신라와 발해의 발전
5번	고려 귀족 사회의 형성과 변천	다양한 사상과 문화, 대외교류

6번	고려 귀족 사회의 형성과 변천	다양한 사상과 문화, 대외교류
7번	조선 유교 사회의 성립과 변화	조선의 건국과 통치 체제의 정비
8번	조선 유교 사회의 성립과 변화	경제 정책과 경제 생활의 변화
9번	조선 유교 사회의 성립과 변화	양난과 조선 후기의 정치

2019.11월 수능 시험		
문항	중분류	출제주제
1번	우리 역사의 형성과 고대 국가의 발전	선사 문화와 고조선의 성립과 성장
2번	우리 역사의 형성과 고대 국가의 발전	삼국 및 가야의 발전과 대외 관계
3번	우리 역사의 형성과 고대 국가의 발전	삼국 및 가야의 발전과 대외 관계
4번	고려 귀족 사회의 형성과 변천	고려의 성립과 정치 발전
5번	고려 귀족 사회의 형성과 변천	고려의 성립과 정치 발전
6번	고려 귀족 사회의 형성과 변천	경제 정책과 경제 생활의 변화
7번	조선 유교 사회의 성립과 변화	조선의 건국과 통치 체제의 정비
8번	조선 유교 사회의 성립과 변화	경제 정책과 경제 생활의 변화
9번	조선 유교 사회의 성립과 변화	양난과 조선 후기의 정치

PART 3

스타강사가 말하는 기적의 30일, 수능만점공부법

① 3문제만 더 맞히면 1등급이 오른다

Q : 30일 만에 1등급을 향상시키는 비결은 무엇인가요?
A : 과목별로 3문제를 더 맞추는 것이 관건입니다.

자신의 실력을 정확하게 파악하지 못하거나 전략을 제대로 세우지 못하면 수능 레이스에서 탈락합니다. 저는 학생들에게 한 달을 단위로 1등급씩 올리는 공부 방법을 추천합니다. 수능시험은 한 등급을 올리느냐 마느냐가 대학의 레벨을 결정합니다. 수능에서 한 등급을 결정하는 점수는 10점 내외로 배점을 감안하면 고작 3문제 정도가 바로 대학을 좌우한다고 할 수 있습니다. 정밀한 데이터 분석을 통해 출제될 개념을 예상하고, 일주일 동안 그 한 가지 개념만 파고 들면 누구라도 1문제는 더 맞출 수 있습니다. 그렇게 4주 동안 하게 되면 3문제를 더 맞추게 되어 결국 한 달에 1등급을 향상시킬 수 있습니다.

너무나 당연한 이야기지만 수능 시험에 반드시 출제되는 한 가지 주제를 선택해 그 유형을 반복적으로 학습하면 누구나 해당 주제를 완벽하게 공부할 수 있습니다. 한 가지 출제 주제를 선택해 일주일간 집중적으로 공부하는 방법은 지난 19년 동안 수많은 학생들의 성적을 비약적으로 향상시킨 비결입니다.

수능 공부를 시작할 때는 어려운 문제를 풀기보다 시험에 반드시 출제되는 문항을 우선적으로 공부해야 합니다. 반드시 출제되는 하나의 주제를 선택해서 1주일 동안 그 주제만 집중적으로 공부합니다. 이렇게 4주, 즉 30일이 지나면 3~4문항을 더 맞힐 수 있습니다. 수리 영역의 경우 한 문항당 배점이 3~4점이므로 원점수로 환원하면 1개 등급에 해당하는 10점이 상승합니다.

국어		평균	표준편차
		58.87	20.22
등급	원점수	표준점수	백분위
만점	100	140	100
1등급	91	131	96
2등급	85	125	89
3등급	77	117	76
4등급	67	107	60
5등급	55	95	40
6등급	43	83	23
7등급	32	72	11
8등급	23	64	4

수학 가형		평균	표준편차
		58.21	24.29
등급	원점수	표준점수	백분위
만점	100	134	100
1등급	92	128	96
2등급	85	122	88
3등급	80	118	78
4등급	70	110	61
5등급	54	97	40
6등급	36	82	23
7등급	22	70	11
8등급	13	63	4

수학 나형		평균	표준편차
		44.48	22.76
등급	원점수	표준점수	백분위
만점	100	149	100
1등급	84	135	96
2등급	76	128	90
3등급	65	118	78
4등급	51	106	60
5등급	35	92	40
6등급	23	81	23
7등급	16	75	11
8등급	11	71	5

영어		평균	표준편차
등급	원점수	표준점수	백분위
만점	100		
1등급	90		
2등급	80		
3등급	70	절대평가 과목으로	
4등급	60	등급별 원점수만 노출되며	
5등급	50	평균, 표준점수 등은	
6등급	40	제공하지 않습니다.	
7등급	30		
8등급	20		

한국사		평균	표준편차
등급	원점수	표준점수	백분위
만점	50		
1등급	40		
2등급	35		
3등급	30	절대평가 과목으로	
4등급	25	등급별 원점수만 노출되며	
5등급	20	평균, 표준점수 등은	
6등급	15	제공하지 않습니다.	
7등급	10		
8등급	5		

생활과윤리		평균	표준편차
		30.99	12.48
등급	원점수	표준점수	백분위
만점	50	65	99
1등급	48	64	95
2등급	46	62	90
3등급	42	59	76
4등급	37	55	61
5등급	28	48	39
6등급	21	42	24
7등급	12	35	11
8등급	7	31	3

윤리와 사상		평균	표준편차
		31.52	14.98
등급	원점수	표준점수	백분위
만점	50	62	93
1등급	50	62	93
2등급	–	–	–
3등급	46	60	78
4등급	40	56	61
5등급	25	46	39
6등급	16	40	24
7등급	10	36	11
8등급	7	34	5

한국지리		평균	표준편차
		27.3	13.9
등급	원점수	표준점수	백분위
만점	50	66	97
1등급	50	66	97
2등급	47	64	90
3등급	41	60	76
4등급	31	53	60
5등급	20	45	39
6등급	13	40	21
7등급	10	38	12
8등급	6	35	3

사회문화		평균	표준편차
		28.15	13.32
등급	원점수	표준점수	백분위
만점	50	67	99
1등급	47	64	95
2등급	44	62	88
3등급	40	59	75
4등급	35	55	61
5등급	24	47	41
6등급	15	40	24
7등급	9	36	10
8등급	7	34	4

물리1		평균	표준편차
		29.83	12.38
등급	원점수	표준점수	백분위
만점	50	66	99
1등급	47	64	95
2등급	45	62	90
3등급	41	59	77
4등급	36	55	61
5등급	27	48	39
6등급	17	40	21
7등급	12	36	12
8등급	7	32	4

화학1		평균	표준편차
		30.91	11.36
등급	원점수	표준점수	백분위
만점	50	67	99
1등급	47	64	97
2등급	43	61	89
3등급	40	58	76
4등급	37	55	61
5등급	30	49	39
6등급	21	41	23
7등급	14	35	11
8등급	9	31	4

생명과학1		평균	표준편차
		28.19	12.6
등급	원점수	표준점수	백분위
만점	50	67	99
1등급	48	66	97
2등급	44	63	90
3등급	39	59	76
4등급	33	54	59
5등급	24	47	42
6등급	15	40	21
7등급	12	37	12
8등급	8	34	4

지구과학1		평균	표준편차
		24.57	10.47
등급	원점수	표준점수	백분위
만점	50	74	100
1등급	42	67	95
2등급	38	63	88
3등급	34	59	78
4등급	28	53	61
5등급	21	47	40
6등급	15	41	22
7등급	11	37	11
8등급	8	34	4

자료는 2020학년도 수능 시험 과목별 등급 컷입니다. 각 과목별 등급을 구분하는 원점수가 대략 10점에 해당한다는 점을 확인할 수 있습니다. 중위권에 속하는 3~4등급 수험생들은 수능 시험에 반드시 출제되면서 현재 자신이 틀리고 있는 부분을 선택해 단기간 집중적으로 학습해야 점수가 올라갑니다.

수능 시험 성적이 곧 입시 전략이라는 원칙은 매년 입시를 통해 증명되고 있습니다. 수능 시험 성적은 수시 전형에서 최저 등급으로 활용되고, 정시에서 과목별 점수로 적용이 됩니다. 과목별 3등급으로 도약하고자 하는 수험생들은 반드시 원점수를 10점씩 향상시켜야 합니다.

수학, 사회, 과학 과목의 경우 매년 반복 출제되는 문제 유형이 80%나 됩니다. 매년 수능시험에는 100% 출제되는 '단원별 주제'가 있습니다. 모의고사가 끝나면 입시 기관에서 무료로 제공하는 채점 서비스 및 문제은행 서비스를 활용해 정답률이 높은, 다시 말해 난이도가 낮은 문항들 중 자신이 틀린 문항을 선택해서 우선적으로 공부해야 합니다.

예를 들어 수리 영역의 경우 '무한등비급수 도형 활용 유형, 확률, 통계' 등의 주제가 여기에 해당합니다.

② 수능 대박 5단계 시스템

Q : 단기간에 성적을 향상시키려면 어떻게 해야 하나요?
A : 자신의 실력에 맞는 취약부분의 문제를 집중적으로
공략해야 합니다.·

  30일 안에 성적을 향상시키려면 일반 강의로는 한계가 있습니다. 일대일 맞춤형 학습프로그램이 필요합니다. 〈오대교수능연구소〉에서는 한국교육과정평가원 자료 분석을 바탕으로 맞춤형 입시컨설팅 프로그램을 개발했습니다. 모의평가 결과에 따라 개개인의 취약점을 파악하고 실력을 진단한 뒤, 한 달간 집중적으로 공부해야 할 학습 범위와 단원의 유형을 알려줍니다. 이를 통해 지나치게 어려운 문제는 제외하고, 학생의 실력에 맞는 문항을 단계별로 집중 공략함으로써 30일 안에 성적을 상승시키는 결과를 내고 있습니다.

애 년 수험생들은 6월, 9월 한국교육과정평가원 모의평가와 교육청 모의고사까지 포함하면 수능 시험 전까지 총 6회의 모의고사를 치릅니다. 기출문제를 풀 때는 우선 최신 경향이 반영된 기출문제 3개 년치를 풀어보아야 합니다. 수능 시험을 포함 7회 분량의 기출문제를 3개년으로 생각해본다면 총 21회 분량입니다. 이 분량의 기출문제를 풀어보는 것이 수능 공부의 첫걸음입니다.

21회 분량의 기출문제를 풀면 자주 출제되는 개념을 공부할 수 있고 자료 분석을 바탕으로 문제 풀이 능력도 동시에 키울 수 있습니다. 또한 연도를 비교하면서 해마다 진화하는 수능 시험을 확인할 수 있습니다. 다음은 기출문제 분석을 통한 수능 대박 5단계 시스템입니다.

수능 대박 5단계 시스템 'EBSi를 활용한 방법'을 소개 합니다.

1단계: 기출문제를 풀 때마다 입시 기관 채점 서비스를 활용해 점수를 채점한다.

2단계: 난이도가 낮은 문항부터 복습한다.

3단계: 반복되는 개념은 반드시 암기한다.

4단계: 어려운 문제는 여러 강사의 강의를 비교해서 들어본다.

5단계: 문제은행 서비스를 활용한다.

1단계: 기출문제를 풀 때마다 입시 기관 채점 서비스를 활용해 점수를 채점한다.

이는 자신의 취약 부분 데이터를 만드는 과정으로 문항 정보가 많을수록 정확도는 높아진다.

2단계: 난이도가 낮은 문항부터 복습한다.

오답률이 높은 고난도 문항에 집착하지 말고 다른 학생들도 쉽게 맞힌 정답률이 높은 문항을 우선순위에 놓는다.

3단계: 반복되는 개념은 반드시 암기한다.

수능 시험 문제에 사용되는 개념은 반복적으로 등장한다. 객관식 시험의 특성상 자료나 문제에 사용하는 단어 즉, 출제자가 주는 힌트도 반복된다.

해설지를 비교하며 공부하는 것도 중요하다.

다운로드	
구분	과목
문제	국어 수학 영어 한국사 사회 과학 직업 제2외/한
정답표	국어 수학 영어 한국사 사회 과학 직업 제2외/한
해설지	국어 수학 영어 한국사 사회 과학 직업 제2외/한

4단계: 어려운 문제는 여러 강사의 강의를 비교해서 들어본다.

어려운 문항의 경우 어떤 부분이 부족해서 틀렸는지 명확하지 않은 경우가 있다. 이때는 동일한 문제에 대해 여러 강사의 강의를 들어보며 비교해보는 것이 좋다.

5단계: 문제은행 서비스를 활용한다.

반복 출제 되는 부분 중 '현재 취약한 유형'을 선택해 학습할 수 있는 도구가 ebsi에도 있다. EBSi 인공지능 DANCHOO 가 그것이다.

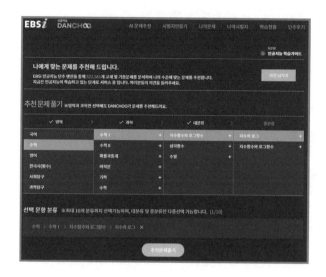

③ 영리한 EBSi 활용법

Q : 오답률 정보는 어디서 알 수 있나요?
A : EBSi 문제은행 서비스를 활용해 보세요.

　EBSi에서 제공하는 '문제은행 서비스'를 활용하면 오답률 정보를 한눈에 알 수 있습니다. 다른 학생들이 몇 번 선택지를 오답으로 많이 선택했는지 파악하면 오답의 늪에 빠지지 않는 기준을 세울 수 있습니다. 오답률 정보를 바탕으로 중위권 학생들은 기본개념을 묻는 문항을 집중적으로 학습해서 흔들리지 않는 기초점수를 확보하는 것이 좋습니다. 상위권 학생은 이미 맞춘 문제를 반복해서 푸는 것은 자기만족 외에는 도움이 되지 않습니다. 각 시험별로 오답률이 높은 5개 문항을 선택해 집중적으로 학습하는 것이 보다 효율적입니다.

EBSi를 활용할 때도 채점 데이터를 기반으로 학습한다는 원칙은 변함이 없습니다. EBSi에서는 기출문제를 선택해 학습할 수 있는 자료를 무료로 공개하고 있습니다. 이 자료를 활용해 학습자 스스로 이 상적인 자료를 만들 수 있습니다. 'EBS 문제은행 서비스'가 바로 이것입니다. 이 서비스를 이용하면 EBS에서 출간된 교재 문제와 수능 시험 및 교육청 모의고사에 출제되었던 문항들을 단원별, 유형별, 난이도별, 출제 시험별로 검색해서 풀어볼 수 있습니다.

EBS문제은행서비스 '인공지능 단추' 이용하기 가이드

기출문제 고르기 단계 중 단원 선택에서 자신이 학습하고자 하는 단 원 및 세부 목차를 선택합니다. 그리고 문항 옵션에서 난이도에 맞는 문 항을 지정하면 역대 기출 문항에 대한 정보와 함께 문제들을 풀어볼 수

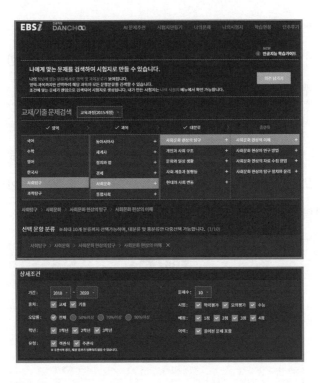

있음은 물론 '나의시험지' 기능을 활용해 자료를 저장하고 인쇄할 수도 있습니다.

자료에서 확인할 수 있듯이 오답률 정보를 통해 해당 문항의 객관적인 난이도를 확인할 수 있으며 시험에 반복 출제되는 주제를 한눈에 볼 수 있습니다. 문제 풀이 학습 순서는 오답률이 낮은 문항부터 시작해 오답률이 가장 높은 문항 순으로 공부합니다. 문항 옵션을 통해 단계별로 선택할 수 있습니다.

'나의시험지' 기능을 활용해 개인용 맞춤형 기출 자료집으로 활용할 수도 있습니다. 혼자 공부하기 어려우면 해설 강의도 활용할 수 있습

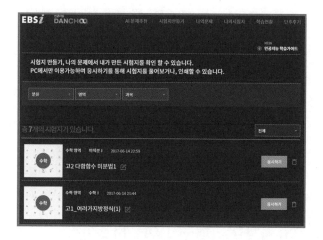

니다.

위 그림에서처럼 수학, 미적분1을 공부한다고 할 때 관련된 EBS 연계 교재 문항을 선별적으로 학습할 수 있습니다. 수학의 경우 수능 시험을 준비하는 고3 학생들은 고2 기출 문항 정보도 반드시 확인해야 합니다. 단원이 같더라도 학년별로 출제되는 난이도가 다르기 때문입니다. 자신이 취약한 부분의 경우 해당 단원과 유형에서 고2 문항을 활용하는 것이 좋습니다. 이렇게 EBS에서 제공하는 자료들을 효과적으로 활용하면 문제를 재편집하는 번거로움 없이도 취약한 부분을 선택적으로 공부할 수 있습니다.

④ 데이터는 답을 알고 있다

Q : 취약한 부분은 어떻게 보완하나요?
A : EBSi '모의평가 풀서비스'를 활용해 보세요.

　EBSi '모의평가 풀서비스'를 활용하면 교재/기출 문항검색, 본인이 원하는 과목과 학년을 각각 선택할 수 있습니다. 오답률을 설정하고, 난이도가 높은 곳에서부터 낮은 곳까지 자유롭게 설정할 수 있지요. 난이도별대로 공부하면 하나씩 확실하게 정복해 나가는 즐거움이 있기 때문에 지치지 않습니다. PC 게임을 하듯이 난이도를 높여가면서 '끝판왕'을 깨다 보면 어느새 수능이라는 높은 산의 정상에 서게 될 것입니다.

일기예보가 수많은 데이터를 수집하고 분석해서 날씨를 예측할 수 있는 것과 마찬가지로 수능 시험을 예측하기 위해서는 데이터를 수집하고 분석해야 합니다. 채점 서비스에 공개된 자료를 활용하면 수능 시험을 예상할 수 있을 뿐 아니라 자신의 취약점을 효과적으로 파악할 수 있습니다.

수능 시험을 준비할 때 기출문제보다 더 좋은 자료는 없습니다. 기출문제 학습을 통해 데이터를 정확하게 모으지 않으면 취약한 부분을 알 수 없어서 노력해도 점수가 잘 오르지 않습니다. 효과적인 공부 방법이란 취약한 부분을 찾고 정확한 방법으로 이를 극복하는 것을 말합니다. 그러기 위해서는 자신을 객관적으로 평가할 수 있어야 합니다.

EBSi '모의평가 풀서비스'를 이용하면 시험 과목마다 출제 단원, 주제, 배점 정보, 선택지별 선택 분포, 문항별 정답률과 오답률 등을 한눈에 알 수 있습니다. 선택지 정보와 정답률 정보를 통해 자신이 어떤 단원에서 틀렸고, 틀린 문항은 어떤 주제를 가지며 다른 학생들은 얼마나 풀었는지 분석할 수 있게 됩니다.

문항별 난이도가 존재하기 때문에 틀린 문항을 보면 현재 자신의 수준을 정확히 알 수 있습니다. 난이도 분석을 통해 정답률이 높은 문항부터 공부 계획을 세워야 합니다. 이것은 두 가지 측면에서 효율적입니다. 첫째로 투자한 시간 대비 높은 점수로 연결될 수 있다는 점입니다. 학업의 성취도는 변화되는 점수로 확인할 수 있는데 점수가 올라가는 것을 눈으로 확인하면 자신감을 얻을 수 있습니다. 두 번째로 동일한 출제 주제에서도 난이도에 따라 점진적으로 공부할 수 있습니다. 이를 통해 문항에 대한 이해도를 높여 가면서 수능 시험이 요구하는 종합적인 문제 분석 능력을 순차적으로 키워 나갈 수 있습니다.

수험생들이 가장 많이 틀린 문항은 고난도 문항으로 분류할 수 있습니다. 객관식 문항의 경우 고난도 문항에서 수험생들이 많이 선택해 틀린 문항의 정보를 역으로 확인하면 매력적 오답을 찾을 수 있고 매력적 오답에 빠지지 않는 법도 알게 됩니다. 이처럼 기출문제를 풀어보면 틀린 문항을 확인하는 것 이외에도 많은 정보를 얻을 수 있습니다.

| 채점하기 | 성적분석 | 등급컷 | 오답노트 | 오답률 TOP10 | 해설강의 |

영어 ∨ / 영어 ∨ 　　　　　　　　　※과목별 상위 10개 오답률을 확인하세요.

순위	문항번호	오답률	배점	정답	선택지별 비율					문제	해설강의	인공지능 문제추천
					①	②	③	④	⑤			
1	31	74.2	3	1	25.8	17.0	15.3	20.2	21.3	보기＞	보기＞	보기＞
2	32	73.7	2	3	15.5	30.5	26.3	16.9	10.3	보기＞	보기＞	보기＞
3	38	71.3	3	2	6.4	28.7	26.4	27.0	11.1	보기＞	보기＞	보기＞
4	37	69.6	3	5	7.1	23.4	23.4	15.3	30.4	보기＞	보기＞	보기＞
5	33	69.1	3	5	19.8	14.9	17.9	16.0	30.9	보기＞	보기＞	보기＞
6	39	64.7	2	5	5.0	13.1	20.2	26.0	35.3	보기＞	보기＞	보기＞
7	34	63.9	3	2	17.2	36.1	15.6	19.1	11.5	보기＞	보기＞	보기＞
8	41	56.6	2	1	43.4	17.6	9.5	22.6	6.5	보기＞	보기＞	보기＞
9	24	53.7	2	5	46.3	22.7	8.8	6.9	14.9	보기＞	보기＞	보기＞
10	35	53.1	2	4	4.7	12.6	25.3	46.9	10.2	보기＞	보기＞	보기＞

기출문제를 푸는 것은 수능 공부의 시작에 해당합니다. EBSi '모의평가 풀서비스'를 활용할 때 응시할 때마다 자신의 응시 문항 정보를 입력하면 자동으로 영역별 채점과 취약한 부분을 확인할 수 있습니다. 이 자료를 꾸준히 모아서 분석하면 취약 개념과 유형을 정확하게 파악할 수 있습니다. 정답률이 높은 문항을 우선순위에 둘 수 있고 동일한 출제 주

제라 하더라도 난이도에 따라 선택적으로 학습할 수 있으므로 자신의 현재 성취도에 따라 단원별 난이도를 선택할 수 있다는 장점도 있습니다.

채점하기	성적분석		등급컷		오답노트		오답률 TOP10	해설강의

과목		채점	원점수	표준점수	백분위	등급	상위누적비율	
국어		재채점하기	94	134	97	1	전국 3%	EBSi 5%
수학나형		재채점하기	84	127	87	3	전국 14%	EBSi 19%
영어		재채점하기	92	0	0	1	전국 -	EBSi 8%
한국사		채점하기	-	-	-	-	전국 -	EBSi -
사탐	한국지리	채점하기	-	-	-	-	전국 -	EBSi -
	사회문화	재채점하기	47	66	96	1	전국 5%	EBSi 7%
제2외국어/한문	미선택		-	-	-	-	전국	EBSi

⑤ 수능, 시작이 반이다

Q : 수능시험의 범위는 어디까지인가요?
A : 기출의 범위가 수능의 범위입니다.

수능 시험에 출제 가능한 모든 개념과 유형은 기존에 출제되었던 기출문제를 벗어날 수 없습니다. 시험 범위가 고등학교 교과 과정으로 제한되었기 때문이지요. 그래서 기출문제의 범위가 곧 수능 시험의 범위라고 할 수 있습니다. 기출문제 풀이 학습을 통해 출제 가능한 모든 개념을 가장 정확하게 학습할 수 있습니다.

수능 시험 강의를 하면서 학생들에게 가장 많이 하는 말이 있습니다. "실수가 곧 실력이다. 모의고사 점수를 객관적으로 받아들여라"라는 말입니다. 고3 수험생들은 매년 수능 시험을 포함해 7회의 모의고사를 보게 됩니다. 학교별로 시행하는 사설 모의고사와 개인적으로 공부하는 EBS 연계 교재 (수능특강, 수능완성)까지 더한다면 학습량이 굉장히 많아집니다. 그러나 많은 학습량에 비해 학생들의 성적이 오르지 못하는 이유는 따로 있습니다.

그것은 학생들이 자신의 점수를 객관적으로 바라보지 않기 때문입니다. 틀린 문제에 대해 학생들이 하는 가장 흔한 변명은 '실수했어요'입니다. 국어 문제에서 선택지를 잘못 분석하거나, 수학 문제에서 계산 오류를 범하거나, 영어 문제에서 어휘를 혼동하는 것은 실수가 아닙니다. 그것이야말로 실력입니다. 많은 학생들이 실력을 실수로 착각하기 때문에 공부를 하고도 성적이 오르지 못하는 악순환을 반복합니다. 아무리 공부법이 다양하다고 하더라도 자신의 실력을 객관적으로 파악하는 것은 모든 공부법의 기초가 됩니다.

한 가지 더 지적할 점은 공부의 편식 성향입니다. 많은 학생들이 잘하는 부분은 자신감을 가지고 더욱 열심히 공부하려고 합니다. 예를 들면 국어 영역에서 문학을 잘하는 경우 문학 문제에 더 많은 시간을 할애한다거나, 수학 영역에서 성취도가 좋은 특정 단원에 집중하는 것이 이에 해당합니다. 그러나 수험생들이 정작 시간을 투자해야 할 부분은 잘하는 부분이 아니라 못하는 부분입니다. 수능 시험은 출제되는 부분이 매번 정해져 있는 만큼 자주 틀리는 문제를 해결하지 못하면 결국 일정 점수 범위를 넘지 못하게 됩니다. '틀리는 문제는 항상 틀린다'는 사실을 명심하고 취약점 극복에 시간과 노력을 투자해야 합니다. 수능 시험에서 성적은 다음과 같은 과정을 통해 향상됩니다.

기출문제 및 모의고사를 통한 객관적 성적 분석 → 취약점 파악 → 취약점 해결 → 유사 기출 문항 난이도별 학습 → 과정 반복

틀린 문제의 경우 개념, 즉 단어에서 막혔던 부분이 반드시 존재합니다. 그 단어의 뜻을 이해하기 위해 사전을 찾거나 교과서 및 개념서를 뒤져보는 것이 공부의 시작입니다. 그 다음에는 개념을 스스로에게 완벽하게 설명할 수 있어야 합니다. 수능 공부에 있어서 인터넷 강의를 듣거나 개념서를 정독하는 것은 종착지가 아닌 정거장에 불과합니다. 자신에게 서술식으로 완벽하게 설명할 수 있을 때 공부가 되었다고 말할 수 있습니다.

언젠가 한 격투기 챔피언이 격렬한 시합이 끝난 직후에도 대기실에서 쉬지 않고 연습하는 모습을 보며 적잖은 충격을 받은 적이 있습니다. 모든 에너지가 방전된 순간에도 자신의 실수를 점검하고 더 나아지기 위해 연습하는 모습에 존경심이 절로 들었습니다. 반면 많은 학생들이 '오늘은 모의고사를 봤으니 힘들어서 쉬어야겠다'는 안이한 태도를 보이곤 합니다. 모의고사를 통해 수능 시험을 시뮬레이션 하는 것 이상

으로 중요한 것이 자신의 취약점을 찾는 것입니다. 자신의 취약점이 눈앞에 드러나 있는데도 쉬고 싶은 생각이 든다는 것은 절실함이 부족하기 때문입니다. 진정한 공부는 자신의 부족함을 직시하는 데에서 시작됩니다.

예전에 500조각짜리 고흐의 '해바라기' 그림 퍼즐을 맞췄을 때의 일입니다. 처음 퍼즐 상자를 열었을 때 무척 황당했습니다. 그림 맞추는 방법에 대한 설명은 전혀 없고 퍼즐 조각들만 가득 있었기 때문입니다. 어디서부터 시작해야 하는지 몰라 우선 비슷한 색깔끼리 모아봤습니다. 그러다보니 일정한 모양의 패턴이 있음을 발견했고, 패턴의 모양을 쉽게 파악할 수 있는 가장자리 조각부터 하나씩 맞추어 나갔습니다. 그림이 조금씩 완성되는 모습에 점점 자신감과 재미를 느꼈고 결국 퍼즐을 완성할 수 있었습니다. 수능 시험 공부도 퍼즐 맞추기와 똑같습니다. 시작이 어렵지 일단 시작하면 부족한 부분을 채워 나가는 재미를 느끼게 됩니다.

"어떤 일을 시작하지 못한다는 것은 그것을 할 수 있는 능력이 없다는 말은 아니다. 제일 먼저 해야 할 것은 아주 작은 것일지라도 일단 시작하겠다고 결심하고 그리고 걸음마를 떼는 것이다. 이런 걸음은 반드시 보상을 받는다."
　　　　　　　　　　　　　　　　　　　　　　　　－ 줄리아 카메론, 미국의 작가

2021학년도 대학수학능력시험 출제 범위

		문항 수	문항유형	배점		시험 시간	출제 범위(선택과목)
				문항	전체		
국어		45	5지선다형	2,3	100점	80분	화법과 작문, 언어('언어와 매체'과목 중 언어 부분), 독서, 문학을 바탕으로 다양한 소재의 지문과 자료를 활용하여 출제
수학 (택1)	가형	30	1~21번 5지선다형, 22~30번 단답형	2,3,4	100점	100분	수학Ⅰ, 미적분, 확률과 통계
	나형	30					수학Ⅰ, 수학Ⅱ, 확률과 통계
영어		45	5지선다형 (듣기 17문항, 읽기 28문항)	2,3	100점	70분	영어Ⅰ, 영어Ⅱ를 바탕으로 다양한 소재의 지문과 자료를 활용하여 출제
한국사 (필수)		20	5지선다형	2,3	50점	30분	한국사에 대한 기본 소양을 평가하기 위해 핵심 내용 위주로 출제
탐구 (택1))	사회 탐구	과목당 20	5지선다형	2,3	과목당 50점	과목당 30분 (최대 60분)	생활과 윤리, 윤리와 사상, 한국지리, 세계지리, 동아시아사, 세계사, 경제, 정치와 법, 사회·문화 9개 과목 중 최대 택 2
	과학 탐구	과목당 20	5지선다형	2,3	과목당 50점	과목당 30분 (최대 60분)	물리학Ⅰ, 화학Ⅰ, 생명과학Ⅰ, 지구과학Ⅰ, 물리학Ⅱ, 화학Ⅱ, 생명과학Ⅱ, 지구과학Ⅱ 8개 과목 중 최대 택 2
	직업 탐구	과목당 20	5지선다형	2,3	과목당 50점	과목당 30분 (최대 60분)	농업 이해, 농업 기초 기술, 공업 일반, 기초 제도, 상업 경제, 회계 원리, 해양의 이해, 수산·해운 산업 기초, 인간 발달, 생활 서비스 산업의 이해 10개 과목 중 최대 택 2
제2외국어/ 한문		과목당 30	5지선다형	1,2	과목당 50점	과목당 40분	독일어Ⅰ, 프랑스어Ⅰ, 스페인어Ⅰ, 중국어Ⅰ, 일본어Ⅰ, 러시아어Ⅰ, 아랍어Ⅰ, 베트남어Ⅰ, 한문Ⅰ 9개 과목 중 택 1

⑥EBS 연계 교재 100% 활용하기

Q : EBS연계교재만 준비하면 수능을 대비할 수 있나요?
A : 아닙니다. EBS를 풀기 전에 반드시 기출문제를 풀어야 합니다.

한국교육과정평가원은 매년 보도 자료를 통해 EBS연계교재를 수능에 70%를 연계한다고 발표합니다. 여기서 중요한 부분은 문제를 동일하게 출제하지는 않는다는 점입니다. EBS를 연계한다는 것은 똑같은 문제를 내겠다는 것이 아니라 EBS에 나온 핵심 개념을 출제하겠다는 의미입니다. EBS연계교재는 기출문제를 통해 익힌 핵심 개념을 적용하는 차원에서 활용해야 합니다. 따라서 기출문제 분석을 통해 기본 개념을 숙지하지 않고 EBS 문제풀이를 단순 반복하는 것은 어리석은 짓입니다.

한국교육과정평가원에서 밝힌 '수능-EBS 연계 교재' 출제 방식은 이렇습니다.

> 2020학년도 수능 시행 세부 계획(한국교육과정평가원)에서 이미 발표한 바와 같이 EBS 수능 교재 및 강의와 연계하여 출제하였다. 연계율은 문항 수 기준으로 70% 수준이다. 연계 대상은 금년에 고등학교 3학년을 대상으로 발간된 교재 중 한국교육과정평가원이 감수한 교재 및 이를 이용하여 강의한 내용이다. 연계 방식은 영역/과목별 특성에 따라 중요 개념 및 원리를 활용하는 방법, 지문이나 자료, 문제 상황 등을 활용하는 방법, 문항을 변형하거나 재구성하는 방법 등이 사용되었다.

여기서 문항을 변형하거나 재구성하는 방법에 주목해야 합니다. 수능 시험을 출제하는 평가 방식과 주제는 이미 결정되어 있습니다. 이는 기출문제를 통해서 확인할 수 있는 부분이기에 먼저 기출문제를 통해 문제를 접근 방식이나 개념을 숙지한 후 EBS 연계 교재를 학습해야 합니다. 해마다 7월이 되면 EBS 변형 교재가 시중에 판매되는데 그 활용 방법과 기준에 있어서는 EBSi 공식사이트 게시판을 통해 발표된 자료를 기준으로 해야 합니다.

EBSi 게시판에 '변형 교재 문항 수능 출제 배제, EBS 변형 교재 주의 안내' 내용을 보면 아래와 같은 설명으로 학습 방향성을 제시합니다.

EBS 교과위원들이 변형 교재를 분석한 결과, 실제로 오개념을 심어주는 문항이 다수 발견되었다. 자칫 12년 동안 쌓아 온 실력이 한순간 물거품이 될 수도 있다. EBSi 측은 "명품을 두고 짝퉁에 꿈을 맡길 수는 없다"는 설명을 통해 기출문제 학습의 중요성을 강조하고 있다. 3등급 이하 수험생들에게 섣부른 변형문제 접근은 더욱 혼선을 불러올 수 있으므로 EBS 연계 교재를 통해 개념을 명확하게 익히고, 수능 출제 원리를 파악하는 것이 상위권으로 도약하는 지름길이다.

위 내용에서 확인할 수 있듯이 변형 교재로 공부하는 것은 오히려 독이 될 수 있습니다.

가장 주목해야 할 부분은 EBS 변형 교재가 수능 시험에 실제로 얼마나 연계되고 반영되는지 하는 부분일 것입니다. 이 부분에 대한 답은 다음과 같습니다.

변형 교재 문항은 수능 출제 배제 1순위, 수능 출제 원리를 무시한 기술적 변형 문제가 대부분을 차지한다. 변형 교재에 실린 문항이 실제 수능에 출제될 가능성은 없다. 수능 출제 원리에 맞지 않아 수능 문항으로서 자격을 상실했기 때문이다.

이렇듯 수능 시험을 준비함에 있어서 가장 중요한 교재는 한국교육과정평가원 및 교육청에서 출제한 기출문제와 EBS 연계 교재임을 알아야 합니다.

한국교육과정평가원은 매년 보도 자료를 통해 EBS 교재를 수능에 70%를 연계한다고 발표합니다. 여기서 반드시 기억해야 할 부분은 문제를 동일하게 출제하지는 않는다는 점입니다. 내용이 똑같은 것이 아니라 핵심 개념을 활용한 자료로 사용한다는 것입니다.

〈2021학년도 대학수학능력시험 Q&A 자료집〉 출제 제재 내용 중 '수능-EBS 연계'는 무엇이며, 어떻게 적용되나요? 부분을 확인하겠습니다.

- '수능-EBS 연계'란 수험생이 EBS 수능 교재 및 강의 내용을 충실히 이해하면 수능에 직접적인 도움을 받을 수 있도록 EBS 수능 교재 및 강의를 활용하여 수능 문항을 출제하는 것을 의미합니다.
- 연계 대상은 당해 연도 고등학교 3학년 대상 EBS 수능 교재 중 한국교육과정평가원이 감수한 교재와 이를 이용하여 강의한 내용입니다. 실제 수능 강의는 EBS교재의 내용을 설명하는 것으로 EBS 교재와 별개가 아닙니다.
- EBS 연계 70%의 의미는 문항 수 기준으로 70%가 EBS 교재나 강의에서 본 친숙한 지문이나 자료, 개념이나 원리, 문항 등을 활용하여 출제된다는 것이며, 나머지 30%의 문항은 EBS 교재 밖에서 지문이나 자료 등을 활용하지만 EBS 교재를 충실히 이해하면 맞힐 수 있도록 출제 됩니다.
- EBS 교재의 문항과 동일한 문항은 출제되지 않습니다.
- 수능-EBS 연계 방식은 다음과 같은 연계 유형 중 하나로 연계합

니다. 영역별 특성에 따라 연계 유형을 적절하게 활용합니다.

■ '개념 · 원리 활용 유형'으로 EBS 교재에서 중요하게 다루고 있는 개념 및 원리를 활용하여 해결할 수 있는 문항이 출제 됩니다.

■ '지문 · 자료 활용 유형'으로 동일한 지문 또는 자료를 활용하여 새로운 문항을 구성합니다.

■ '핵심 제재나 논지 활용 유형'으로 글의 제재나 논지가 유사한 지문을 활용하되 EBS 교재의 내용을 기반으로 수능 지문을 해결할 수 있도록 문항이 출제 됩니다.

■ '문항 변형 또는 재구성 유형'으로 EBS 교재 수록 지문을 재구성하거나 보완하여 문항이 출제됩니다. EBS 지문 확대, 서로 다른 지문 결합, 지문 내용 수정 등을 통해 문항 유형을 변형하고 재구성하는 것입니다.

■ 단순 개념을 묻는 문항들을 융합 또는 재구성하여 출제하되 종합적인 사고력이 있다면 해결할 수 있는 문항이 출제됩니다.

2021학년도 수능–EBS 연계 대상 교재 목록

영 역		연계 대상 교재
국어		1. 〈수능특강〉 독서 2. 〈수능특강〉 문학 3. 〈수능특강〉 화법 · 작문 · 언어 4. 〈수능완성〉 국어
수학	가	1. 〈수능특강〉 수학 I 2. 〈수능특강〉 미적분 3. 〈수능특강〉 확률과 통계 4. 〈수능완성〉 수학 가형

수학	나	1. 〈수능특강〉 수학 I 2. 〈수능특강〉 수학 II 3. 〈수능특강〉 확률과 통계 4. 〈수능완성〉 수학 나형
영어		1. 〈수능특강〉 영어 2. 〈수능특강〉 영어듣기 3. 〈수능특강〉 영어독해연습 4. 〈수능완성〉 영어
한국사		1. 〈수능특강〉 한국사
사회탐구		1. 〈수능특강〉 9개 선택과목 2. 〈수능완성〉 9개 선택과목 ※ 9개 선택과목: 생활과 윤리, 윤리와 사상, 한국지리, 세계지리, 동아시아사, 세계사, 경제, 정치와 법, 사회┌문화
과학탐구		1. 〈수능특강〉 8개 선택과목 2. 〈수능완성〉 8개 선택과목 ※ 8개 선택과목: 물리학 I, 화학 I, 생명과학 I, 지구과학 I, 물리학 II, 화학 II, 생명과학 II, 지구과학 II
직업탐구		1. 〈수능특강〉 10개 선택과목 2. 〈수능완성〉 10개 선택과목 ※ 10개 선택과목: 농업 이해, 농업 기초 기술, 공업 일반, 기초 제도, 상업 경제, 회계 원리, 해양의 이해, 수산·해운 산업 기초, 인간 발달, 생활 서비스 산업의 이해
제2외국어/ 한문		1. 〈수능특강〉 9개 선택과목 2. 〈수능완성〉 9개 선택과목 ※ 9개 선택과목: 독일어 I, 프랑스어 I, 스페인어 I, 중국어 I, 일본어 I, 러시아어 I, 아랍어 I, 베트남어 I, 한문 I

⑦오답 속에 정답이 있다

Q : 오답노트를 꼭 만들어야 하나요?
A : 네. 오답노트를 만들어야 자신의 점수를 객관화할 수 있습니다.

공부의 시작은 객관적인 데이터 마련에 있습니다. 즉, 자신의 현재 위치를 파악하는 것으로부터 시작해야 합니다. 오답노트를 만드는 근본적인 이유는 취약한 부분을 깊이 있게 이해하기 위해서입니다. 오답노트의 핵심은 자신이 틀린 부분을 종이(노트)에 적는 과정을 통해서, 자신의 현재 수준을 객관적으로 파악하는 것입니다. 사람은 누구나 자신만의 치우친 생각을 머릿속에 가지고 있습니다. 수능 시험에서 요구하는 것은 보편적인 사고능력입니다. 오답노트를 통해 이러한 치우친 생각을 '보편적인 생각'으로 교정해야 수능 시험에서 고득점을 획득할 수 있습니다.

고등학교 교과 내용과 기출 문제 문항을 충실하게 공부하고 반복하면 누구라도 1등급이 될 수 있습니다. 1등급에서 만점으로 도약하기 위해서는 지금까지와는 다른 방법으로 공부해야 합니다. 정답률이 낮았던 문항을 집중적으로 분석하면서 매력적 오답을 분석하는 능력을 기르는 것입니다. 이때부터는 양적 접근이 아닌 데이터를 기반으로 한 분석적 접근이 필요합니다.

매번 모의고사가 끝나면 취약한 부분을 파악하는 것과 동시에 꼭 확인하는 부분이 있습니다. 바로 과목별 오답률이 가장 높은 문항 '베스트 5'를 확인하는 것입니다. EBSi를 비롯해 입시 기관 채점 서비스 자료를 활용하면 매회 시험마다 난이도 높은 문항 번호와 선택지별 정답률을 확인할 수 있습니다. 이 자료를 바탕으로 다른 학생들이 많이 선택한 문항을 확인하면 많은 학생들이 어떤 부분에서 오류를 범했는지, 출제자가 의도한 매력적인 오답은 무엇인지 확인할 수 있습니다.

순위	문항번호	오답률	배점	정답	선택지별 비율				
					①	②	③	④	⑤
1	28	67.5	3	2	10.0	32.5	32.4	14.2	10.3
2	45	63.7	2	4	7.3	29.0	22.3	36.3	4.5
3	32	61.7	2	3	11.6	15.2	38.3	22.0	12.2
4	25	60.2	2	1	39.8	23.1	13.5	14.3	8.9
5	15	59.5	2	5	27.7	7.6	7.2	16.6	40.5
6	14	57.3	3	1	42.7	23.2	12.7	13.1	7.8
7	42	57.1	3	2	9.4	42.9	16.6	19.1	11.3
8	23	54.1	2	4	30.1	8.0	6.3	45.9	9.2
9	31	50.7	3	4	6.7	11.3	21.7	49.3	10.3
10	26	49.9	2	2	5.3	50.1	9.0	13.3	21.7

이번 2020년 6월 18일에 실시 된 한국교육과정평가원 고3 전국연합

수학 ▾	수학가형 ▾

순위	문항번호	오답률	배점	정답	선택지별 비율				
					①	②	③	④	⑤
1	30	97.8	4	331	주관식				
2	28	88.9	4	15	주관식				
3	29	81.1	4	114	주관식				
4	27	78.8	4	46	주관식				
5	20	77.5	4	1	22.5	16.1	16.6	22.3	21.6
6	21	59.6	4	4	8.0	15.6	16.0	40.4	19.2
7	26	58.5	4	7	주관식				
8	19	58.1	4	4	10.2	16.0	15.3	41.9	15.8
9	17	53.7	4	2	7.6	46.3	16.8	14.7	13.9
10	18	51.0	4	5	5.8	16.1	18.9	9.5	49.0

수학 ▾	수학나형 ▾

순위	문항번호	오답률	배점	정답	선택지별 비율				
					①	②	③	④	⑤
1	30	94.0	4	38	주관식				
2	29	79.3	4	15	주관식				
3	28	75.5	4	58	주관식				
4	27	62.7	4	74	주관식				
5	18	61.7	4	2	7.3	38.3	23.6	15.6	14.3
6	17	59.6	4	1	40.4	10.3	23.7	13.5	11.4
7	25	58.9	3	64	주관식				
8	24	58.7	3	10	주관식				
9	20	56.4	4	3	8.9	14.3	43.6	20.0	12.4
10	21	56.0	4	5	5.8	14.5	20.7	14.0	44.0

영어 ▾	영어 ▾

순위	문항번호	오답률	배점	정답	선택지별 비율				
					①	②	③	④	⑤
1	31	74.2	3	1	25.8	17.0	15.3	20.2	21.3
2	32	73.7	2	3	15.5	30.5	26.3	16.9	10.3
3	38	71.3	3	2	6.4	28.7	26.4	27.0	11.1
4	37	69.6	3	5	7.1	23.4	23.4	15.3	30.4

순위	문항번호	오답률	배점	정답	①	②	③	④	⑤
5	33	69.1	3	5	19.8	14.9	17.9	16.0	30.9
6	39	64.7	2	5	5.0	13.1	20.2	26.0	35.3
7	34	63.9	3	2	17.2	36.1	15.6	19.1	11.5
8	41	56.6	2	1	43.4	17.6	9.5	22.6	6.5
9	24	53.7	2	1	46.3	22.7	8.8	6.9	14.9
10	35	53.1	2	4	4.7	12.6	25.3	46.9	10.2

한국사 ▾   한국사 ▾

순위	문항번호	오답률	배점	정답	선택지별 비율				
					①	②	③	④	⑤
1	5	65.2	2	3	31.0	32.2	34.8	1.5	0.5
2	12	57.4	2	3	40.4	5.2	42.6	2.4	9.2
3	10	41.7	3	5	1.3	6.4	12.1	21.6	58.3
4	8	41.5	2	3	10.7	9.4	58.5	5.9	15.3
5	14	37.8	2	1	62.2	1.1	4.1	23.9	8.6
6	7	37.4	3	5	8.9	14.3	8.4	5.6	62.6
7	6	27.6	2	1	72.4	6.5	6.2	14.4	0.4
8	4	21.4	2	2	3.5	78.6	14.6	1.0	2.0
9	17	19.8	3	4	2.2	2.8	7.5	80.2	7.1
10	19	18.1	2	4	1.9	10.2	2.0	81.9	3.7

사탐 ▾   생활과윤리 ▾

순위	문항번호	오답률	배점	정답	선택지별 비율				
					①	②	③	④	⑤
1	15	76.0	3	3	11.8	25.3	24.0	16.5	21.5
2	18	75.4	3	4	21.4	3.0	22.7	24.6	27.4
3	9	62.8	3	1	37.2	26.4	4.3	11.6	19.7
4	11	46.6	3	2	26.6	53.4	6.7	5.6	6.7
5	4	40.8	3	4	9.0	16.3	1.7	59.2	13.2
6	7	39.0	3	5	4.4	8.4	11.1	14.2	61.0
7	5	38.8	2	1	61.2	19.3	13.4	2.3	3.1
8	10	31.2	2	4	2.6	12.4	6.9	68.8	8.4
9	2	29.2	3	3	1.6	4.5	70.8	19.5	3.0
10	3	29.1	2	3	0.9	5.3	70.9	15.9	6.4

사탐 ▾ | 윤리와사상 ▾

순위	문항번호	오답률	배점	정답	선택지별 비율				
					①	②	③	④	⑤
1	14	55.5	3	1	44.5	40.8	4.3	5.4	3.5
2	11	54.4	3	2	4.7	45.6	7.0	15.8	25.7
3	20	46.0	2	2	6.3	54.0	22.9	5.9	9.4
4	16	42.0	3	4	6.9	11.5	6.9	58.0	16.0
5	4	41.9	2	5	4.9	3.0	14.6	18.7	58.1
6	17	39.6	2	5	8.9	13.1	5.5	11.3	60.4
7	5	39.5	3	5	5.4	7.3	9.4	16.2	60.5
8	10	36.7	3	3	2.3	19.4	63.3	4.4	9.3
9	2	34.8	2	2	4.3	65.2	14.4	7.3	7.5
10	9	34.2	2	1	65.8	18.9	2.8	7.0	4.4

사탐 ▾ | 한국지리 ▾

순위	문항번호	오답률	배점	정답	선택지별 비율				
					①	②	③	④	⑤
1	4	62.7	3	2	22.8	37.3	15.0	16.2	8.0
2	20	60.8	3	1	39.2	12.1	11.3	16.6	19.6
3	18	60.6	2	5	9.9	17.6	12.6	19.4	39.4
4	17	53.1	2	1	46.9	27.3	17.3	5.1	2.1
5	19	51.1	3	3	5.5	14.5	48.9	12.0	17.9
6	15	50.9	3	2	11.1	49.1	16.8	11.7	10.2
7	13	45.5	3	1	54.5	19.7	8.6	12.5	3.5
8	12	43.8	3	2	9.4	56.2	9.5	16.8	6.9
9	7	40.3	3	3	5.9	10.8	59.7	11.7	10.9
10	5	36.8	3	5	2.7	7.3	16.5	9.7	63.2

사탐 ▾ | 사회문화 ▾

순위	문항번호	오답률	배점	정답	선택지별 비율				
					①	②	③	④	⑤
1	15	80.9	2	3	23.7	11.2	19.1	28.2	17.2
2	14	63.7	3	1	36.3	5.1	15.8	12.5	29.8
3	20	61.5	3	4	10.4	17.8	13.9	38.5	18.7
4	10	60.5	3	4	19.9	6.7	30.2	39.5	3.1
5	7	51.6	2	2	1.7	48.4	6.4	4.2	39.0

순위	문항번호	오답률	배점	정답	①	②	③	④	⑤
6	11	45.4	2	4	12.8	9.6	17.5	54.6	5.0
7	4	43.3	3	5	2.0	7.9	17.8	15.3	56.7
8	18	41.2	2	4	5.0	13.5	16.2	58.8	6.0
9	5	36.0	3	3	7.6	7.1	64.0	11.1	9.9
10	1	35.6	2	5	4.8	17.7	8.0	5.1	64.4

사탐 ∨	세계지리 ∨

순위	문항번호	오답률	배점	정답	선택지별 비율				
					①	②	③	④	⑤
1	15	64.1	2	2	19.3	35.9	25.6	10.0	8.0
2	3	57.4	3	3	7.6	23.3	42.6	11.5	14.0
3	10	54.9	3	3	19.3	13.9	45.1	10.8	9.9
4	19	50.5	2	3	9.7	12.7	49.5	8.0	18.8
5	6	45.7	3	3	5.7	16.8	54.3	8.5	13.7
6	8	45.3	2	2	4.1	54.7	10.4	24.1	5.5
7	5	43.0	3	1	57.0	13.8	11.3	11.0	5.9
8	4	43.0	2	1	57.0	4.3	19.3	5.6	12.8
9	18	40.0	2	4	22.1	5.9	5.8	60.0	4.9
10	7	37.0	2	4	17.9	5.4	9.2	63.0	3.5

사탐 ∨	동아시아사 ∨

순위	문항번호	오답률	배점	정답	선택지별 비율				
					①	②	③	④	⑤
1	7	81.7	3	1	18.3	61.3	7.2	9.1	2.7
2	12	72.8	2	1	27.2	12.7	14.4	23.7	20.6
3	18	65.0	3	1	35.0	17.7	18.5	8.9	18.4
4	15	54.8	3	2	15.2	45.2	8.3	20.4	9.4
5	4	52.4	2	3	1.8	1.8	47.6	32.1	16.1
6	16	47.8	2	5	4.9	8.7	9.8	23.0	52.2
7	13	45.0	2	5	8.0	14.1	9.8	11.6	55.0
8	5	39.1	3	4	3.7	11.8	6.3	60.9	16.2
9	11	38.9	3	2	10.7	61.1	10.4	14.1	2.2
10	20	36.5	2	2	4.0	63.5	12.4	12.1	6.6

순위	문항번호	오답률	배점	정답	선택지별 비율				
					①	②	③	④	⑤
1	18	58.5	2	3	12.4	13.4	41.5	25.7	5.9
2	20	55.8	3	3	20.0	16.0	44.2	14.3	4.7
3	6	52.1	3	4	16.5	11.9	10.6	47.9	12.3
4	10	48.4	3	1	51.6	13.6	12.1	4.0	18.0
5	19	47.1	3	4	6.1	11.6	24.7	52.9	3.9
6	17	44.5	3	3	21.5	9.4	55.5	3.2	9.4
7	11	38.8	3	1	61.2	4.7	6.6	9.9	17.0
8	9	38.7	2	5	8.4	10.6	11.9	6.7	61.3
9	7	36.8	3	2	7.1	63.2	14.1	9.4	5.5
10	16	35.8	2	1	64.2	12.9	7.1	6.6	8.6

순위	문항번호	오답률	배점	정답	선택지별 비율				
					①	②	③	④	⑤
1	9	70.5	3	2	16.0	29.5	18.2	24.4	11.7
2	20	63.9	3	5	8.1	12.0	15.4	28.2	36.1
3	14	59.9	3	5	10.3	14.7	14.9	19.9	40.1
4	12	57.8	3	5	3.4	16.8	25.7	11.7	42.2
5	13	53.8	2	4	6.5	22.9	21.5	46.2	2.7
6	8	52.3	2	1	47.7	19.3	18.9	9.1	4.8
7	15	48.3	3	4	12.2	5.0	22.9	51.7	8.1
8	5	41.0	3	1	59.0	2.8	9.3	12.7	16.1
9	19	38.4	2	4	3.6	3.2	11.3	61.6	20.1
10	18	37.3	2	3	3.7	21.2	62.7	8.1	4.2

순위	문항번호	오답률	배점	정답	선택지별 비율				
					①	②	③	④	⑤
1	20	79.2	3	5	12.6	12.9	24.7	28.4	20.8
2	15	63.9	2	2	5.9	36.1	8.3	12.0	37.1
3	19	62.4	3	1	37.6	6.4	23.2	10.4	21.9
4	17	61.2	2	3	12.1	2.2	38.8	4.6	41.7
5	16	52.6	3	3	20.2	8.6	47.4	11.0	12.2

순위	문항번호	오답률	배점	정답	①	②	③	④	⑤
6	18	51.4	2	2	7.1	48.6	13.0	25.0	5.9
7	8	50.3	3	5	9.2	10.4	22.1	8.3	49.7
8	7	49.2	3	1	50.8	8.8	13.8	6.7	19.5
9	14	39.6	3	4	3.0	3.8	15.1	60.4	17.1
10	13	34.1	3	2	5.9	65.9	12.4	13.0	2.2

과탐 ∨ 화학 I ∨

순위	문항번호	오답률	배점	정답	선택지별 비율				
					①	②	③	④	⑤
1	20	68.8	3	4	7.0	35.1	18.3	31.2	7.7
2	11	68.3	2	1	31.7	3.2	5.1	12.7	47.0
3	18	66.3	2	5	7.5	16.2	19.8	22.4	33.7
4	12	63.4	3	2	4.0	36.6	8.4	14.9	35.8
5	15	53.0	3	5	31.5	5.3	7.4	8.3	47.0
6	17	51.0	3	3	18.8	9.2	49.0	11.0	11.5
7	19	50.8	3	2	9.0	49.2	16.5	18.8	5.9
8	16	38.0	3	1	62.0	5.5	5.7	15.1	11.1
9	13	37.1	3	3	14.0	4.9	62.9	6.8	11.0
10	14	34.0	2	3	8.2	4.5	66.0	5.3	15.5

과탐 ∨ 생명과학 I ∨

순위	문항번호	오답률	배점	정답	선택지별 비율				
					①	②	③	④	⑤
1	17	82.2	3	2	16.6	17.8	18.2	29.7	16.9
2	14	76.3	2	3	5.6	17.0	23.7	40.9	12.0
3	16	74.5	3	5	14.6	19.1	16.8	23.2	25.5
4	19	59.1	2	1	40.9	7.6	24.1	15.3	11.2
5	9	55.5	3	1	44.5	3.1	32.1	6.2	13.5
6	3	51.8	3	1	48.2	3.5	7.9	11.4	28.6
7	11	47.1	3	5	11.3	9.1	16.9	9.1	52.9
8	12	43.2	2	3	2.9	3.2	56.8	19.5	17.0
9	8	41.5	2	2	4.2	58.5	7.6	7.6	21.6
10	10	37.6	2	4	11.7	8.7	6.1	62.4	10.5

| 과탐 ▾ | 지구과학 I ▾ | | | | | | | | |

순위	문항번호	오답률	배점	정답	선택지별 비율				
					①	②	③	④	⑤
1	18	79.9	3	2	16.6	20.1	14.6	29.3	19.1
2	20	72.5	3	4	24.8	13.9	19.1	27.5	14.4
3	8	68.1	2	3	28.5	8.1	31.9	7.7	23.4
4	12	67.0	3	4	7.4	6.1	29.3	33.0	23.7
5	9	66.8	3	2	7.1	33.2	12.4	16.7	30.2
6	13	66.4	2	1	33.6	13.4	11.1	29.3	12.2
7	14	61.9	3	2	7.8	38.1	15.2	11.7	26.9
8	16	60.3	3	1	39.7	5.6	14.6	10.6	29.1
9	19	57.5	2	5	9.9	6.7	29.0	11.4	42.5
10	15	57.1	2	5	4.4	4.4	32.8	15.2	42.9

| 과탐 ▾ | 물리 II ▾ | | | | | | | | |

순위	문항번호	오답률	배점	정답	선택지별 비율				
					①	②	③	④	⑤
1	19	69.4	3	4	17.8	13.7	21.0	30.6	15.5
2	20	64.8	2	2	12.8	35.2	21.0	19.2	9.6
3	13	60.3	2	5	6.8	15.5	26.9	9.6	39.7
4	7	56.6	2	1	43.4	12.3	15.1	13.7	14.2
5	16	55.7	3	1	44.3	9.1	21.5	6.4	17.4
6	12	53.9	2	3	20.5	9.6	46.1	8.7	13.2
7	18	52.5	2	5	14.6	8.7	17.4	11.0	47.5
8	14	51.1	3	4	7.8	10.5	21.9	48.9	9.1
9	17	50.2	2	2	7.8	49.8	14.2	16.9	9.1
10	8	45.2	3	5	10.0	8.7	14.6	10.5	54.8

| 과탐 ▾ | 화학 II ▾ | | | | | | | | |

순위	문항번호	오답률	배점	정답	선택지별 비율				
					①	②	③	④	⑤
1	18	82.1	3	1	17.9	12.5	29.6	20.4	17.5
2	20	73.7	3	4	21.7	18.8	20.8	26.2	10.8
3	19	70.4	2	2	15.0	29.6	13.3	25.8	14.2
4	15	70.4	3	1	29.6	18.3	16.7	23.3	10.0
5	16	70.0	2	3	12.5	14.2	30.0	18.8	22.5

6	17	68.7	3	5	10.0	13.3	21.7	21.7	31.2
7	10	65.8	3	5	17.5	7.9	23.3	15.0	34.2
8	12	63.3	2	4	30.4	9.2	12.9	36.7	8.8
9	13	59.2	3	3	12.5	7.9	40.8	10.8	25.8
10	14	57.9	2	3	8.8	9.6	42.1	20.8	16.7

과탐 ▼ 생명과학Ⅱ ▼

순위	문항번호	오답률	배점	정답	선택지별 비율				
					①	②	③	④	⑤
1	9	69.7	3	2	15.8	30.3	11.3	29.6	12.2
2	20	65.4	3	2	11.1	34.6	17.4	21.3	14.9
3	16	63.1	2	2	12.0	36.9	11.5	24.2	14.7
4	12	61.8	3	1	38.2	12.4	17.4	16.5	14.7
5	5	59.0	2	2	7.9	41.0	9.7	23.8	17.2
6	7	48.0	3	1	52.0	4.8	10.2	11.3	21.0
7	19	47.5	3	3	1.6	2.3	52.5	12.2	31.0
8	3	44.8	3	1	55.2	1.8	31.4	10.4	1.1
9	18	40.3	2	4	9.5	8.6	13.6	59.7	7.9
10	15	40.0	3	5	4.1	9.0	7.7	18.6	60.0

과탐 ▼ 지구과학Ⅱ ▼

순위	문항번호	오답률	배점	정답	선택지별 비율				
					①	②	③	④	⑤
1	18	81.6	3	1	18.4	14.6	19.8	16.0	28.8
2	13	69.3	2	1	30.7	13.7	16.5	11.8	25.0
3	8	68.9	3	2	14.6	31.1	10.4	19.3	22.6
4	14	64.6	3	2	6.6	35.4	9.0	19.8	26.9
5	4	62.7	3	1	37.3	6.1	28.8	4.2	22.2
6	20	58.0	3	5	14.2	10.4	20.8	10.4	42.0
7	16	57.5	2	2	8.5	42.5	9.0	17.0	20.8
8	19	56.6	3	4	10.8	14.2	12.3	43.4	17.0
9	15	56.6	3	4	4.7	7.5	17.9	43.4	24.5
10	1	56.6	2	2	5.7	43.4	10.4	26.9	13.7

학력평가 자료입니다.〈출저=EBSi〉

위 자료처럼 오답률 베스트5 문항의 경우 특정 선택지에 집중되는 경향이 있습니다. 우리가 흔히 경험하는 '마지막까지 남은 두 개의 선택지'가 그것입니다. 고난도 문항의 경우 출제자는 의도적으로 매력적인 오답을 배치합니다. 선택지 구성에 있어서도 자주 출제되는 용어와 개념은 정해져 있으므로 매력적인 오답은 정답 못지않게 훌륭한 학습 자료가 됩니다. 즉, 개념을 완벽하게 이해한 후 문제 풀이를 하는 것이 아니라 정답률이 낮은 선택지를 분석하며 수능 시험에 출제되는 개념을 완벽하게 이해할 수 있습니다.

고3을 대상으로 매년 실시되는 6월과 9월 평가원 모의고사 채점 자료가 수능 시험 난이도에 반영되고 있는 것은 이미 잘 알려진 사실입니다. 놓치지 말아야 할 점은 모의평가가 수능 시험의 매력적인 오답을 구성하는 데에도 반영된다는 점입니다. 즉 '이러한 문제 구성을 했을 때 응시생들은 몇 퍼센트의 정답률을 보였다'는 식의 자료가 실제로 수능 시험에 활용되고 있는 것입니다. 따라서 의도적으로 출제된 고난도 '매력적 오답' 문항은 철저하게 분석해야 합니다.

설령 맞힌 문항일지라도 반드시 출제자의 의도를 분석해야 합니다. 응시생들이 많이 선택한 선택지에 주목해서 왜 많은 학생들이 그 선택지에 몰렸고 어떤 함정이 있는지 스스로 묻고 답할 수 있어야 합니다. 시험 성적이 일정 궤도를 그릴 때까지는 양적인 반복 학습이 중요합니다. 하지만 일정 궤도 이상의 상태변화를 가져오기 위해서는 양적인 학습을 질적인 학습으로 전환해야 합니다. 100문제를 맞혀도 한 문제가 틀리면 이 한 문제가 등급을 결정하기 때문입니다.

상위권에서 최상위권으로 도약하기 위해서는 틀린 한 문제를 통해 개념을 총정리 해야 합니다. 틀린 1문제를 통해 문제가 출제된 해당 교과 개념을 정리하는 것은 물론, 선택지 중 틀린 부분은 맞는 내용으로 바꿔보고 유사 문항을 참고해 선택지를 다시 구성해보는 능동적인 공부를 해야 합니다. 즉 수험생에서 출제자로 관점을 전환함으로써 출제자의 입장에서 문제에 접근하는 습관을 들이는 것입니다. 1등급을 넘어 만점에 도달하는 최상위권 학생들은 반드시 출제자의 관점을 경험합니다. 기회가 된다면 기출문제를 참고해서 스스로 모의고사 1회 분량을 출제해보는 것도 좋은 경험이 될 것입니다.

단순하게 개념을 이해하고 적용하는 차원을 넘어 '이 문항은 왜 오답률이 높았는지? 오답 선택지와 자료가 갖고 있는 매력적인 부분은 무엇인지? 어떤 개념이 활용되었는지?'와 같이 스스로 묻고 답하는 습관을 들여야 합니다. 그래야 매력적 오답의 늪에 빠지지 않습니다. 수능 시험은 반복되고, 매력적 오답도 반복 됩니다.

⑧ 시험을 잘 보는 방법은 이것이다.

Q : 틀린 문제를 어떻게 활용해야 하나요?

A : 시험의 기술은 못 푸는 문제를 푸는 것이 아니라, 풀 수 있는 문제를 확실하게 푸는 것입니다.

자기가 풀 수 없는 어려운 문제를 먼저 풀려고 욕심을 보이다가 다른 문제들을 놓치는 경우가 많습니다. 시험을 볼 때는 못 푸는 문제를 풀려고 애쓰지 말고 풀 수 있는 문제부터 확실하게 푸는 게 중요합니다. 풀 수 있는 걸 다 맞추고 나머지는 덤이라고 생각하면 마음이 편해지기 마련입니다.

운전면허 시험을 준비할 때 일화입니다. 처음 운전을 하는 제가 긴장 해보였는지 강사님께서 재미있는 이야기를 해 주셨습니다. 20년 가깝게 트럭을 운전한 기사분이 면허가 취소되어 재시험을 보셨는데 계속 떨어졌습니다. 그 이유는 운전을 너무 잘해서 브레이크를 밟는 게 기록 센서에 감지되지 않아서였다고 합니다.

생각해보면 공부도 마찬가지입니다. 시험성적이 꼭 실력에 비례하지는 않습니다. 실력보다 중요한 것은 '출제자의 의도'에 맞춰 공부하는 것입니다. 출제자의 의도를 파악하기 위해서는 시험에서 요구하는 평가 항목을 이해하고 시험에 반복적으로 출제되는 단원과 주제를 확실하게 파악해야 합니다. 그래서 기출문제 풀이를 강력하게 추천합니다. 기출문제를 통해 그 시험에서 요구하는 평가 항목, 반복 출제 주제, 문제 유형, 그리고 출제 개념을 확인할 수 있습니다.

자기가 풀 수 없는 어려운 문제를 먼저 풀려고 욕심을 보이다가 다른 문제들을 놓치는 경우가 많습니다. 비유하자면 팔씨름 대회에 나갔는데 처음에 너무 강한 상대를 만나면 실력 발휘도 못 하고 지잖아요? 시험을 볼 때는 못 푸는 문제를 풀려고 애쓰지 말고 풀 수 있는 문제부터 확실하게 푸는 게 중요합니다. 풀 수 있는 걸 다 맞추고 나머지는 덤이라고 생각하면 마음이 편해지기 마련입니다.

또한, 실수를 줄이기 위해서는 시간 안배를 생각해야 합니다. 1번부터 마지막 번호까지 순서대로 풀면 뒤쪽에서 시간이 모자라 쉬운 문제도 못 푸는 경우가 많이 있습니다. 그래서 우선적으로 쉬운 문제를 먼저 풀고 시간이 걸리는 문제는 나중에 푸는 전략을 짜야 한다고 학생들에게 조언합니다. 이게 말로는 쉬워도 실제 시험에서는 실천하기 어렵습니다. 평소 모의고사를 실전처럼 연습하고 실전에서는 모의고사처럼 담담하고 기계적으로 푸는 게 중요합니다.

부정형 질문일 경우에는 틀린 선택지를 골라야 하는데 맞는 선택지를 고르는 실수를 할 수 있습니다. 그럴 때는 선택지 하나하나의 옳고 그름을 판별하는 과정과 정답을 고르는 과정을 분리해야 합니다. 즉 각각의 선택지가 맞으면 O, 틀리면 X, 애매하면 △ 표시를 하고, '옳은 것'을 고르는 문제는 O를, '틀린 것'을 고르는 문제는 X를 정답으로 골라야 합니다.

시험의 기술은 못 푸는 문제를 푸는 것이 아니라, 풀 수 있는 문제를 확실하게 푸는 것입니다.

성적의 변화는 틀린 문제에서 찾을 수 있습니다.

살다 보면 성공보다 실패에서 배우는 것이 많습니다.

실패 자체는 중요하지 않습니다. 실패를 한 다음에 어떻게 하느냐가 중요하죠. 실패한 다음에 그걸 반복하지 않으려면 실패를 되돌아볼 수 있어야 합니다. 실패한 것이 창피하다고 해서 앞만 보고 달려가면 언젠가 똑같은 실수를 반복하게 됩니다.

틀렸을 때 틀린 결과를 보지 말고 왜 틀렸는지를 따지고 분석해봐야 합니다. 그럴 때 유용한 방법이 기록하는 습관을 만드는 것입니다. 틀린 문제를 기록하는 오답 노트는 단순히 오답을 기록하는 노트가 아니고 다시는 반복하지 말아야 할 잘못된 사고 패턴의 모음집이라고 할 수 있습니다. 사람은 누구나 자신만의 생각이 있어서 한번 잘못된 생각을 하면 계속 그쪽으로 생각하는 경향이 있거든요. 그래서 한번 틀렸던 문제를 시간이 지난 다음에 다시 풀어보면 똑같은 오류로 다시 틀리는 경우가 많습니다. 오답 노트는 이런 걸 방지해 주는 역할을 합니다.

⑨ 경찰대, 사관학교 기출문제로 수능을 120% 준비하라

Q : 수능 고난도 문항은 어떻게 준비하나요?
A : 고난이도 문항은 경찰대, 사관학교 기출문제로 준비할 수 있습니다.

　수능 고득점을 준비하는 수험생이라면 경찰대, 사관학교 기출문제들을 반드시 공부해야 합니다. 수능 시험에 앞서 시행되는 경찰대, 사관학교 시험은 수능 시험 대비 120%에 해당하는 고난도 문항들로 구성이 되어져 있습니다. 따라서 이 문항들을 학습하면 수능 고난도 문항에 충분히 대비할 수 있습니다. 또한 과부하의 효과로 보통 난이도의 문항이 상대적으로 쉽게 느껴지는 효과도 있습니다.

예전에 TV에서 육상경기 중계를 본 적이 있습니다. 가장 폭발적인 100m 육상경기에서 선수들은 결승점을 통과하고도 한참을 더 달렸습니다. 당연한 것이겠지만 결승점을 통과하는 순간 최고 속도를 유지하기 위해서일 것입니다. 100m달리기라고 해서 딱 100m만 달리고 멈추면 기록이 나오지 않습니다. 120m를 달린다고 생각해야 기록이 나옵니다. 이는 수능 시험을 준비하는 수험생에게도 요구되는 자세입니다.

수능 시험이 임박하면 상위권 학생들은 '경찰대, 사관학교, 국군간호사관학교' 기출문제를 풀어서 수능 시험에 120%를 대비해야 합니다. 경찰대, 사관학교, 국군간호사관학교 시험은 수능 시험에 앞서 매년 8월(올해 1차 시험은 8월 15일)에 실시합니다. 1차 시험은 수능 시험과 비슷한 유형으로 출제되는데 고등학교 교과 과정을 벗어나지는 않습니다. 단, 시험의 난이도는 수능을 100으로 생각했을 때 120정도로 다소 어렵습니다. 경찰대, 사관학교 기출문제는 전 과목 학습이 아닌 특정 과목의 고난도 문항을 연습하는 용도로 활용하는 것이 좋습니다.

상위권 학생들의 경우 만점을 노리기 때문에 수능 기출보다 난이도가 높은 문제를 풀어야 하는 시기가 옵니다. 이때 함부로 사설 기관의 문제를 풀면 난이도가 높아서가 아니라 문제가 갖고 있는 표현의 모호함 때문에 정답을 고르기 힘든 경우가 많이 있습니다. 자칫 잘못된 문제 풀이 방식을 익히게 될 위험성도 있습니다. 따라서 고난도 문제라고 할지라도 평가원과 같이 공신력 있는 기관에서 출제한 문제로 공부해야 합니다. 평가원에서 만든 고난도 문항의 경우 수능 시험이 요구하는 평가 항

2020학년도 수능 나형 18번

18. 그림과 같이 한 변의 길이가 5인 정사각형 ABCD에 중심이 A이고 중심각의 크기가 90°인 부채꼴 ABD를 그린다. 선분 AD를 3:2로 내분하는 점을 A_1, 점 A_1을 지나고 선분 AB에 평행한 직선이 호 BD와 만나는 점을 B_1이라 하자. 선분 A_1B_1을 한 변으로 하고 선분 DC와 만나도록 정사각형 $A_1B_1C_1D_1$을 그린 후, 중심이 D_1이고 중심각의 크기가 90°인 부채꼴 $D_1A_1C_1$을 그린다. 선분 DC가 호 A_1C_1, 선분 B_1C_1과 만나는 점을 각각 E_1, F_1이라 하고, 두 선분 DA_1, DE_1과 호 A_1E_1로 둘러싸인 부분과 두 선분 E_1F_1, F_1C_1과 호 E_1C_1로 둘러싸인 부분인 ◿모양의 도형에 색칠하여 얻은 그림을 R_1이라 하자.

그림 R_1에서 정사각형 $A_1B_1C_1D_1$에 중심이 A_1이고 중심각의 크기가 90°인 부채꼴 $A_1B_1D_1$을 그린다. 선분 A_1D_1을 3:2로 내분하는 점을 A_2, 점 A_2를 지나고 선분 A_1B_1에 평행한 직선이 호 B_1D_1과 만나는 점을 B_2라 하자. 선분 A_2B_2를 한 변으로 하고 선분 D_1C_1과 만나도록 정사각형 $A_2B_2C_2D_2$를 그린 후, 그림 R_1을 얻은 것과 같은 방법으로 정사각형 $A_2B_2C_2D_2$에 ◿모양의 도형을 그리고 색칠하여 얻은 그림을 R_2라 하자.

이와 같은 과정을 계속하여 n번째 얻은 그림 R_n에 색칠되어 있는 부분의 넓이를 S_n이라 할 때, $\lim_{n \to \infty} S_n$의 값은? [4점]

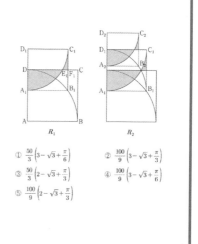

R_1 R_2

① $\dfrac{50}{3}\left(3 - \sqrt{3} + \dfrac{\pi}{6}\right)$
② $\dfrac{100}{9}\left(3 - \sqrt{3} + \dfrac{\pi}{3}\right)$
③ $\dfrac{50}{3}\left(2 - \sqrt{3} + \dfrac{\pi}{3}\right)$
④ $\dfrac{100}{9}\left(3 - \sqrt{3} + \dfrac{\pi}{6}\right)$
⑤ $\dfrac{100}{9}\left(2 - \sqrt{3} + \dfrac{\pi}{3}\right)$

경찰대_2018학년도_16번

16. 그림과 같이 한 변의 길이가 1인 흰색 정사각형 R_0을 사등분하여 오른쪽 위의 한 정사각형을 검은색으로 칠한 전체 도형을 R_1이라 하고, R_1의 검은 부분의 넓이를 S_1이라 하자.

R_1의 각 정사각형을 사등분하여 얻은 도형이 ⊞이면 ◩으로, ▦이면 ◪으로 모두 바꾼 후 얻은 전체 도형을 R_2라 하고, R_2의 검은 부분의 넓이를 S_2라 하자.

이와 같은 과정을 계속하여 n번째 얻은 전체 도형 R_n의 검은 부분의 넓이를 S_n이라 할 때, S_{10}의 값은? [4점]

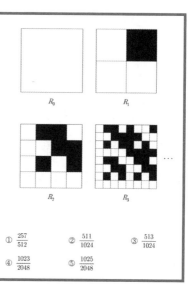

R_0 R_1

R_2 R_3

...

① $\dfrac{257}{512}$
② $\dfrac{511}{1024}$
③ $\dfrac{513}{1024}$
④ $\dfrac{1023}{2048}$
⑤ $\dfrac{1025}{2048}$

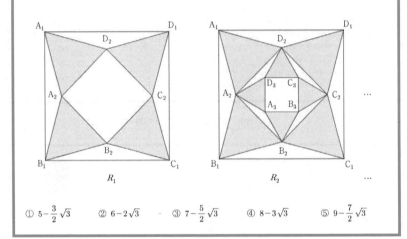

19. 그림과 같이 한 변의 길이가 2인 정사각형 $A_1B_1C_1D_1$ 의 내부에 네 점 A_2, B_2, C_2, D_2 를 네 삼각형 $A_2A_1B_1$, $B_2B_1C_1$, $C_2C_1D_1$, $D_2D_1A_1$ 이 모두 한 내각의 크기가 $150°$ 인 이등변삼각형이 되도록 잡는다. 네 삼각형 $A_1A_2D_2$, $B_1B_2A_2$, $C_1C_2B_2$, $D_1D_2C_2$ 의 내부를 색칠하여 얻은 그림을 R_1 이라 하자.

그림 R_1 에서 정사각형 $A_2B_2C_2D_2$ 의 내부에 네 점 A_3, B_3, C_3, D_3 을 네 삼각형 $A_3A_2B_2$, $B_3B_2C_2$, $C_3C_2D_2$, $D_3D_2A_2$ 가 모두 한 내각의 크기가 $150°$ 인 이등변삼각형이 되도록 잡는다. 네 삼각형 $A_2A_3D_3$, $B_2B_3A_3$, $C_2C_3B_3$, $D_2D_3C_3$ 의 내부를 색칠하여 얻은 그림을 R_2 라 하자.

이와 같은 과정을 계속하여 n 번째 얻은 그림 R_n 에 색칠되어 있는 부분의 넓이를 S_n 이라 할 때, $\lim\limits_{n \to \infty} S_n$ 의 값은? [4점]

① $5 - \dfrac{3}{2}\sqrt{3}$ ② $6 - 2\sqrt{3}$ ③ $7 - \dfrac{5}{2}\sqrt{3}$ ④ $8 - 3\sqrt{3}$ ⑤ $9 - \dfrac{7}{2}\sqrt{3}$

목에 맞춰 다양한 개념을 묻고 있습니다. 위 자료는 수학 영역에서 동일 한 출제 주제를 수능 시험, 경찰대, 사관학교 문제를 옮겨놓은 것입니다.

PART 4

수능 족집게 스타강사의
공부법 Best Q&A

① 30일 1등급 올리기 어렵지 않아요!

 학부모 : 대입의 핵심 전략은 뭔가요?

오대교 : 수능이 곧 전략입니다. 정시를 준비하는 학생은 수능 점수가 대학을 결정합니다. 수시를 준비하는 학생이라고 할지라도 수능 최저 요건을 충족시키지 못하면 탈락합니다. 결국 수능을 빼고는 대입 전략을 세울 수 없습니다. 결론은 수능입니다.

학생 : 흔히 '3월 모의고사 성적이 수능까지 간다.'는 말이 있잖아요? 선생님께서는 이 말에 대해 어떻게 생각하시는지요?

오대교 : 정말 그렇다면 공부를 할 필요가 없겠죠. 그 말은 열심히 노력하지 않은 학생들의 변명에 불과합니다. 성적이 꼭 공부 기간과 비례하는 것은 아닙니다. 저는 학생들에게 한 달에 1등급씩 올리는 공부 방법을 추천합니다.

수능 시험은 한 등급을 올리느냐 올리지 못하느냐가 대학의 당락을 결정합니다. 수능에서 한 등급을 결정하는 점수는 10점 내외로 배점을 감안하면 고작 3문제 정도가 바로 그 당락을 가른다고 할 수 있어요.

따라서 정밀한 데이터 분석을 통해 출제될 개념을 예상하고, 일주일 동안 그 한 가지 개념만 파고들면 누구라도 1문제를 더 맞출 수 있습니다. 그렇게 4주 동안 하게 되면 결국 한 달에 1등급을 향상시킬 수 있는 거죠. 이것이 제가 강조하는 〈기적의 30일, 수능만점공부법〉의 핵심입니다.

학부모 : 실제로 그런 방법을 통해서 효과를 본 학생들이 많이 있나요?

오대교 : 물론입니다. 고3 동안 성적을 많이 향상시킨 학생들은 공통적으로 모의고사 기출문제 풀이 학습을 30회 정도 풀었습니다. 고1~2학년 시기의 성적에 따라 6개월이 걸리는 학생도 있었고 1년이 걸리는 학생도 있습니다. 하지만 기본적으로 30회의 모의고사를 풀면 취약한 부분을 개선할 수 있고 이것이 놀라운 성적 향상을 만들어냈다고 생각합니다.

수능족집게 스타강사의 맞춤 솔루션
"성적이 반드시 공부기간과 비례하는 것은 아니다."

30일 단위로 공부를 계획하라!

 학생 : 30일 단위로 공부를 계획해야 하는 이유가 있나요?

오대교 : 공부를 할 때도 마디를 만들 듯이 작은 단위로 계획을 세우는 것이 좋습니다. 단기간에 성적을 향상시킨 학생들의 공통점은 작은 목표를 세우고 실행에 옮겼다는 점이에요. '수능까지 1년 남았다.' 와 같이 막연하게 계획을 세우는 것이 아니라 '다음 모의고사 때까지 한 달이 남았다.'와 같이 작은 목표 계획을 세우는 것이죠.

시험 전날에 벼락치기 공부를 해봤지요? 마감이 다가올수록 작업 효율이 급속도로 높아집니다. 마감을 멀리 잡을수록 효율은 떨어집니다. 1달을 잡든, 3달을 잡든 어차피 집중해서 공부하는 기간은 마감 일주일 전부터거든요. 요컨대 마감을 자주 설정해서 매 순간 전력을 다하는 것이 핵심입니다.

오대교 : 고3이 되면 매월 모의고사 일정에 따라 30일 단위로 작은 목표를 계획하고 실천하면 됩니다. 이러한 작은 성공의 경험이 6~10개월간 누적되면 결국 자신감으로 연결되거든요. 나날이 성장하고 있다는 확신을 가지고 스스로 동기 부여를 할 수 있는 것이죠. 이렇게 외부의 보상이 아닌 내적인 욕구에서 비롯한 동기 부여를 '내적 동기 부여'라고 합니다.

제가 30일 단위로 공부를 계획하라고 말하는 이유는 모의고사는 출제 범위가 정해져 있기 때문입니다. 한꺼번에 수능 전체과정을 공부하기는 힘들어도 매 시험마다 정해진 범위를 공부하는 것은 어렵지 않습니다. 교육청 모의고사와 평가원 모의고사는 9월에 가서야 출제 범위가 수능 시험과 같아집니다. 따라서 매월 모의고사 일정과 시험 범위를 확인하고 매월 단위 즉, 30일 단위로 공부 계획을 짜면 됩니다.

수능족집게 스타강사의 맞춤 솔루션
"공부에도 대나무처럼 마디가 필요하다."

② 내신과 수능을 따로 준비해야 하나요?

 학생 : 내신과 수능은 따로 준비하나요?

 오대교 : 내신과 수능은 근본적으로 같습니다. 결론부터 말씀드리면 동일한 교과개념을 서로 다른 유형의 시험으로 나눈 것에 지나지 않습니다. 내신 시험의 경우 학교 선생님께서 출제하시는 시험인만큼 수업에 임하는 태도와 성실성 그리고 꾸준함이 고득점의 비결입니다. 하지만, 모의고사나 수능 시험처럼 출제 유형과 주제가 명확히 정해져 있지 않으므로 학생들에 따라서는 내신 시험이 더 어렵다고 느끼는 경우가 많습니다. 이러한 특징 때문에 내신을 따로 준비해야 한다고 생각합니다.

결국, 내신 준비는 곧 수능준비이며 수능준비는 곧 내신준비로 연결됩니다.

 학부모 : 그래도 체감적으로 느끼기에 어느 정도 차이는 있지 않

나요? 우리 아들도 내신과 수능 시험의 유형이 달라서 한참 방황했던 적이 있거든요.

 오대교 : 물론 유형이 다르다 보니 약간의 차이는 있습니다. 내신과 수능은 묻는 방식이 다를 뿐 본질적인 출제 주제는 고등학교 교과 내용으로 동일합니다. 이때 가장 중요한 것이 기출문제 풀이 학습입니다. 모의고사나 수능 기출문제는 문항별로 정답률을 확인할 수 있습니다. 이런 데이터를 근거로 자신의 수준에 맞게 문제를 선택해서 풀면 내신은 물론 수능 시험까지 한꺼번에 대비할 수 있습니다.

학부모 : 모의고사를 구체적으로 어떻게 활용하면 좋을까요?

오대교 : 수학은 고2와 고3의 개념이 동일합니다. 고난도 문항을 공부하고자 하는 고2 학생은 고3 기출문제로 공부할 수 있고, 기초가 부족한 고3 학생은 고2 기출문제로 공부할 수 있습니다. 공부를 할 때는 자존심을 버리고 자기의 수준에 맞는 문제를 푸는 것이 중요합니다. 모의고사에서 비슷한 난이도의 문제만 모아서 보려면 EBSi 사이트의 '문제 은행 서비스'를 추천합니다. 모의고사 문항별 난이도 및 오답률 정보들도 EBSi 사이트에서 쉽게 확인이 가능합니다. 이 서비스를 잘 활용하면 문제를 찾고 편집하는 시간을 많이 줄일 수 있습니다.

수능으로 내신을 극복했어요!

오대교 : 내신을 고민하는 학생에게 내신에서 다루는 것과 같은 개념을 모의고사 기출문제를 통해 학습하도록 지도한 적이 있습니다. 모의고사는 EBSi 사이트의 문제 은행 서비스를 이용하면 문항별로 선택해서 학습할 수 있습니다. 객관적인 데이터를 바탕으로 자신의 수준에 맞는 문항들을 선택해서 수준별 학습을 했더니 결국 내신 성적도 향상되더군요.

학생 : 내신으로만 대학에 가면 내신이 불리한 학생들은 어떻게 해야 하죠?

오대교 : 보통 내신이 좋아서 원하는 대학교에 합격하기 위해서는 1~3등급 이내의 성적을 받아야 합니다. 계산해 보면 전교생 300명 중 상위 50명 정도만 해당되죠. 그렇다면 나머지 250여 명의 학생들은 대학을 어떻게 가야 할까요?

고등학교 내신은 3년 전체의 성적을 총합해 산출하게 됩니다. 반영비율을 보면 일반적으로 고3 시기의 내신 시험이 전체 비중에서 50%를 차지합니다. 1~2학년 때 응시한 8번의 내신과 비율에서 동등한 것이지요. 따라서 고3 때만 집중해서 공부하면 지난 2년간의 내신도 보완할 수 있습니다.

🧒 학생 : 아, 내신이라고 하더라도 1, 2, 3학년이 비중이 다 같지가 않군요. 하지만 고3이 되면 수능을 준비하느라 내신에 신경 쓸 여유가 없지 않을까요?

🧑 오대교 : 고3이 되면 거의 모든 학교에서 EBS 수능연계 교재를 학교 내신 교재로 사용합니다. 시험도 EBS 교재에서 나오죠. 따라서 고3이 되면 내신 공부와 수능 공부의 구별이 사라집니다. 내신 공부가 곧 수능 공부가 되고 수능 공부가 곧 내신 공부가 되는 것이죠.

> 수능족집게 스타강사의 맞춤 솔루션
> "내신 준비가 곧 수능 준비다."

③ 불리한 내신을 극복할 방법이 있나요?

 오대교 : 입시는 크게 수시전형과 정시전형으로 나눌 수 있습니다. 수시전형의 경우 교내활동을 통해 다양한 경험을 쌓은 학생은 내신 외에도 다양한 평가 요소로 보는 전형이 많이 있습니다. 정시전형의 경우 수능 점수가 곧 대입 평가 요소가 되기 때문에 불리한 내신을 극복할 수 있습니다.

학생: 그래도 한 번 만들어진 내신을 바꿀 수는 없잖아요?

오대교 : 상위권 주요대학들의 경우 정시전형에서 수능점수를 주요 대입 전형요소로 반영하고 있습니다. 고3이 된 시점에서 내신은 바꿀 수 없지만 수능 점수는 바꿀 수 있습니다. 수능 성적은 불리한 내신 점수를 극복할 수 있는 유일한 대안입니다. 현 대입 제도의 이러한 특징을 이해한다면 수능 시험의 중요성과 이에 따른 기출문제 학습의 중요성을 쉽게 이해할 수 있습니다.

학생 : 그럼 입시전략을 짤 때 가장 먼저 해야 할 일은 무엇이죠?

오대교 : 자신이 목표로 하는 학교와 학과의 모집 요강을 확인하는 것입니다. 그래야 자신이 충족시켜야 할 조건이 무엇인지, 보완해야 할 조건이 무엇인지 파악할 수 있고 계획적으로 준비할 수 있습니다. 입시에는 내신 외에도 수많은 변수가 있기 때문에 1, 2학년 때 정해진 내신으로 대입의 결과를 섣불리 판단하는 것은 옳지 않습니다.

학생 : 그래도 요즘에는 수시로 60% 이상 간다고 하는데 내신이 가장 중요하지 않을까요?

오대교 : 내신만으로 대학에 가는 학생들은 극히 적습니다. 어차피 내신이 비슷한 학생들끼리 경쟁하기 때문에 거기서 다시 한번 수능이나 논술, 자기소개서, 면접 등으로 거르게 되거든요. 더구나 내신은 한 번 결정되면 끝입니다. 1학년 때 결정된 내신을 2학년 때 바꿀 수 있는 방법은 없어요. 그렇다면 바꿀 수 없는 내신을 한탄하기보다는 바꿀 수 있는 수능 쪽으로 눈을 돌리고 노력하는 것이 전략적으로 낫지 않을까요?

학생 : 요컨대 불리한 내신을 극복할 수 있는 방법은 수능이라는 말이네요.

오대교 : 정시모집단위에는 수능을 중심으로 가는 전형이 있습니다. 그러면 1, 2학년 때 내신이 부족하다고 하더라도 수능으로 충분히 뒤집을 수 있습니다. 수능은 수시전형으로 가더라도 최저등급을 충족시켜야 하고 정시전형으로 가면 가장 큰 변수가 됩니다. 즉 입시에서 수능은 선택이 아닌 필수입니다. 수능을 선택으로 알고 피해가려는 학생들이 있는데 이런 학생들은 수능보다 더 치열한 소수점 단위의 내신 경쟁에 뛰어들어야 합니다.

> 수능족집게 스타강사의 맞춤 솔루션
> "입시에서 수능은 선택이 아닌 필수다."

수능은 기출이 답이다.

오대교 : 저는 항상 학생들에게 수능 문제보다 좋은 문제는 없다고 이야기합니다. 수능을 출제하는 기간은 실상 1년이에요. 6월, 9월 모의평가를 통해 문제를 개선하고 11월에 완성되는 게 수능이죠. 시중의 어떤 문제가 수많은 최고의 선생님들이 1년 동안 공들여 출제하는 시험보다 좋을 수 있겠습니까? 질적인 부분에서 가히 최고라고 할 수 있겠죠.

기출문제의 또 다른 장점은 양적으로도 방대하다는 점입니다. 이렇게 질적으로, 양적으로 최고의 수준에 있는 기출문제를 풀면 어떤 문제도 그 범위를 벗어날 수 없습니다. 기출은 모든 시험의 시작이자 끝입니다. 재수생이든 고3이든 기출문제를 중요하게 여긴 학생들치고 실패하는 경우를 보지 못했어요. 어떤 시험을 치를 때 그 시험과 가장 유사한 문제를 푸는 게 유리한 것은 당연하겠죠? 수능과 가장 유사한 문제는 수능 기출문제입니다.

 학부모 : 기출문제를 효과적으로 활용하려면 어떻게 하면 좋을까요?

오대교 : 간혹 기초 개념이 부족하다고 기출문제 풀이를 뒤로 미루는 학생들이 있어요. 그러나 기초 개념은 기출문제를 풀면서 익히는 것이 가장 효율적입니다. 기초 개념을 먼저 공부하려면 너무 범위가 넓습니다. 어떤 개념이 중요하고 중요하지 않은지도 판단하기 힘들죠. 그러나 중요한 개념은 시험에 반복적으로 출제되거든요. 따라서 기출문제를 통해 중요한 개념을 먼저 학습해야 시간을 절약할 수 있습니다.

 학부모 : EBS 연계교재보다도 기출문제가 더 중요하겠군요?

 오대교 : 물론입니다. 간혹 수능에 70% 연계된다고 EBS 연계교

재만 보는 학생들이 있는데 이는 주객이 바뀐 겁니다. 수능 기출문제는 연계율 100%라고 감히 말씀드릴 수 있습니다. EBS 연계교재는 기출문제 풀이 학습을 끝낸 다음에 해도 늦지 않습니다. 다시 말씀드리지만 수능의 시작과 끝은 기출문제입니다.

수능족집게 스타강사의 맞춤 솔루션

"수능과 가장 닮은 문제는 수능 기출문제다."

④ 모집인원이 많은 수시전형이 유리한가요?

오대교 : 수시전형이 정시전형보다 많은 인원을 선발하는 것은 사실입니다. 그러나 이 비율은 전국에 있는 모든 대학을 기준으로 만들어진 수치에 불과합니다. 서울권 대학으로 범위를 한정한다면 다르게 해석되어야 합니다. 서울권 대학은 수능최저요건을 충족시켜야 하는 경우가 대부분입니다.

학생: 그렇다고 하더라도 많이 뽑는 수시전형이 합격할 확률이 더 높은 거 아닌가요?

오대교: 흔히들 정시전형은 너무 조금 뽑아서 힘들다고 말합니다. 그러나 어느 쪽이 유리하다고 딱 잘라서 말할 수는 없습니다. 예를 들어 10명의 학생들이 대학에 가면 그중 6~7명의 학생들은 이미 수시전형에서 합격해서 빠집니다. 다시 말씀드리면 내신이 1~3학년 내내

우수한 학생들이 수시전형에 합격했기 때문에 정시에는 그 친구들이 안 온다는 뜻이죠. 그렇게 생각하면 남은 3~4명끼리의 경쟁도 해볼 만합니다.

 학생 : 수시에 합격하면 정시에 지원할 수 없나요?

 오대교 : 수능 만점 맞은 친구가 서울대학교에 지원하지 못했다는 이야기가 신문에 나옵니다. 떨어진 게 아니라 아예 지원을 못 한 거예요. 아시다시피 수시에 합격을 하면 정시에 지원을 할 수 없습니다. 이렇게 보면 단순히 모집인원이 더 많다는 이유로 무조건 수시가 유리하다고 말할 수는 없습니다.

앞서도 말씀드렸다시피 고등학교 내신이 우수한 학생들이 대거 합격하는 전형이 수시전형입니다. 수시 합격 인원이 제외된 상태에서 정시전형이 진행되기 때문에 내신이 불리한 학생들에게 정시전형은 불리한 내신을 뒤집을 수 있는 역전의 기회가 될 수 있습니다.

 학생 : 수시를 준비하면 수능 준비는 안 해도 되나요?

 오대교 : 아닙니다. 수시를 준비해도 수능 최저요건을 충족시켜야 합니다. 수시 전형을 준비하는 수험생의 경우 '수능시험 최저요건 충족'이라는 부분을, 정시 전형을 준비하는 수험생은 '과목별 반영 비율'

이라는 대입의 특성을 정확히 이해해 본인에게 유리한 전형과 전략을
마련할 수 있습니다.

수능족집게 스타강사의 맞춤 솔루션
"입시에서 수능은 선택이 아닌 필수다."

⑤ 모의고사 일정에 맞춰 월별 학습 계획을 세워라

 학생 : 학습 계획은 어떻게 세우나요?

 오대교 : 매월 모의고사 일정에 맞게 계획하세요. 1년을 단위로 학습계획을 세우면 중간에 지칠 수 있습니다. 매월 모의고사 일정에 맞게 계획을 세우면 목표를 구체적으로 세울 수 있습니다. 또한 그때 그때 피드백을 통해 자신의 취약점을 파악할 수 있습니다. 이렇게 파악한 취약점을 집중적으로 공략해서 3문제를 더 맞출 수 있도록 '30일 맞춤형 학습계획'을 짭니다. 그렇게 공부한 성과를 다음 모의고사 때 확인하는 과정을 반복한다면 성취감을 느낄 수 있어서 지치지 않고 공부할 수 있습니다.

학생 : 모의고사 일정을 활용하는 구체적인 방법은 무엇인가요?

오대교 : 대입 준비는 시험 일정에 따라 시기별로 해야 할 일들이 정해져 있습니다. 고3이 되면 수능 시험을 포함해 총 7번의 교육청, 평가원 시험이 진행됩니다. 즉 시험 일정에 따라 7번의 공부 계획을 세울 수 있는 것이죠. 이때 올바른 전략을 세우지 못하면 금보다 소중한 시간을 헛되이 흘려보낼 수 있습니다.

수능에서 한 등급을 결정하는 점수는 10점 내외입니다. 한 등급에 따라 서울권 대학과 기타 대학으로 갈릴 수도 있고, 인서울에서도 최상위권 대학과 그 이외 대학으로 나뉠 수 있습니다. 배점을 감안하면 고작 3문제가 대학을 좌우한다고 할 수 있습니다.

학생 : 3문제를 확실하게 더 맞추는 게 쉬운 일이 아닐 텐데요? 실수를 줄이는 것만으로는 한계가 있을 것 같은데 어떻게 단기간에 3문제를 더 맞출 수 있나요?

오대교 : 1주일에 1문제를 더 맞추는 것을 목표로 해야 합니다. 정밀한 데이터 분석을 통해 출제될 개념을 예상하고, 일주일 동안 그 한 가지 개념만 파고들면 누구라도 1문제를 더 맞출 수 있습니다. 그렇게 4주 동안 집중해서 공부하면 한 달에 1등급을 향상시킬 수 있습니다. 이것이 현 대입제도에서 수능시험을 가장 확실하게 준비하는 방법입니다. 매월 시험이 있으니까 30일 단위로 계획을 짜는 거죠. 위에서 말한 전략대로 하면 30일 동안 목표로 한 과목을 충분히 1등급 올릴 수 있습니다.

이렇게 7번의 시험을 치르면서 자신의 부족한 부분을 보완하면 충분히 원하는 결과를 얻을 수 있습니다. 이러한 전략에 맞춰서 수능 시험이 있는 12월까지 모의고사 일정에 맞춰서 공부 계획을 짜는 것이 효과적입니다.

 학생 : 그런데 30일마다 전 범위를 공부하는 게 가능할까요?

 오대교 : 3월~6월 시험까지는 공부 분량이 적습니다. 전 범위를 시험 출제 단원으로 포함시키지 않기 때문이죠. 그래서 매월 모의고사 일정과 시험 범위를 확인하고 30일 단위로 공부 계획을 짜야 합니다. 결국, 30일 단위로 기출문제를 풀이하는 것이 대입 성공의 열쇠가 됩니다.

> 수능족집게 스타강사의 맞춤 솔루션
> "30일마다 1등급씩 올리면 1년 후에는
> 어떤 목표든 이룰 수 있다."

공부 계획을 꼭 세워야 하는 건가요?

 학생 : 공부 계획을 세우기가 너무 어려워요

오대교 : 부산을 가려면 제일 먼저 내비게이션에 부산을 찍어야 하죠. 모든 결과는 행동에서 나오고, 모든 행동은 생각에서 나오기 때문에 자신이 생각하지 않은 것이 우연히 이루어질 수는 없어요. 계획을 제대로 세우면 공부의 반은 성공했다고 볼 수 있어요. 계획이 없으면 몇 배의 노력을 하고도 다른 목적지에 가 있거나 중간에 포기하게 되죠.

학생 : 계획의 중요성은 아는데 계획 세우기가 잘 안돼요

오대교 : 계획의 중요성을 이야기할 때 화살의 비유를 듭니다. 정확하게 겨냥해도 빗나가기 쉬운데, 애매모호하게 쏜 화살이 과녁에 명중할 수 있을까요? 물론 내비게이션을 찍고 가더라도 교통상황에 따라 경로는 바뀔 수 있지만, 목적지는 바뀌지 않아요. 목적지 없이 눈앞의 교통상황에 따라가다 보면 엉뚱한 곳에 도착하게 되는 거죠.

계획을 세울 때는 자신의 현재 수준과 현실을 고려해야 해요. 처음 달리기를 시작할 때 체력 수준과 방향을 모르면 어느 방향으로 얼마만큼을 뛰어야 할지 막막하죠. 그냥 무작정 뛰는 것보다 시간, 거리, 방향을 정하고 뛰면 힘은 덜 들고, 더 멀리, 더 오래 뛸 수 있어요. 계획이란 이런 것을 미리 정하는 겁니다.

계획은 100m 달리기에서 출발선과 골인 지점을 정하는 것과도 같아요. 출발을 어디에서 했는지도 모르고 본인 스스로 많이 달렸다고 생각해서 멈췄는데 80m 지점이라면 어떻게 될까요? 계획이 없으면 자신이 현

재 어디까지 왔는지를 몰라서 항상 불안하고 슬럼프를 겪게 돼요.

오대교 : 저는 '공부할 계획이 없다는 건 실패를 계획하는 것'이라고 학생들에게 조언합니다. 취미로 공부하는 학생은 없습니다. 명확한 목표일수록 가고자 하는 방향을 담은 계획은 무엇보다 중요합니다. 구체적인 목표는 구체적인 결과를 가져오지만 막연한 계획은 막연한 결과를 가져옵니다.

거창한 계획부터 세우려하지 말고 작은 것을 세우고 실천해 보세요. 매일 팔굽혀 펴기를 100개씩 한다는 계획을 세우면 일주일도 못 가서 포기하게 되지만 하루에 팔굽혀 펴기를 3번씩 한다는 계획을 세우면 꾸준히 할 수 있을 뿐 아니라 5번, 7번, 10번으로 점점 늘어나게 되죠.

수능족집게 스타강사의 맞춤 솔루션
"계획을 세우는 것은 여행을 떠날 때
목적지를 정하는 것과 같다."

⑥ 수능 문제를 정말 예상할 수 있나요?

 오대교 : 결론부터 말씀드리면 수능 문제는 충분히 예상할 수 있습니다. 저도 재수를 하고 처음 수능을 공부할 때는 수많은 시행착오를 겪었습니다. 그러다 우연히 수능을 출제하는 한국교육과정평가원의 자료를 볼 기회가 있었습니다. 매번 수능 시험이 치러지고 나면, 평가원에서 시험 출제의 방향과 이유를 객관적으로 발표한다는 것을 알게 되었어요. 평가원 자료로 공부의 방향을 잡았더니 정말로 문제들을 예측할 수 있더군요. 네 번째 시험에 이르러서는 수능 출제 방향에 대한 정확한 이해에 도달할 수 있었습니다.

학부모 : 수능 문제를 구체적으로 어떻게 예측할 수 있죠?

오대교 : 첫 번째는 6월, 9월 모의평가를 분석하는 방법입니다. 6월, 9월 모의평가는 수능을 출제하는 한국교육과정평가원에서 출제하

기 때문에 당해 연도 수능과 직접적으로 연관됩니다. 지난 5개년 기출 자료를 확인해 보면 이러한 연관 관계를 보다 명확하게 확인할 수 있습니다. 6월, 9월 모의평가는 수능의 예고편이라고 할 수 있습니다.

두 번째로 EBS 연계교재를 분석하는 방법입니다. 수능 출제 기관인 평가원(한국교육과정평가원)에서 매년 발표하는 자료를 확인하면 수능은 EBS 교재와 70% 연계됩니다. 기출문제를 통해 유형 풀이 학습과 개념 학습을 하면서 EBS 연계교재를 통해 적용하는 연습을 하면 수능이 요구하는 자료 해석 능력을 충분히 기를 수 있습니다.

학부모 : 6월, 9월 모의평가에 나왔던 문제가 그대로 수능에 출제된다는 뜻인가요? 그러면 한번 풀어봤던 문제인데 틀릴 리가 없잖아요?

오대교 : 정확하게는 문제가 똑같이 출제되는 것이 아니고 핵심 개념이 똑같이 출제되는 겁니다. 특히 수학은 문항 번호에 따른 출제 주제까지 똑같이 출제됩니다. 이게 1, 2년만 그런 것이 아니라 지난 10년 치 자료를 봐도 지속적으로 이런 패턴을 보여왔어요. 그렇다면 올해 수능을 준비한다면 반드시 6월, 9월 모의평가를 철저하게 분석해서 거기에 나온 개념들을 확실하게 익혀야 됩니다. 많은 학생들이 이걸 몰라서 엉뚱한 공부를 하고 있죠.

수능족집게 스타강사의 맞춤 솔루션

"수능 문제는 이미 공개되어 있다. 모두들 무시할 뿐."

⑦ EBS 연계 교재로 내신과 수능을 한 번에 잡아라

🧑‍🦰 학생 : 고3 때에는 학교에서 EBS 연계교재로 수업을 나가는데요. 내신과 수능을 따로 준비해야 하나요?

👨 오대교 : 고3 시기가 되면 학교 내신 시험도 EBS 연계 교재를 바탕으로 출제되는 경향이 있습니다. 이는 EBS 연계 교재가 수능에 70%나 연계되기 때문입니다. 문제 유형에 차이는 있지만 내신과 수능 시험의 출제 범위는 교과 과정상 동일합니다.

내신에 대비해서 개념과 내용을 이해하고 암기하는 공부는 수능 시험을 완벽하게 준비하는 기본 바탕이 됩니다.

🧑 학생 : 그럼 수능에 대비해서는 EBS 연계 교재의 내용을 달달 외우면 될까요?

👨 오대교 : 이 물음에 대한 답으로 2021학년도 대학수학능력시험

6월 모의평가 출제방향 보도 자료를 확인하겠습니다.

【예시 문항 1】수학 가형 17번

17. 숫자 1, 2, 3, 4, 5, 6, 7이 하나씩 적혀 있는 7장의 카드가
있다. 이 7장의 카드를 모두 한 번씩 사용하여 일렬로 임의로
나열할 때, 다음 조건을 만족시킬 확률은? [4점]

> (가) 4가 적혀 있는 카드의 바로 양옆에는 각각 4보다
> 큰 수가 적혀 있는 카드가 있다.
> (나) 5가 적혀 있는 카드의 바로 양옆에는 각각 5보다
> 작은 수가 적혀 있는 카드가 있다.

① $\dfrac{1}{28}$ ② $\dfrac{1}{14}$ ③ $\dfrac{3}{28}$ ④ $\dfrac{1}{7}$ ⑤ $\dfrac{5}{28}$

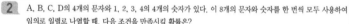

EBS 교재 「수능특강 – 확률과 통계」 41쪽 2번

[20009−0076]

2 A, B, C, D의 4개의 문자와 1, 2, 3, 4의 4개의 숫자가 있다. 이 8개의 문자와 숫자를 한 번씩 모두 사용하여
임의로 일렬로 나열할 때, 다음 조건을 만족시킬 확률은?

> (가) 문자 A의 양쪽 옆에 숫자를 나열한다.
> (나) 숫자 1의 양쪽 옆에 문자를 나열한다.

① $\dfrac{3}{40}$ ② $\dfrac{1}{10}$ ③ $\dfrac{1}{8}$ ④ $\dfrac{3}{20}$ ⑤ $\dfrac{7}{40}$

【예시 문항 2】수학 나형 28번

28. 수열 $\{a_n\}$이 모든 자연수 n에 대하여

$$\sum_{k=1}^{n} \frac{4k-3}{a_k} = 2n^2 + 7n$$

을 만족시킨다. $a_5 \times a_7 \times a_9 = \dfrac{q}{p}$일 때, $p+q$의 값을 구하시오.
(단, p와 q는 서로소인 자연수이다.) [4점]

EBS 교재 「수능특강 - 수학 I」 99쪽 2번

[20007-0181]

2 수열 $\{a_n\}$이 모든 자연수 n에 대하여 $\displaystyle\sum_{k=1}^{n}\frac{a_k}{4k-3}=2n^2+3n$을 만족시킬 때, $\displaystyle\sum_{k=1}^{10}\frac{1}{a_k}=\frac{q}{p}$이다. $p+q$의 값을 구하시오. (단, p와 q는 서로소인 자연수이다.)

자료에서 확인할 수 있듯이 EBS 연계 교재에서 똑같이 출제되지는 않습니다.

수학을 예로 했지만, 전 영역에 걸쳐 출제 원칙은 변함이 없습니다. 기출문제를 통해 기본적인 개념과 출제 원리를 몸에 익히고 EBS 연계 교재를 통해 적용하는 연습을 한다면 어떻게 변형되어 출제되어도 두려울 것이 없습니다.

⑧ 수능 등급을 단기간에 올릴 수 있나요?

🧑‍🦰 학부모 : 수능은 점수가 아니라 등급이 중요하다던데 사실인가요?

🧑 오대교 : 네. 현 대입제도는 100점 만점에서 몇 점을 득점했는가보다 과목별 등급이 더 중요 합니다. 자신이 원하는 대학교 모집 전형에서 과목별로 반영하는 등급을 확인하고, 이러한 등급 조건을 맞추는 전략이 필요합니다.

🧑‍🦰 학부모 : '같은 점수 다른 대학' 이라는 말은 어떤 의미인가요?

🧑 오대교 : 예들 들어 같은 한 과목에서 2등급이라고 하더라도 백분위로는 4~11%사이에 성적이 분포하게 됩니다. 먼저 자신의 백분위를 분석하고 현재의 정확한 위치를 확인해야 합니다. 이에 따라 과목별

로 공부 시간을 안배하는 학습 전략을 세워야 수험기간을 가장 효율적으로 활용할 수 있습니다.

 학부모 : 많은 수험생들이 노력에 비해 결과가 낮게 나온다는 말을 많이 합니다. 수능 시험에서 등급을 단기간에 올릴 수 있는 노하우가 있을까요?

오대교 : 저도 19년 동안 수능 강의를 하면서 효과적으로 성적을 올릴 수 있는 방법을 끊임없이 연구했습니다. 이러한 고민의 결론으로 만들어낸 프로그램이 '기적의 30일, 수능만점공부법'입니다. 수능 시험은 출제 주제와 그 범위가 정해진 시험입니다. 다시 말해, 충분히 예상 가능 범위 내에서 출제됩니다.

성적 향상을 위해서는 가장 먼저 현재 자신의 취약 부분을 찾는 일입니다. 매 시험이 끝나면 EBSi 사이트에 과목별로 오답률이 높은 문항 BEST5가 공개됩니다. 현재 1~2등급의 학생이라면 이 다섯 개의 문항을 집중적으로 공부하고, 현재 3~5등급의 학생이라면 오답률이 높은 다섯 개의 문항을 제외한 다른 문항을 집중적으로 공부하는 것이 효과적입니다.

학부모 : 참 단순하면서도 명쾌한 방법이네요.

오대교 : 진실은 단순합니다. 정리하자면 우선 문항 분석을 통해 내가 풀어야 할 문제의 범위를 정해야 합니다. 그리고 현재 내가 틀리고 있는 3문제, 과목별 3문제를 더 맞추어야 합니다. 반드시 출제되는 문제 3문제를 더 맞추는 것이 10점 확보, 1개 등급 상승의 비결입니다. 이 방법이 수능 시험을 10번 응시한 제가 알고 있는 수능 등급을 단기간에 올릴 수 있는 가장 확실한 방법입니다.

> 수능족집게 스타강사의 맞춤 솔루션
> "자신의 수준에 맞는 문제를 집중적으로 푸는 것이 등급
> 상승의 비결이다."

노력만큼 결과가 안 나오는 것 같아요

학생 : 노력만큼 결과가 안 나오는 것 같아요

오대교 : 혹시 '양질전환의 법칙'을 아시나요? 양이 축적되면 결국 질적인 향상으로 전환된다는 법칙입니다. 공부도 마찬가지입니다. 단순히 노력해도 성적이 오르지 않는다고 한탄하기 전에 지난 시험과 비교해서 얼마나 많은 양의 문제를 풀어보고 준비했는지 생각해보세요.

학생 : 정말 노력한 만큼 결과가 나올까요?

오대교 : 그럼요. 다만 결과가 나타나는 시기와 정도의 문제일 뿐이죠. 결과는 점진적으로 나타나기보다 계단식으로 상승하는 경우가 많아요. 이때 상승 직전에 포기하면 헛수고가 되는 거고 그 시기를 잘 넘기면 한 단계 성장하는 거죠. 인디언 추장이 기우제를 지내면 반드시 비가 와요. 왜 그런지 아세요? 비가 올 때까지 기우제를 지내기 때문이래요.

오대교 : 주관적인 느낌으로 '많이 한 것 같은데.'라고 생각하면 실제로는 많이 하지도 않고 많이 했다고 착각하는 경우가 많습니다. 공부를 할 때는 자신의 노력을 측정 가능한 수치로 객관화해야 합니다. 하루에 몇 문제를 풀었는지? 몇 시간을 앉아 있었는지? 연습장 몇 장을 썼는지? 심지어 볼펜 몇 자루를 썼는지? 등 모든 것이 공부를 계량화할 수 있는 척도가 됩니다. 자신의 노력을 객관화하지 않은 상태에서 시험의 난이도나 환경을 탓하는 것은 어리석은 일입니다.

공부는 적게 하면서 높은 성적을 기대하니까 문제가 되는 거죠. 저는 학생들에게 매일 모의고사를 1회씩 풀어보라고 말해요. 한 달이면 30회의 모의고사를 푸는 셈이죠. 이 정도를 했는데도 성적이 오르지 않을까요? 그런데 보통은 여기까지 안합니다. 그래서 결과도 잘 안 나오는 거죠. 아인슈타인이 말했죠. 어제와 똑같은 행동을 반복하면서 다른 결과를 바라는 것은 정신병의 초기증상이라고. 남들과 다른 결과를 바란다면 남들과 다른 노력을 해야 합니다.

오대교 : 수험생활은 장거리 레이스와 같아요. 장거리 레이스에서 가장 중요한 것은 남과 비교하지 않고 자신의 계획대로 꾸준히 실천하는 거죠. 에디슨은 2만5천 번의 실패 후에 축전지를 만들었고, 다이슨은 5,127번의 실패 끝에 먼지통 없는 진공청소기를 만들었어요. 실패도 습관이에요. 에디슨이나 다이슨은 끝까지 포기하지 않는 성공의 습관을 지녔기 때문에 결국 원하는 결과를 얻은 거죠.

수능족집게 스타강사의 맞춤 솔루션
"노력과 결과 사이에는 서울과 뉴욕만큼의 시차가 있다."

⑨ 기출문제 풀이 학습이 그렇게 중요한가요?

 학생 : 모의고사 성적은 어떻게 활용하나요?

 오대교 : 모의고사 성적은 과목별 학습전략 수립의 기준이 됩니다. 과목마다 성적이 다르기 때문에 과목별로 서로 다른 학습 전략이 필요합니다. 먼저 목표하는 대학의 입시 전형을 확인하고 반영비율이 높은 과목에 학습 시간을 집중적으로 투입해야 합니다. 현 대입 제도는 전 과목을 만점 받는 평가 방식이 아닙니다. 등급제 수능의 특징을 이해하고 이를 전략적으로 충분히 활용해야 합니다.

 학생 : 기출문제 풀이 학습이 그렇게 중요한가요?

 오대교 : 매년 수능 시험에 응시하면서 느끼는 점은 "정말 출제된 것만 출제된다."는 것입니다. 자료의 모양은 변할 수 있지만, 문제에

서 묻고자 하는 본질에는 변함이 없습니다. 앞으로도 이러한 틀은 변함이 없을 것입니다. 과거를 통해 미래를 충분히 예측할 수 있습니다.

세상의 그 어떤 자료도 출제기관에서 직접 만든 자료보다 중요한 자료는 없습니다. 출제기관에서 만든 기출문제는 이미 15년 치 이상의 막대한 분량이 누적되어 있습니다. 이것만 보아도 수능 시험을 준비하기에 차고 넘치는 양입니다. 수능을 잘 보려면 수능을 공부해야 합니다. EBS 연계교재를 비롯한 그 밖의 어떤 자료도 기출문제에 비하면 2순위에 불과합니다.

학생 : 하지만 문제풀이는 개념을 먼저 철저하게 익힌 다음에 해야 하는 것 아닌가요?

오대교 : 좋은 질문입니다. 학생들에게 항상 기출문제 풀이를 통해 개념을 학습하라고 말합니다. 끝에서부터 시작하는 거죠. 일단 개념 공부가 안 되어 있다고 하더라도 기출문제 5년 치 자료를 풀면 어느 부분을 공부해야 할지 감이 생깁니다. 눈으로 보면서 '아, 이런 개념을 묻는 문제는 매번 나오는구나.'하면서 먼저 느낀 다음에 공부하는 것과 무작정 개념공부를 하고 문제를 푸는 것과는 효율 면에서 큰 차이가 납니다. 만약 한 달 뒤 여자 친구 생일에 피아노를 쳐야 한다면 어떻게 해야 할까요? 악보도 볼 줄 모르는데 피아노의 기본기를 다 익힌 다음에 하려면 1년이 있어도 부족할 것입니다. 그럴 때는 딱 한 곡을 그냥 외워서 치

는 방법밖에 없습니다. 그러면 여자 친구나 주위 친구들이 보면 피아노를 칠 줄 아는 것처럼 느껴지겠죠. 그러면서 자신감과 흥미를 가지게 되고 다른 곡도 도전하고 이렇게 발전하는 것이죠.

개념을 다 익히고 문제를 푸는 것이 아니라 문제를 풀면서 개념을 익히는 게 빠릅니다. 문제가 출제되는 범위와 유형은 정해져 있거든요. 제한된 범위 내에서 공부를 하니까 성적도 빠르게 오르고 성취감도 느낄 수 있습니다. 이것이 기출문제를 활용하는 중요한 방법입니다.

> 수능족집게 스타강사의 맞춤 솔루션
> "기출문제를 통해 개념을 익히는 것이 가장 빠르다."

오답을 즐겨라!

 오대교 : 오답은 즐거워야 합니다. 모의고사를 끝내고 온 학생들에게 모의고사는 모의고사일 뿐이라고 말합니다. 수능이 아니기 때문에 당장의 결과에 실망할 것이 아니라 개선해 나가면 그만이라는 뜻입니다.

학생 : 그럼, 모의고사를 통해 무엇을 얻을 수 있나요?

오대교 : 모의고사를 통해 학생들은 자신의 취약점에 대한 데이터를 확보할 수 있습니다. 오답 문항을 알게 되었다면 오답노트를 만들어서 오답을 객관화할 수 있는 기록으로 만들어야 합니다.

김미경 강사는 '실패라는 것은 없다 부족한 성공이 있을 뿐이다.'라고 말한 적이 있어요. 50% 성공, 60% 성공, 70% 성공들이 창고에 쌓여 있다가 나머지가 채워지면 성공으로 간다는 거죠. 이런 의미에서 볼 때 오답노트 작성은 오답을 정답으로 만들어 나가는 과정이 아닐까요?

지속적인 노력이 모이고 모이면 성적 향상이라는 결과를 만들어내죠. 잔잔하게 물이 찬 유리잔에 물방울이 떨어지면 물이 넘치죠? 그러나 그렇게 되기 위해서는 그 이전에 수많은 물방울이 쌓여서 유리잔을 채워야 합니다. 결코, 물방울 하나가 우연히 잔을 넘치게 하는 것이 아니라는 거죠.

성적 향상의 비결은 잘하는 것을 더 잘하는 것이 아니라 부족한 부분을 개선하는 데 있습니다. 단기간에 성적을 많이 올리는 학생들은 많은 문제를 풀고 다양한 실수를 거치면서 개념을 명확하게 이해합니다. 그러니 이러한 과정을 알고 있는 학생들에게 오답이 즐거울 수밖에 없지요. 자신의 부족한 점을 선생님보다 정확하게 알려주니까요.

 학생 : 그럼, 오답을 통해 점수를 올릴 수 있다는 말씀이신가요?

 오대교 : 맞습니다. 홈런왕 베이브 루스가 이런 말을 남겼죠. '스

트라이크를 당할 때마다 나는 다음번 홈런에 더 가깝게 다가간다.'고요.
오답을 실패라고 생각하면 트라우마가 되지만 성공으로 가는 과정으로
생각하면 즐길 수 있어요. 그 모든 실패의 물방울이 성공의 잔을 가득
채우고 있으니까요.

수능족집게 스타강사의 맞춤 솔루션
"오답 속에 정답이 숨어있다."

⑩ 6월, 9월 모의평가에 목숨을 걸어라

학생: 6월, 9월 평가원 모의평가 시험이 매우 중요한 이유는 무엇인가요?

오대교: 6월, 9월 평가원 모의평가는 수능 시험을 출제하는 한국교육과정평가원에서 직접 출제하는 시험으로 수능 시험의 방향과 출제 경향을 확인할 수 있다는 측면에서 중요합니다. 실제 수능 시험과 문제 유형이 똑같기 때문에 평가원 모의평가를 통해 자신의 취약점을 객관적으로 파악할 수 있습니다.

교육청에서 실시하는 3월, 4월, 7월, 10월 모의고사는 응시생이 재학생으로 제한되는 시험입니다. 그러나 수능에서는 여기에 재수생 응시 인원이 추가됩니다. 따라서 6월, 9월 평가원 모의평가에서는 평소보다 등급이 낮게 나오는 것이 일반적입니다. 수능에 실제로 응시할 인원이 포함된 결과이기 때문에 3월, 4월, 7월, 10월 모의고사보다 실제 수능에 가깝게 자신의 현재 위치를 파악할 수 있습니다. 해마다 재수생들이 재학생에 비해 수능에서 강세를 보인다는 점도 감안해야 합니다.

또한 6월, 9월 평가원 모의평가는 실제 수능과 똑같은 환경에서 치른다는 점에서도 중요합니다. 평가원 모의고사의 경우 응시하는 시험지와 OMR답안지 양식을 비롯해 3교시 영어 듣기 평가의 경우 수능과 동일한 속도로 진행되는 성우의 발음까지 수능에 앞서 실전 연습이 가능합니다. 출제 범위 역시 9월 모의평가는 실제 수능 시험과 출제 범위가 같게 됩니다.

학생: 6월, 9월 모의평가는 평가원 보도 자료가 발행된다고 하던데요?

오대교 : 6월, 9월 모의평가 직후 발행되는 '출제 보도 자료'와 '이의 제기 자료'는 출제자의 출제 의도와 유형별 주제를 직접적으로 확인할 수 있는 최고의 자료입니다. 수능은 단순히 지식의 양을 측정하는 시험이 아닙니다. 출제자의 의도를 파악하고 자료를 해석하는 능력이 무엇보다 중요합니다. 출제자의 시각에서 문제를 바라볼 수 있는 능력을 기르기 위해서도 평가원 보도 자료를 꼭 활용해야 합니다.

정리하자면 6월, 9월 모의평가는 다음과 같은 용도로 활용할 수 있습니다.

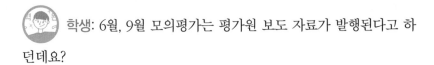

- 입시 전략의 객관적 근거 자료로 활용
- 평가원 모의고사 이후 선택적 학습 전략 수립

노트 정리는 왜 필요한가요?

 학생 : 노트 정리는 왜 필요한가요?

오대교 : 기억은 기록을 이기지 못해요. '적자생존'이란 말은 환경에 적응하는 사람이 살아남는다는 뜻이 아니라 적는 사람이 생존한다는 뜻이죠. 적으면서 생각이 정리되고 부족한 부분이 보완되기 때문에 노트 정리는 꼭 필요해요.

여학생들은 형형색색으로 노트 정리를 예쁘게 꾸미는 경우가 많습니다. 노트 정리에 공을 들이는 것은 좋지만 노트 정리의 본질은 공부의 효율을 높이는 데 있습니다. 공부는 자신의 부족한 부분을 찾고, 스스로를 객관화하면서 내용을 하나씩 이해하는 과정입니다. 노트 필기는 공부의 수단이어야지 그 자체가 목적이 되어서는 안 됩니다.

지금까지와 다른 결과는 지금까지와 다른 방법으로 만들 수 있습니다. 그러기 위해서는 자신을 객관적으로 볼 수 있는 데이터가 필요합니다. 객관적인 데이터를 기록하는 도구가 바로 노트정리입니다. 앞서 설명한 '방법이 아닌 본질'이 중요하다는 사실을 이해하면 노트 정리는 성적 향상의 강력한 도구가 될 수 있습니다.

🧑 학생 : 노트 필기는 귀찮아요. 그래서 시험 기간이 되면 다른 친구들의 노트를 빌리려고 해요.

🧑 오대교 : 다른 친구가 기록한 노트도 유용한데 본인이 직접 기록한 노트는 얼마나 도움이 되겠어요? 노트 필기는 본인이 직접 해야 생각이 정리되고 부족한 부분이 보완됩니다. 노트 정리를 해보면 그 위력을 실감할 수 있죠. 확신이 안 서면 일정 기간 의무적으로라도 해보세요. 노트 필기에도 여러 가지 방법이 있지만, 특히 추천하고 싶은 것이 '코넬식 노트 필기법'입니다. 코넬식 노트 필기는 코넬 대학의 Walter Pauk 교수가 고안한 방법으로 주제, 키워드, 수업내용, 요약으로 수업을 재구성하는 방법입니다.

> 1. 먼저 공책의 가장 윗부분인 '주제' 칸에 그 날의 주제를 기록합니다.
> 2. '수업내용' 칸에 수업을 들으면서 필요한 내용을 필기합니다.
> 3. 수업이 끝나면 수업내용 왼쪽에 키워드를 골라 적습니다.
> 4. 요점을 정리하여 아랫부분에 기록합니다.

코넬 노트 필기법을 200% 활용하기 위해서는 기록하고, 요약하고, 암송하고, 생각하고, 복습해야 한다는 점을 잊으면 안 됩니다.

수능족집게 스타강사의 맞춤 솔루션

"적자생존! 적는 자만이 살아남는다."

PART 5

2021 과목별
수능만점 공부법

① 2021 수능 주요 특징

Q : 2021 수능은 어떻게 바뀌나요?
A : 국어, 수학 영역의 출제 범위는 달라지고 나머지 영역은 크게 변화하지 않습니다.

2018학년도 수능 시험부터 영어영역이 절대평가로 진행되었습니다. 한국사 영역은 절대평가로 시행되며 시험은 필수입니다. 이 시험에 응시하지 않으면 수능 응시 자체가 무효 처리 되고 성적 전체가 제공되지 않습니다. 한국사를 제외한 시험 영역 및 교과목에서 전부 또는 일부를 선택하여 응시할 수 있습니다. 〈2021학년도 대학수학능력시험 이렇게 준비하세요

2021학년도 대학수학능력시험의 영역별 출제 범위

영역 \ 구분		출제 범위(선택과목)
국어		화법과 작문, 언어('언어와 매체'과목 중 언어 부분), 독서, 문학을 바탕으로 다양한 소재의 지문과 자료를 활용하여 출제
수학 (택1)	가형	수학Ⅰ, 미적분, 확률과 통계
	나형	수학Ⅰ, 수학Ⅱ, 확률과 통계
영어		영어Ⅰ, 영어Ⅱ를 바탕으로 다양한 소재의 지문과 자료를 활용하여 출제
한국사 (필수)		한국사에 대한 기본 소양을 평가하기 위해 핵심 내용 위주로 출제
탐구 (택1)	사회 탐구	생활과 윤리, 윤리와 사상, 한국지리, 세계지리, 동아시아사, 세계사, 경제, 정치와 법, 사회·문화 9개 과목 중 최대 택 2
	과학 탐구	물리학Ⅰ, 화학Ⅰ, 생명과학Ⅰ, 지구과학Ⅰ, 물리학Ⅱ, 화학Ⅱ, 생명과학Ⅱ, 지구과학Ⅱ 8개 과목 중 최대 택 2
	직업 탐구	농업 이해, 농업 기초 기술, 공업 일반, 기초 제도, 상업 경제, 회계 원리, 해양의 이해, 수산·해운 산업 기초, 인간 발달, 생활 서비스 산업의 이해 10개 과목 중 최대 택 2
제2외국어/ 한문		독일어Ⅰ, 프랑스어Ⅰ, 스페인어Ⅰ, 중국어Ⅰ, 일본어Ⅰ, 러시아어Ⅰ, 아랍어Ⅰ, 베트남어Ⅰ, 한문Ⅰ 9개 과목 중 택 1

영역/과목별 문항 수, 시험시간, 문항 유형

구분 영역		문항 수	문항유형	배점 문항	배점 전체	시험 시간	유형별 문항 수
국어		45	5지선다형	2,3	100점	80분	화법 5문항, 작문 5문항, 언어 5문항, 독서 15문항, 문학 15문항
수학 (택1)	가형	30	1~21번 5지선다형, 22~30번 단답형	2,3,4	100점	100분	수학Ⅰ 10문항, 미적분 10문항, 확률과 통계 10문항
수학 (택1)	나형	30	1~21번 5지선다형, 22~30번 단답형	2,3,4	100점	100분	수학Ⅰ 10문항, 수학Ⅱ 10문항, 확률과 통계 10문항
영어		45	5지선다형 (듣기17문항, 읽기28문항)	2,3	100점	70분	듣기 17문항, 읽기 28문항
한국사 (필수)		20	5지선다형	2,3	50점	30분	20문항
탐구 (택1))	사회 탐구	과목당 20	5지선다형	2,3	과목당 50점	과목당 30분 (최대 60분)	20문항 X 최대 2과목
탐구 (택1))	과학 탐구	과목당 20	5지선다형	2,3	과목당 50점	과목당 30분 (최대 60분)	20문항 X 최대 2과목
탐구 (택1))	직업 탐구	과목당 20	5지선다형	2,3	과목당 50점	과목당 30분 (최대 60분)	20문항 X 최대 2과목
제2외국어/ 한문		과목당 30	5지선다형	1,2	과목당 50점	과목당 40분	30문항 X 최대 1과목

2021학년도 대학수학능력시험의 시험 시간표 및 일정		
교시	시험 영역	시험시간(소요시간)
수험생의 입실 완료 8:10까지		
1교시	국어	08:40~0:00 (80분)
휴식 10:00~10:20 (20분)		
2교시	수학	10:30~12:10 (100분)
중식 12:10~13:00 (50분)		
3교시	영어	13:10~14:20 (70분)
휴식 14:20~14:40 (20분)		
4교시	한국사, 사회 · 과학 · 직업 탐구	14:50~16:32 (102분)
	한국사	14:50~15:20 (30분)
	한국사 영역 문제지 회수 탐구 영역 문제지 배부	15:20~15:30 (10분)
	사회 · 과학 · 직업 탐구 시험: 2과목 선택	15:30~16:00 (30분)
	시험 본 과목 문제지 회수	16:00~16:02 (2분)
	사회 · 과학 · 직업 탐구 시험: 1~2과목 선택	16:02~16:32 (30분)
휴식 16:32~16:50 (18분)		
5교시	제 2외국어/한문	17:00~17:40 (40분)

각 과목별로 구체적인 변경 사항 및 학습 전략은 다음과 같습니다.

· 국어 - 문과와 이과의 통합에 따른 기출문제 학습

국어 영역은 2017학년도부터 문과(B형)와 이과(A형)의 구분이 사라지고 하나로 통합되었습니다. 따라서 수험생은 기출문제를 학습할 때 과거 기출문제 국어 A형, B형 문항 모두를 학습해야 합니다. 국어가 통합되면서 시중 국어 수험서는 대부분 B형 기출 문항만을 수록했지만 만점을 목표로 한다면 국어 A형 기출 문항도 반드시 풀어야 합니다. 그 이유는 독서(비문학)영역에서 이과 학생을 대상으로 한 '기술' 지문은 지금까지 B형 기출에서는 없는 부분이기 때문입니다.

• 수학 - 2015 개정 교육과정 (교육부 고시 제2015-74호) 적용

수학 가형은 '수학Ⅰ', '미적분', '확률과 통계'에서 출제하고, 수학 나형은 '수학Ⅰ', '수학Ⅱ', '확률과 통계'에서 출제합니다. 수학 가형의 경우 출제 범위 이외 선택 중심 교육과정 '수학', '수학Ⅱ'의 내용은 간접적으로 출제 범위에 포함되며, 수학 나형의 경우 선택 중심 교육과정 '수학'의 내용이 간접적으로 출제 범위에 포함됩니다.

개정 교육과정에서 출제되기 때문에 과거 기출 문항들을 그대로 공부하면 안 됩니다. 교과서를 기준으로 단원명과 목차를 확인하면서 선별적으로 기출 문항을 공부해야 합니다.

• 영어 - 절대평가 시행 유지

한국교육과정평가원은 2018학년도 수능 시험부터 영어 절대평가 시험의 출제 방향, 문항유형, 예시문항 등을 담은 학습안내 자료를 공개하였습니다.

예시문항은 2015 개정 교육과정 (교육부 고시 제2015-74호) 중 '영어 I', '영어 II'를 바탕으로 다양한 소재의 지문과 자료를 활용하여 출제한다고 밝혔습니다.

평가 영역		문항 수		시험 시간
듣기	듣기	12문항	17문항	25분 이내
	간접 말하기	5문항		
읽기	읽기	21문항	28문항	45분 이내
	간접 쓰기	7문항		
계		45문항		70분

기존 유형을 크게 벗어나지 않았음을 확인할 수 있습니다. 절대평가 방식에 대응하는 전략으로 기출문제를 중심으로 한 유형별 풀이 학습이 중요합니다.

• 한국사 - 필수과목, 절대평가제 도입

과거 선택 과목이었던 한국사가 2017학년도부터 필수과목으로 지정되었습니다. 한국사는 수능 4교시 탐구 영역과 함께 실시되며, 20문항 50점 만점으로 30분간 치르게 됩니다. 한국교육과정평가원에 따르면 수험생의 학습 부담을 줄이기 위해 가급적 고난도 문항을 배제하고 평이하게 출제될 전망입니다. 또한 상대평가가 아닌 절대평가 방식에 따라 9개 등급으로 평가합니다. 예를 들면 원점수 50점을 기준으로 40점까지는 1등급을 그 이하는 5점 차로 등급을 분할하는 방식입니다.

　한국사 영역의 출제 범위는 다른 영역과 달리 2009 개정 교육과정(교육과학기술부 고시 제2012-14호)에 따릅니다. 한국사 영역에 2015 개정 교육과정(교육부 고시 제2018-162호)을 적용하는 것은 2023학년도 수능부터입니다.

② 국어 영역 만점 공부법

Q : 작년에 국어가 어렵게 출제되어 고민입니다.
A : 기출문제 중 A형과 B형(2014~2016학년도)으로 어려워진 국어를 대비하세요.

　2014~2016학년도 수능 시험까지는 국어영역이 A형과 B형으로 분리되었습니다. 현재 시중에 출간된 대부분의 기출문제집은 B형 기출 문항만을 수록하고 있습니다. 이런 문제집에는 국어 영역 A형에 해당하는 한국교육과정평가원, 교육청 주관 모의고사 문항이 없습니다. 따라서 한국교육과정평가원 공식사이트에서 기출문제를 다운받아서 공부해야 합니다. 기출 문항 A형이 중요한 이유는 B형 시험에는 없는 독서(비문학) 기술 지문, 문학 고전 부분 문항 등이 있기 때문입니다. 어려워진 국어는 과거 기출문제 학습을 통해 해결할 수 있습니다.

국어 영역에 대입 성패가 달려 있다.

문과와 이과의 구분 없이 수험생들이 공통으로 응시하는 국어 영역의 특성상 상위권의 중첩과 그에 따른 등급 연쇄 이동 현상 발생하게 됩니다. 이에 따라 다른 과목에 비해 수시 최저등급을 충족시키지 못하는 경우가 늘어나게 될 전망입니다. 2021 대입에서 국어 영역이 성패를 결정할 것이라고 예상하는 이유가 여기에 있습니다. 단 1문제로 등급이 바뀌는 현상이 충분히 일어날 수 있으므로 과거 기출문제 (2014~2016학년도) A형과 B형 문제를 모두 풀어봄으로써 국어 영역에 철저하게 대비해야 합니다.

A형과 B형 기출문제를 모두 풀어라

2014~2016학년도 수능 시험까지는 A형과 B형이 분리되었었기 때문에 기출문제도 A형과 B형 자료가 있습니다. 시중에 출간된 대부분의 기출문제집은 B형 기출 문항만을 수록하고 있습니다. 이런 문제집에는 국어 영역 A형에 해당하는 평가원, 교육청 주관 모의고사 문항이 없기 때문에 출제 기관 공식 사이트에 게재되어 있는 기출문제를 다운받아 공부해야 합니다. 기출 문항 A형이 중요한 이유는 B형 시험에는 없는 독서 (비문학) 기술 지문, 문학 고전 부분 문항 등이 있기 때문입니다.

중위권 학생은 고2 기출문제를 활용하라

현재 3~4등급에 해당하는 중위권 학생들은 고2 기출문제를 통해 기본 실력을 다진 후 고3 기출문제를 순차적으로 학습해야 합니다. 수능 시험을 준비하면서 고2 기출 문항에 대한 중요성을 언급하는 이유는 언어 영역(국어, 영어)의 경우 과목의 특성상 학년 구분이 없기 때문입니다. 고2에서 고3으로 학년이 올라갈수록 어휘의 난이도가 높아지고 자료 해석 문항이 많아지기는 하지만 근본적으로 문제 유형에는 차이가 없습니다.

노출된 단서를 모두 활용하라

독서(비문학)의 경우 많은 학생들이 어려운 지문이 나오면 독해에 시간이 오래 걸리고 읽어 가면서 앞부분의 내용을 잊어버리는 문제로 국어 영역에 대한 어려움을 이야기 합니다. 하지만 반드시 지문을 100% 이해해야 문제를 풀 수 있는 것은 아닙니다. 정답을 찾기 위한 정보는 지문에만 있는 것이 아니라 문두, 〈보기〉자료, 선택지에 고루 배치되어 있습니다. 따라서 이 정보들을 효과적으로 활용하면 정답을 찾을 수 있는 '객관적인 근거'를 충분히 확보할 수 있습니다.

〈보기〉는 정답의 기준을 제공한다.

〈보기〉를 잘 활용하면 지문을 모두 읽지 않아도 정답의 범위를 좁힐 수 있습니다. 수능 시험 문제는 크게 긍정형 발문과 부정형 발문으로 구분할 수 있습니다.

'옳지 않은 것은?'과 같은 부정형 발문에서 정답을 찾아내면 나머지 네 개의 선택지는 맞는 정보에 해당하기 때문에 올바른 독해자료로 활용할 수 있습니다.

다음은 2016학년도 국어 B형 36번

〈보기〉를 바탕으로 윗글을 감상할 때, 그 반응으로 적절하지 않은 것은? [3점]

채만식은 「자작 안내」에서 동학 농민 운동을 1부로, 기미(3ㆍ운동) 전후를 2부로, 그 뒤에 온 시대를 3부로 하여 「제향날」을 구성했다고 밝힌 바 있다. 1937년에 발표된 「제향날」의 1~3장(1막)은 1894년의 동학 농민 운동을 역사적 소재로 활용하고 있으며, '극중 현재(제삿날)'에서 43년이라는 시간 격차를 지닌 회상된 과거 장면을 포함하고 있다. 이러한 이중적 시간 구조는 과거와 현재의 동일성을 암시하고 있다.

① 작가는 독자들의 의문을 대신하기 위하여 극중 현재에서 영오의 질문을 제기하고, 회상 기법을 통해 그 답변을 보여 주려 했겠구나.

② 작가는 「제향날」이라는 제목을 붙이고 그날을 시간적 배경으로 삼아, 극중 현재에 찾아온 제삿날의 의미를 독자들이 상기하도록 유도하려 했겠구나.

③ 작가는 과거 사건으로 정기정 재판을 구상하고, 관부의 권위에 억눌린 민중의 모습을 묘사하여, 독자에게 동학 농민 운동을 역사적 소재로 인식시키고자 했겠구나.

④ 최 씨 가족의 수난에 집중하는 독자는, 작품의 이중적 시간 구조를 매개하는 최 씨 역할에 주목하고, 최 씨의 신중한 대응을 비판해야 한다는 작가의 입장을 파악할 수 있겠구나.

⑤ 1937년에 이 작품을 읽은 독자는, 1894년이 회상되는 방식을 통해 43년의 시간 격차를 자각하고, 동학 농민 운동이라는 과거와 일제 강점기라는 현재가 긴밀하게 상관된다는 창작 의도를 이해할 수 있겠구나.

문두에서 이 문항의 객관적 정답의 근거를 '〈보기〉를 바탕으로 윗글을 감상할 때'라는 조건을 제시하고 있습니다. 따라서 〈보기〉를 읽고 확인할 수 없는 선택지가 정답이 되어야 합니다. 이러한 방식으로 접근

하면 지문 내용 이해와 관계없이 선택지 ④번 '최 씨 가족의 수난에 집중하는 독자는'이 〈보기〉주제와 관련성이 없는 선택지임을 알 수 있습니다.

평가원 이의 제기 자료를 활용하라

시험이 끝나면 가장 논란이 많은 과목이 바로 국어 영역입니다. 이는 국어 영역의 특성상 문학작품에 대한 자의적 해석의 가능성이 존재하기 때문입니다. 평가원 시험의 경우 이의 제기 자료를 통해 출제자의 의도와 정답을 찾는 객관적인 근거를 공개하므로 평가원 주관(6월, 9월, 수능 시험) 이의 제기 문항을 꼼꼼하게 공부해야 합니다.

2016학년도 국어 A형 19번 문항

① 애벌랜치 광다이오드는 전기 신호를 광신호로 변환해 준다.

② 애벌랜치 광다이오드의 흡수층에서 전자−양공 쌍이 발생하려면 광자가 입사되어야 한다.

③ 입사된 광자의 수가 크게 늘어나는 과정은 애벌랜치 광다이오드의 작동에 필수적이다.

④ 저마늄을 사용하여 만든 애벌랜치 광다이오드는 100nm파장의 빛을 검출할 때 사용 가능하다.

⑤ 애벌랜치 광다이오드의 흡수층에서 생성된 양공은 애벌랜치 영역을 통과하여 양의 전극으로 이동한다.

답변 내용

이 문항은 애벌랜치 광다이오드 소자에 대한 지문의 설명 내용에 비추어 일치하는 것이 무엇인지를 묻고 있습니다. *(출제자의 의도를 설명)*

이의 제기의 주된 내용은 첫째, 지문의 특정 문장으로부터 정답지 ②가 논리적으로 추론될 수 없으므로 정답이 아니라는 것입니다. 둘째, 지문에서……

우선, 첫 번째 이의 제기는 타당하지 않습니다. 이 문항은 지문에 설명된 전체 내용을 이해하여 답지를 판단하는 문항인바, 특정 문장에만 주목하여 답지를 논리적으로 추론할 수 없다고 판단하는 것은 타당하지 않습니다. *(올바른 접근 방법 소개)*

이의 제기한 바와는 달리, 지문의 전체 내용을 고려하면 정답지 ②가 타당함을 알 수 있습니다. 지문 첫째 단락에서 설명한 바처럼, 광통신에서 애벌랜치 광다이오드는 "적어진 수의 광자를 검출하는 장치"이자 "약한 광신호를 측정이 가능한 크기의 전기 신호로 변환해주는 반도체 소자"란 점을 알 수 있고, 둘째 단락 이하의 내용을 통해 애벌랜치 광다이오드의 기본적인 작동 원리를 알 수 있습니다. *(정답의 객관적인 근거)*

이러한 내용에 비추어 볼 때 정답지 ②는 애벌랜치 광다이오드가 작동하는 과정에서 기본 전제 조건임을 알 수 있습니다.

위의 답변 자료를 통해 확인 할 수 있듯이 '이의 제기 답변 자료'는 출제자의 의도와 올바른 접근 방법, 정답의 객관적 근거를 모두 밝힙니다. 최근 5개년간 평가원 기출문제(6월, 9월, 수능 시험)의 문항들을 빠짐없이 공부하면서 '이의 제기 답변 자료'를 효과적으로 활용하면 국어 영역 만점에 한 걸음 다가갈 수 있을 것입니다.

오답률이 높은 문항에 주목하라

지난 4년간 (2019년~2016년 시행) 국어 영어 영역에서 오답률이 높았던 문항들은 아래 자료와 같습니다. 수능 시험 국어 영역에서 고득점을 받기 위해서는 오답률이 높은 문항을 철저하게 분석해야 합니다.

순위	2020학년도		2019학년도		2018학년도		2017학년도	
	번호	오답률	번호	오답률	번호	오답률	번호	오답률
1	40	75%	33	76%	29	73%	39	78%
2	14	71%	34	75%	41	65%	13	75%
3	29	69%	29	75%	12	63%	35	72%
4	41	65%	37	72%	40	62%	19	60%
5	26	65%	39	69%	30	54%	34	57%
6	19	56%	23	66%	11	54%	42	57%
7	27	56%	21	66%	6	52%	18	51%
8	12	56%	42	62%	39	50%	41	50%
9	39	53%	31	62%	20	50%	17	47%
10	42	53%	30	60%	31	48%	14	46%

③ 수학 영역 만점 공부법

Q : 문과생인데 수학을 포기해도 될까요?
A : 대입 반영 비율을 확인하면 수학은 매우 중요합니다.

수학은 문, 이과에서 모두 중요합니다. 예체능 실기를 준비하는 경우를 제외하곤 대입 반영 비율에서 수학이 차지하는 비중이 큽니다. 현재 3~4등급에 해당하는 중위권 학생들은 고2 기출문제를 통해 기본 실력을 다진 후 고3 기출문제를 순차적으로 학습해야 합니다. 수능 시험을 준비하면서 고2 기출 문항에 대한 중요성을 언급하는 이유는 수학 과목의 특성상 학년 구분이 없이 동일한 개념이 반복되기 때문입니다. 학년이 올라갈수록 자료 해석 문항이 많아지기는 하지만 기본개념 및 문제 유형에는 차이가 없습니다.

고2 모의고사를 적극 활용하라

가형을 응시하는 이과 학생들의 경우 시험 범위가 '수학Ⅰ', '미적분', '확률과 통계'입니다. 하지만 실제로는 미적분 문제를 해결하기 위해서는 수학Ⅰ, 수학Ⅱ 개념이 바탕이 되어야 합니다. 이러한 연계성을 이해한다면 가형과 나형 구분 없이 고2 모의고사 전부를 꼼꼼하게 학습해야 합니다.

2020년 고2 전국연합 학력평가 출제 범위	
3월	[수학] 전 범위
6월	[수학Ⅰ] Ⅱ. 삼각함수 삼각함수 (일반각과 호도법, 삼각함수, 삼각함수의 그래프
9월	[수학Ⅰ] 전 범위 [수학Ⅱ] Ⅰ. 함수의 극한과 연속 1.함수의 극한 (함수의 극한, 함수의 극한에 대한 성질)
11월	[수학Ⅰ] 전 범위 [수학Ⅱ] Ⅱ. 미분—(2)도함수

월간 계획을 세워라

2020년 시행 고3 모의고사 시험 범위를 확인하면 아래와 같습니다.

	3월	4월	6월 (평가원)
수학 가	[수학Ⅰ] 전범위 [수학Ⅱ] 전범위 [확률과 통계] 경우의 수 (순열만) [미적분] 수열의 극한 (등비수열의 극한 제외)	[수학Ⅰ] 전범위 [확률과 통계] 경우의 수 [미적분] 수열의 극한	[수학Ⅰ] 전범위 [확률과 통계] 확률 [미적분] 미분법

	3월	4월	6월 (평가원)
수학 나	[수학Ⅰ] 전범위 [수학Ⅱ] 전범위 [확률과 통계] 경우의 수 (순열만)	[수학Ⅰ] 전범위 [수학Ⅱ] 전범위 [확률과 통계] 경우의 수	[수학Ⅰ] 전범위 [수학Ⅱ] 전범위 [확률과 통계] 확률

	7월	9월 (평가원)	10월, 12월(수능 시험)
수학 가	[수학Ⅰ] 전범위 [확률과 통계] Ⅲ.통계 1.확률분포 [미적분] Ⅲ.적분법 1.여러 가지 적분법	전 범위 (수학Ⅰ, 확률과 통계, 미적분)	전 범위 (수학Ⅰ, 확률과 통계, 미적분)
수학 나	[수학Ⅰ] 전범위 [수학Ⅱ] 전범위 [확률과 통계] Ⅲ.통계 1.확률분포	전 범위 (수학Ⅰ, 수학Ⅱ, 확률과 통계)	전 범위 (수학Ⅰ, 수학Ⅱ, 확률과 통계)

수능 시험 범위까지 선행학습을 한 상위권 학생들을 제외하면 고3 새 학기가 시작되는 3월부터 월간 단위로 모의고사 일정에 맞게 시험을 준비해야 합니다.

예를 들어 4월 교육청 모의고사를 준비하는 경우 나형 수학Ⅰ, 수학Ⅱ, 확률과 통계 경우의 수 단원을 중점으로 공부하는 것입니다.

나머지 단원들이 전체 시험 범위가 되려면 9월 평가원 모의고사가 되어야 합니다. 이 방법을 이용하면 모의고사에 출제되는 부분을 집중적으로 공부할 수 있으므로 효율적으로 시간을 안배할 수 있고 모의고사 결과에 자신감을 얻을 수도 있습니다.

오답률이 높은 문항에 주목하라

지난 4년간 (2019년~2016년 시행) 수능 수학 영역에서 오답률이 높았던 문항들은 아래 자료와 같습니다. 수능 시험 수학 영역에서 고득점을 받기 위해서는 오답률이 높은 문항을 철저하게 분석해야 합니다.

수학 가형

순위	2020학년도		2019학년도		2018학년도		2017학년도	
	번호	오답률	번호	오답률	번호	오답률	번호	오답률
1	30	95%	30	94%	30	97%	30	96%
2	29	89%	29	92%	29	93%	29	88%
3	27	83%	21	63%	21	73%	27	70%
4	28	65%	19	57%	27	64%	21	70%
5	17	61%	14	54%	28	61%	19	54%
6	19	55%	20	50%	17	45%	20	46%
7	21	55%	18	50%	15	44%	26	43%
8	20	53%	13	45%	26	43%	28	41%
9	25	46%	17	44%	20	42%	24	38%
10	26	44%	16	44%	18	36%	14	38%

수학 나형

순위	2020학년도		2019학년도		2018학년도		2017학년도	
	번호	오답률	번호	오답률	번호	오답률	번호	오답률
1	30	97%	30	96%	30	93%	30	96%
2	28	92%	29	91%	21	81%	27	82%

3	29	87%	21	85%	29	81%	29	77%
4	20	85%	20	66%	26	60%	21	69%
5	26	78%	19	64%	20	58%	28	94%
6	15	74%	25	63%	28	55%	20	58%
7	19	69%	18	59%	27	54%	19	55%
8	21	69%	28	56%	19	53%	18	55%
9	18	62%	17	49%	17	48%	17	54%
10	17	58%	26	46%	18	46%	26	52%

EBS-수능 '연계내역 심층분석'자료를 활용하라

다음은 EBSi에서 공개한 2021학년도 6월 모의평가 '연계내역 심층분석' 자료를 재구성한 자료입니다. EBS수능특강과 6월 모의평가의 상관관계를 확인할 수 있는 내용으로 EBS 연계교재 학습 방향 설정에 참고 할 수 있습니다.

수학 가형

문항 번호	정답률 %	연계유형	EBS 교재 연계 내용		
			교재명	쪽수	문항번호 (내용요소)
1	96%	문항의 축소, 확대, 변형	EBS 수능특강 수학 Ⅰ	16	2번
2	95%	문항의 축소, 확대, 변형	EBS 수능특강 미적분	9	유제4
3	96%	문항의 축소, 확대, 변형	EBS 수능특강 수학 Ⅰ	77	유제5
4	97%	문항의 축소, 확대, 변형	EBS 수능특강 확률과 통계	8	개념설명
5	92%	문항의 축소, 확대, 변형	EBS 수능특강 미적분	19	유제4
6	85%	문항의 축소, 확대, 변형	EBS 수능특강 수학 Ⅰ	19	8번

7	90%	개념 원리 활용	EBS 수능특강 미적분	11	예제4
8	95%	개념 원리 활용	EBS 수능특강 확률과 통계	10	3번
9	94%	문항의 축소, 확대, 변형	EBS 수능특강 수학 Ⅰ	33	6번
10	78%	개념 원리 활용	EBS 수능특강 미적분	36	4번
11	92%	개념 원리 활용	EBS 수능특강 미적분	55	유제2
12	68%	문항의 축소, 확대, 변형	EBS 수능특강 수학 Ⅰ	20	1
14	82%	개념 원리 활용	EBS 수능특강 수학 Ⅰ	52	12번
15	82%	개념 원리 활용	EBS 수능특강 수학 Ⅰ	106	예제3
17	62%	개념 원리 활용	EBS 수능특강 확률과 통계	41	2번
18	63%	개념 원리 활용	EBS 수능특강 수학 Ⅰ	35	2번
19	56%	개념 원리 활용	EBS 수능특강 확률과 통계	35	유제6
22	94%	문항의 축소, 확대, 변형	EBS 수능특강 확률과 통계	21	유제4
23	90%	문항의 축소, 확대, 변형	EBS 수능특강 수학 Ⅰ	56	개념설명
24	71%	개념 원리 활용	EBS 수능특강 수학 Ⅰ	109	2번
25	69%	문항의 축소, 확대, 변형	EBS 수능특강 미적분	61	예제4

수학 나형

문항 번호	정답률	연계유형	EBS 교재 연계 내용		
			교재명	쪽수	문항번호 (내용요소)
1	93%	문항의 축소, 확대, 변형	EBS 수능특강 수학 Ⅰ	16	2
2	93%	문항의 축소, 확대, 변형	EBS 수능특강 수학 Ⅱ	40	3
3	94%	문항의 축소, 확대, 변형	EBS 수능특강 수학 Ⅰ	73	예제1
4	94%	문항의 축소, 확대, 변형	EBS 수능특강 수학 Ⅱ	9	유제5
5	88%	개념 원리 활용	EBS 수능특강 수학 Ⅰ	56	개념설명
6	87%	문항의 축소, 확대, 변형	EBS 수능특강 확률과 통계	38	1

7	91%	문항의 축소, 확대, 변형	EBS 수능특강 수학 II	26	3
8	91%	문항의 축소, 확대, 변형	EBS 수능특강 확률과 통계	21	유제4
9	89%	개념 원리 활용	EBS 수능특강 수학 I	24	개념설명
10	85%	문항의 축소, 확대, 변형	EBS 수능특강 수학 II	57	유제9
11	82%	문항의 축소, 확대, 변형	EBS 수능특강 수학 I	19	8
12	89%	문항의 축소, 확대, 변형	EBS 수능특강 확률과 통계	10	3
13	82%	문항의 축소, 확대, 변형	EBS 수능특강 수학 II	106	1
19	73%	문항의 축소, 확대, 변형	EBS 수능특강 수학 II	75	2
21	62%	문항의 축소, 확대, 변형	EBS 수능특강 수학 I	35	2
22	84%	문항의 축소, 확대, 변형	EBS 수능특강 수학 I	43	유제5
23	86%	문항의 축소, 확대, 변형	EBS 수능특강 수학 II	81	유제1
26	73%	문항의 축소, 확대, 변형	EBS 수능특강 수학 II	33	유제1
27	65%	문항의 축소, 확대, 변형	EBS 수능특강 확률과 통계	19	예제2
28	53%	문항의 축소, 확대, 변형	EBS 수능특강 수학 I	99	2
29	44%	문항의 축소, 확대, 변형	EBS 수능특강 확률과 통계	14	2

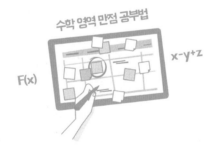

수학 영역 만점 공부법

$F(x)$

$x-y+z$

④ 영어 영역 만점 공부법

Q : 영어가 절대평가로 바뀌는데 공부 시간을 줄여도 될까요?

A : 아닙니다. 절대평가가 되었다고, 쉬워진 것은 아닙니다.

2018학년도 수능 시험부터 영어가 절대평가로 바뀌었습니다. 절대평가로 바뀌었다고 해서 쉬워지는 것을 의미하는 것은 아닙니다. 근본적인 실력이 바탕이 되지 않은 단계에서 EBS 연계 교재를 무턱대고 암기하는 방식은 큰 효과가 없습니다. 한국교육과정평가원 보도 자료에 따르면 영어 읽기의 '대의 파악'과 '세부 정보'를 묻는 문항의 경우 EBS 연계 교재의 지문과 주제, 소재, 요지가 유사한 다른 지문 등을 활용하되, 단어·문장 등이 쉬운 지문을 활용했습니다. 영어 또한 다른 과목과 마찬가지로 기출문제를 통해 꼼꼼히 준비해야 합니다.

EBS 연계 교재가 똑같이 출제되지는 않는다.

근본적인 실력이 바탕이 되지 않은 단계에서 EBS 연계 교재를 무턱대고 암기하는 방식은 지난 3년의 수능 시험 결과로도 확인할 수 있듯이 큰 효과가 없습니다. 한국교육과정평가원 보도 자료에 따르면 영어 읽기의 '대의 파악'과 '세부 정보'를 묻는 문항의 경우 EBS 연계 교재의 지문과 주제, 소재, 요지가 유사한 다른 지문 등을 활용하되, 단어·문장 등이 쉬운 지문을 활용하였음을 자세하게 밝히고 있습니다.

다음은 '2021학년도 대학수학능력시험 6월 모의평가 출제 보도 자료'에서 확인할 수 있는 EBS 교재 수록 문항과 실제 6월 모의평가 영어 영역에 등장한 문항을 비교한 자료입니다. 동일한 제재를 활용해 지문 내용을 구성했지만 문제를 그대로 옮겨 오지 않고 '다시 쓰기' 방식, '출제 유형의 변화' 방식으로 변형되었음을 확인할 수 있습니다.

【예시 문항 1】 영어 4번

4. 대화를 듣고, 그림에서 대화의 내용과 일치하지 <u>않는</u> 것을 고르시오.

<Script>

M: Hello, Susan. How was the pet cafe you visited yesterday?

W: Hi, Sam. It was wonderful. Look at this picture I took there.

M: Okay. Oh, the dog next to the counter looks sweet. Is it yours?

W: No. He's the cafe owner's.

M: I'd love to play with the dog.

W: Yeah, we should go together. Check out the flowerbed between the trees. Isn't it beautiful?

M: It really is. And I see many good photo spots here.

W: You know my favorite spot? It's the mug sculpture that has a star pattern on it.

M: I like it. It makes the cafe unique. Hmm, what are these balls in the basket?

W: People can use them to play catch with their dogs.

M: Sounds fun. By the way, there are only two tables. Don't they need more?

W: Well, they need space so pets can run around.

M: I see. It looks like a great place to visit.

▲ 2021학년도 대학수학능력시험 6월 모의평가 출제 보도 자료

6 대화를 듣고, 그림에서 두 사람이 조각상을 두기로 한 곳을 고르시오.

<Script>

M: Ms. Robinson, I finished setting up the tables and chairs outside.
W: Great, thanks. Now we just need to figure out where to put the coffee mug sculpture.
M: How about putting it next to the entrance sign?
W: That's where we're going to set out the menu.
M: Oh yeah, that's right. You told me that earlier.
W: What do you think about putting the sculpture between the ordering counter and the stairs?
M: It'd look good there, but I think it'd be in the way because that's where a lot of customers are going to be waiting for their drinks.
W: Good point. Then how about next to the tree?
M: But a lot of people use those stairs. It'd just get in the way there, too.
W: Then how about under the clock?
M: You mean next to the flower bed?
W: Yeah. I think it'd look good there.
M: I agree. Let's put it there. And it'd be nice to have something around the fountain.
W: Yeah. I'll put a big planter next to the fountain.

【예시 문항 2】 영어 21번

21. 밑줄 친 journey edges가 다음 글에서 의미하는 바로 가장 적절한 것은? [3점]

Many ancillary businesses that today seem almost core at one time started out as journey edges. For example, retailers often boost sales with accompanying support such as assembly or installation services. Think of a home goods retailer selling an unassembled outdoor grill as a box of parts and leaving its customer's mission incomplete. When that retailer also sells assembly and delivery, it takes another step in the journey to the customer's true mission of cooking in his backyard. Another example is the business-to-business service contracts that are layered on top of software sales. Maintenance, installation, training, delivery, anything at all that turns do-it-yourself into a do-it-for-me solution originally resulted from exploring the

▲ 2021학년도 대학수학능력시험 6월 모의평가 출제 보도 자료

edge of where core products intersect with customer journeys.

* ancillary: 보조의, 부차적인 ** intersect: 교차하다

① requiring customers to purchase unnecessary goods

② decreasing customers' dependence on business services

③ focusing more on selling end products than components

④ adding a technological breakthrough to their core products

⑤ providing extra services beyond customers' primary purchase

---

EBS 교재 『수능특강 – 영어』 170쪽 Test 1 5번 (글의 요지)

05 다음 글의 요지로 가장 적절한 것은?

[20004-0208] People or firms that purchase services come in contact with other consumers as well as the service employees. For example, a hotel guest waits in line at the front desk or the concierge desk with other guests. In addition, the guests share facilities such as the pool, the restaurant, and the fitness center. Therefore, service firms must manage consumer interactions to the best of their abilities to ensure customer satisfaction. For example, a hotel's sales office would not want to book group business with a nondrinking religious group at the same time as a reunion of military veterans. The two groups are significantly different in behavior, and the expectation is that they would not mix well within the facilities at the same time. Similarly, restaurants separate smokers and nonsmokers, and they should try to separate other patrons that show some potential for conflict.

* concierge (호텔의 안내원)

① 서비스업은 정기적인 시설 개선 공사가 필요하다.
② 고객의 종교를 고려한 식당 운영이 이루어져야 한다.
③ 식당 내에서는 전 구역을 금연 구역으로 지정해야 한다.
④ 호텔 사업은 고객의 불만에 최대한 빠르게 응대하는 것이 중요하다.
⑤ 서비스 업체에서는 고객 만족을 위해 고객 간의 상호작용을 관리해야 한다.

【예시 문항 3】 영어 25번

25. 다음 표의 내용과 일치하지 <u>않는</u> 것은?

Global Plastic Waste Generation by Industry in 2015

Market Sectors	Million Tons	%
Packaging	141	46.69
Textiles	38	12.58
Consumer and Institutional Products	37	12.25
Transportation	17	5.63
Electrical and Electronic	13	4.30
Building and Construction	13	4.30
Industrial Machinery	1	0.33
Others	42	13.91
Total	302	100

Note: Due to rounding, the percentages may not sum to 100%.

The above table shows global plastic waste generation by industry in 2015. ① The sector that generated plastic waste most was packaging, accounting for 46.69% of all plastic waste generated. ② The textiles sector generated 38 million tons of plastic waste, or 12.58% of the total plastic waste generated. ③ The consumer and institutional products sector generated 37 million tons of plastic waste, and the amount was more than twice that of plastic waste the transportation sector generated. ④ The electrical and electronic sector generated just as much plastic waste as the building and construction sector did, each sector accounting for 8.60% of the total plastic waste generation. ⑤ Only one million tons of plastic waste were generated in the industrial machinery sector, representing less than 0.50% of the total plastic waste generated.

EBS 교재 『수능특강 – 영어』 39쪽 2번(도표)

02
(20004-0037)

다음 표의 내용과 일치하지 <u>않는</u> 것은?

Global Plastics Consumption by Industry in 2015

Market Sectors	Million Tons	%
Packaging	146	35.87
Building & Construction	65	15.97
Textiles	59	14.50
Consumer & Institutional Products	42	10.32
Transportation	27	6.63
Electrical & Electronics	18	4.42
Industrial Machinery	3	0.74
Other Market Sectors	47	11.55
Total	407	100

The table above shows global plastics consumption by industry in 2015. ① According to the table, the packaging sector was the largest user of plastics, representing 35.87 percent of all plastics consumed. ② The second largest consumer of plastics was the building and construction sector, consuming 65 million tons, which was less than half the amount of plastics used in the packaging sector. ③ The textiles sector accounted for 14.50 percent of the total plastics consumption in the world, which made it the third largest user after the packaging and building and construction sectors. ④ The amount of plastics usage in the consumer and institutional products sector was 42 million tons, or 10.32 percent of the total plastics consumption, followed by 27 million tons, or 6.63 percent of the total plastics usage, in the transportation industry. ⑤ The electrical and electronics sector accounted for 4.42 percent of the total plastics consumption, which was more than half the amount of plastics consumed by the consumer and institutional products sector.

【예시 문항 4】 영어 31번

[31~34] 다음 빈칸에 들어갈 말로 가장 적절한 것을 고르시오.

31. Research with human runners challenged conventional wisdom and found that the ground-reaction forces at the foot and the shock transmitted up the leg and through the body

after impact with the ground _____ as runners moved from extremely compliant to extremely hard running surfaces. As a result, researchers gradually began to believe that runners are subconsciously able to adjust leg stiffness prior to foot strike based on their perceptions of the hardness or stiffness of the surface on which they are running. This view suggests that runners create soft legs that soak up impact forces when they are running on very hard surfaces and stiff legs when they are moving along on yielding terrain. As a result, impact forces passing through the legs are strikingly similar over a wide range of running surface types. Contrary to popular belief, running on concrete is not more damaging to the legs than running on soft sand. [3점]

* compliant: 말랑말랑한 ** terrain: 지형

① varied little
② decreased a lot
③ suddenly peaked
④ gradually appeared
⑤ were hardly generated

EBS 교재 『수능특강 – 영어독해연습』 104쪽 9강 3번(요약문 완성)

Exercise 3 요약문 완성

▶ 다음 글의 내용을 한 문장으로 요약하고자 한다. 빈칸 (A), (B)에 들어갈 말로 가장 적절한 것은?

[20006-0098]

Research with human runners challenged conventional wisdom and found that the ground-reaction forces (GRFs) at the foot and the shock transmitted up the leg and through the body after impact with the ground varied little as runners moved from extremely compliant to extremely hard running surfaces. As a result, researchers gradually began to believe that runners are subconsciously able to adjust leg stiffness prior to foot strike based on their perceptions of the hardness or stiffness of the surface on which they are running. This view suggests that runners create soft legs that soak up impact forces when they are running on very hard surfaces and stiff legs when they are moving along on yielding terrain. As a result, impact forces passing through the legs are strikingly similar over a wide range of running surface types. Contrary to popular belief, running on concrete is not more damaging to the legs than running on soft sand.　　　*compliant 말랑말랑한 **terrain 지형

⬇

As human runners are able to ___(A)___ their leg stiffness in response to the surface hardness, the level of impact forces transmitted to the runner is almost ___(B)___.

(A)	(B)		(A)	(B)
① measure	...... moderate		③ measure	...... measurable
② maximize	...... insufficient		④ regulate	...... substantial
⑤ regulate	...... constant			

35. 다음 글에서 전체 흐름과 관계 <u>없는</u> 문장은?

One of the most widespread, and sadly mistaken, environmental myths is that living "close to nature" out in the country or in a leafy suburb is the best "green" lifestyle. Cities, on the other hand, are often blamed as a major cause of ecological destruction — artificial, crowded places that suck up precious resources. Yet, when you look at the facts, nothing could be farther from the truth. ① The pattern of life in the country and most suburbs involves long hours in the automobile each week, burning fuel and pumping out exhaust to get to work, buy groceries, and take kids to school and activities. ② City dwellers, on the other hand, have the option of walking or taking transit to work, shops, and school. ③ The larger yards and houses found outside cities also create an environmental cost in terms of energy use, water use, and land use. ④ This illustrates the tendency that most city dwellers get tired of urban lives and decide to settle in the countryside. ⑤ It's clear that the future of the Earth depends on more people gathering together in compact communities.

* compact: 밀집한

EBS 교재 『수능특강 – 영어독해연습』 41쪽 3강 12번(함축 의미 추론)

Exercise 12 함축 의미 추론

▶ 밑줄 친 nothing could be farther from the truth가 다음 글에서 의미하는 바로 가장 적절한 것은?

[20006-0036]

One of the most widespread, sadly mistaken, environmental myths is that living "close to nature" out in the country or in a leafy suburb is the best "green" lifestyle. Cities, on the other hand, are often blamed as a major cause of ecological destruction — artificial, crowded places that suck up precious resources. Yet, when you look at the facts, <u>nothing could be farther from the truth</u>. The pattern of life in the country and most suburbs involves long hours in the automobile each week, burning fuel and spewing exhaust to get to work, buy groceries, and take kids to school and activities. City dwellers, on the other hand, have the option of walking or taking transit to work, shops, and school. The larger yards and houses found outside cities also extract an environmental toll in terms of energy use, water use, and land use. It's clear that the future of the Earth depends on more people gathering together in compact communities.

*spew 뿜어내다

① We should improve the quality of life in rural areas.
② Urban lifestyles are to blame for environmental disruption.
③ Expanding public transportation is certainly a key to living green.
④ City dwellers frequently visit the countryside and pollute it heavily.
⑤ Living close to nature is not necessarily more environmentally-friendly.

오답률이 높은 문항에 주목하라

지난 4년간 (2019년~2016년 시행) 수능 영어 영역에서 오답률이 높았던 문항들은 아래 자료와 같습니다. 문항 번호를 분석한 결과 '순서/ 삽입/ 빈칸 유형'이 해당되었습니다. 수능 시험 영어 영역에서 고득점을 받기 위해서는 오답률이 높은 문항을 철저하게 분석해야 합니다.

순위	2020학년도		2019학년도		2018학년도		2017학년도	
	번호	오답률	번호	오답률	번호	오답률	번호	오답률
1	31	71%	33	76%	37	75%	33	77%
2	34	65%	34	75%	28	68%	31	76%
3	39	64%	29	75%	29	67%	32	72%
4	41	64%	37	72%	33	64%	42	70%
5	33	61%	39	69%	34	63%	28	68%
6	29	60%	23	66%	32	62%	38	65%
7	30	59%	21	66%	39	61%	29	63%
8	37	57%	42	62%	40	57%	34	61%
9	42	57%	31	60%	31	53%	40	60%
10	36	56%	30	60%	38	53%	37	59%

영어 영역 공부의 변함없는 원칙

영어 영역 학습에서 중요도의 순서는 어휘〉독해〉구문〉문법 순입니다. 중하위권 학생들이 독해에 어려움을 느끼는 이유는 기본적인 어휘력이 부족하기 때문입니다. 필수 어근 및 접사에 대한 이해를 바탕으로 공부하면 암기량을 1/5가량 줄일 수 있습니다. 또한 어휘를 효율적으로 암기하기 위해서는 정확한 소리를 듣고 발음하면서 학습해야 합니다.

또한, 영어 영역도 국어 영역과 마찬가지로 "지문=선택지=정답"의 논리적 접근 방식이 중요합니다. 선택지를 통해 지문의 핵심 내용을 유추하고 정답을 찾는 논리적 사고력이 영어 영역이라고 예외일 수는 없습니다. 정확한 독해를 위한 문법 공부는 반드시 필요하지만 '문법을 위한 문법 공부'는 오히려 독이 될 수 있습니다. 수능 출제 범위에 준하는 교육과정을 벗어나지 않는 정도 내에서 공부하면 충분합니다.

⑤ 탐구 영역 만점 공부법

Q : 탐구 영역도 효과적인 준비가 가능한가요?
A : 물론입니다. 수능 시험 준비의 변함없는 원칙은 '기출 문제' 학습입니다.

탐구 영역은 한 과목이 차지하는 비중은 국어, 영어, 수학 과목에 비해 낮지만 정시 반영비율은 주요과목과 비교해도 낮지 않습니다. 따라서 시간대비 효과적인 학습 전략을 세우려면 탐구 영역이 매우 중요합니다. 탐구 영역의 경우 다른 과목에 비해 출제 범위가 좁은 만큼 만점을 목표로 해야 안정적인 1등급을 받을 수 있습니다.

고 2 겨울방학 시점이 되면 탐구 영역에서 어떤 과목을 선택할지에 대한 학생들의 고민이 깊어집니다. 이때 본인이 잘하는 과목을 선택할 수도 있지만 등급을 잘 받기 위해 전략적인 과목을 선택할 필요도 있습니다. 수능 시험은 전체 응시 학생 중에서 내 위치를 평가하는 상대평가 방식이기 때문에 응시 인원이 많은 과목일수록 유리합니다. 특히 문과 학생들이 응시하는 사회탐구 영역에서 이러한 특징을 확인할 수 있습니다.

사회탐구는 응시인원이 많은 과목을 선택하라

한국교육과정평가원 '2020학년도 대학수학능력시험 채점 결과' 보도자료에서 확인한 사회탐구 응시자 현황은 다음과 같습니다.

선택 순위	과목명	인원(명)	선택 순위	과목명	인원(명)
1	생활과 윤리	146,832	6	동아시아사	27,172
2	사회 · 문화	139,144	7	법과정치	27,052
3	한국지리	62,963	8	세계사	19,839
4	세계 지리	40,809	9	경제	5,661
5	윤리와 사상	31,897			

문과 학생들의 경우 대부분 2과목을 준비하기 때문에 과목 연계가 비슷한 조합을 선택하는 것이 좋습니다. 물론 고1, 고2 시기에 기본 실력을 탄탄히 다진 경우라면 모르겠지만 그렇지 않은 학생들에게는 '사회 · 문화'와 '한국지리'를 추천하고 싶습니다. 그 이유는 두 과목의 특성

상 20문항 중 50%에 해당하는 10문제가 자료 분석 유형으로 출제 되고 이 10문제는 접근 방식이 같기 때문입니다. 다시 말해 사회 · 문화와 한국지리를 각각 공부해도 50%를 차지하는 10문제는 푸는 방식에 있어 큰 차이가 없다는 의미입니다.

생활과 윤리, 윤리와 사상 과목은 교과목 개념에 대한 이해가 중요합니다. 필수 개념을 명확히 이해해야 고난도 문제에 대응할 수 있습니다. 또한 〈보기〉 자료를 활용해 내용을 이해하고 선택지를 고르는 방식은 국어 및 영어 영역과 접근 방식이 같습니다. 수능 시험은 주어진 자료를 활용해 문제를 푸는 사고력을 평가하는 시험이라는 점을 이해하고 대비해야 고득점을 받을 수 있습니다.

과학탐구는 지원 대학, 정시 반영 비율에 주목하라

자연계열의 경우 과학 탐구 영역에 대한 정시 반영 비율이 높습니다. 과목별 분량을 비교했을 때 과학 한 과목이 차지하는 비중은 이과 수학의 1/4에 지나지 않습니다. 그렇지만 반영하는 비율은 수학 영역과 과학탐구 영역이 비슷합니다. 따라서 시간대비 효과적인 학습 전략을 세울 때 과학탐구 영역은 매우 중요합니다. 과학탐구의 경우 다른 과목에 비해 출제 범위가 좁은 만큼 만점을 목표로 해야 1등급을 받을 수 있습니다.

한국교육과정평가원 '2020학년도 대학수학능력시험 채점 결과' 보도 자료에서 확인한 과학탐구 응시자 현황은 다음과 같습니다.

선택 순위	과목명	인원(명)	선택 순위	과목명	인원(명)
1	지구 과학 I	148,540	5	지구 과학 II	6,656
2	생명 과학 I	128,033	6	물리 I	54,792
3	화학 I	73,663	7	화학 II	2,934
4	생명 과학 II	7,190	8	물리 II	2,738

EBS-수능 '연계내역 심층분석' 자료를 활용하라

다음은 EBSi에서 공개한 2021학년도 6월 모의평가 '연계내역 심층분석' 자료를 재구성한 자료입니다. EBS수능특강과 6월 모의평가의 상관관계를 확인할 수 있는 내용으로 EBS수능특강 학습의 방향 설정에 참고 할 수 있습니다.

지구과학 I

문항 번호	정답률	연계유형	EBS 교재 연계 내용	
			교재명	쪽수
1	64%	문항의 축소, 확대, 변형	수능 특강	46
3	65%	문항의 축소, 확대, 변형	수능 특강	160
5	79%	문항의 축소, 확대, 변형	수능 특강	117
6	73%	문항의 축소, 확대, 변형	수능 특강	34
7	88%	문항의 축소, 확대, 변형	수능 특강	13
8	40%	문항의 축소, 확대, 변형	수능 특강	180
10	67%	문항의 축소, 확대, 변형	수능 특강	119
12	41%	개념 원리 활용	수능 특강	146
13	50%	문항의 축소, 확대, 변형	수능 특강	135
14	52%	문항의 축소, 확대, 변형	수능 특강	69
15	62%	개념 원리 활용	수능 특강	77

문항 번호	정답률	연계유형	교재명	쪽수
16	60%	문항의 축소, 확대, 변형	수능 특강	206
17	72%	문항의 축소, 확대, 변형	수능 특강	203
19	55%	문항의 축소, 확대, 변형	수능 특강	159

생명과학 I

문항 번호	정답률	연계유형	EBS 교재 연계 내용	
			교재명	쪽수
1	93%	문항의 축소, 확대, 변형	수능 특강	14
2	81%	문항의 축소, 확대, 변형	수능 특강	28
3	66%	개념 원리 활용	수능 특강	66
4	87%	문항의 축소, 확대, 변형	수능 특강	54, 56
6	92%	개념 원리 활용	수능 특강	94
8	72%	문항의 축소, 확대, 변형	수능 특강	93
9	68%	문항의 축소, 확대, 변형	수능 특강	121
10	76%	문항의 축소, 확대, 변형	수능 특강	123
11	67%	문항의 축소, 확대, 변형	수능 특강	181
12	74%	문항의 축소, 확대, 변형	수능 특강	92
13	80%	문항의 축소, 확대, 변형	수능 특강	57
14	38%	문항의 축소, 확대, 변형	수능 특강	146
16	34%	문항의 축소, 확대, 변형	수능 특강	164
19	62%	문항의 축소, 확대, 변형	수능 특강	129

화학 I

문항 번호	정답률	연계유형	EBS 교재 연계 내용	
			교재명	쪽수
2	82%	문항의 축소, 확대, 변형	수능 특강	16
3	88%	문항의 축소, 확대, 변형	수능 특강	125
5	87%	문항의 축소, 확대, 변형	수능 특강	204
6	81%	개념 원리 활용	수능 특강	146
8	87%	개념 원리 활용	수능 특강	45
9	79%	문항의 축소, 확대, 변형	수능 특강	124

11	51%	개념 원리 활용	수능 특강	199
12	56%	문항의 축소, 확대, 변형	수능 특강	77
14	77%	개념 원리 활용	수능 특강	158
15	66%	문항의 축소, 확대, 변형	수능 특강	60
16	76%	개념 원리 활용	수능 특강	155
17	67%	문항의 축소, 확대, 변형	수능 특강	91
18	52%	문항의 축소, 확대, 변형	수능 특강	30

생명과학 II

문항 번호	정답률	연계유형	EBS 교재 연계 내용	
			교재명	쪽수
1	93%	문항의 축소, 확대, 변형	수능 특강	31
3	71%	문항의 축소, 확대, 변형	수능 특강	43
4	76%	문항의 축소, 확대, 변형	수능 특강	31
5	58%	개념 원리 활용	수능 특강	77
7	69%	문항의 축소, 확대, 변형	수능 특강	81
8	87%	개념 원리 활용	수능 특강	24
10	81%	문항의 축소, 확대, 변형	수능 특강	44
11	78%	문항의 축소, 확대, 변형	수능 특강	63
12	62%	문항의 축소, 확대, 변형	수능 특강	87
13	86%	개념 원리 활용	수능 특강	38
14	82%	문항의 축소, 확대, 변형	수능 특강	64
15	72%	문항의 축소, 확대, 변형	수능 특강	63
16	53%	문항의 축소, 확대, 변형	수능 특강	104
18	74%	문항의 축소, 확대, 변형	수능 특강	62, 63

⑥ 한국사 영역 만점 공부법

Q : 한국사는 어떻게 대비해야 할까요?
A : "기출문제로 방향성을 확인할 수 있습니다."

한국교육과정평가원 공식 사이트에서 《문항 유형으로 알아보는 2017학년도 대학수학능력시험 한국사 학습 안내. 2014》자료를 참고해 보세요. 보도 자료는 "10가지 문항 유형으로 준비하는 한국사"를 통해 올해 출제 가능한 문항 정보와 출제 기준을 공개하고 있습니다. 예시 문항과 기존 기출문제를 비교해서 설명하는 만큼 이 자료를 기준으로 공부하는 것이 가장 정확합니다. 한국사에 대한 배경지식이 많은 것과 수능 한국사를 잘 보는 것은 다르다는 점을 잊어서는 안 됩니다.

한국사에 대한 학습 방향을 설정하기 위해서는 한국교육과정평가원에서 발표한《문항 유형으로 알아보는 대학수학능력시험 한국사 학습 안내》자료를 참고해야 합니다. 평가원에 의하면 "수능 시험 과목명은 같지만, 그 근거가 되는 교육과정이 다르고 교과서에서 다루는 내용에도 차이가 있다는 점"을 유의 사항으로 말하고 있습니다.

또한 교과서를 기준으로 영역별 내용 요소와 시기를 〈표〉로 자세하게 소개하였는데 바로 이 부분이 올해 수능 시험에 출제되는 주제와 문항 정보가 됩니다.

내용 영역	내용 요소	시기
우리 역사의 형성과 고대 국가의 발전	• 선사 문화 • 고조선의 성립과 여러 나라의 성장 • 삼국과 가야의 발전과 대외 관계 • 통일 신라와 발해의 발전과 사회 모습 • 고대 국가의 국제 교류와 문화 발전	선사 시대~ 고려 성립 이전
고려 귀족 사회의 형성과 변천	• 고려의 건국과 동아시아의 정세 • 고려의 경제 제도와 경제생활 • 고려의 신분 제도와 사회 모습 • 고려의 사상적 특징 • 고려의 대외 관계와 고려 사회의 개방성	고려 성립~ 조선 건국 이전
조선 유교 사회의 성립과 변화	• 조선의 건국과 유교적 통치 체제 정비, 국제 관계 • 조선의 신분제와 양반 문화 • 조선의 대외 관계와 양난의 대내외적 영향 • 조선 후기의 정치 변동과 제도 개편 • 조선 후기의 사회 · 경제적 변동 • 조선 후기 사회 개혁론의 대두 • 서민 문화의 전개와 영향	조선 건국~ 흥선 대원군 집권 이전

국제 질서의 변동과 근대 국가 수립 운동	• 서구 열강의 접근과 조선의 대응 • 문호 개방 및 개화사상과 위정척사 사상 • 근대적 개혁 추진 과정 • 근대 국가 수립을 위한 노력 • 국권 수호 운동의 전개와 사상적 배경 • 개항 이후의 경제 변화와 사회 변화 • 독도와 간도	흥선 대원군 집권~ 국권 상실
일제 강점과 민족 운동의 전개	• 국제 정세의 변동과 동아시아의 변화 • 일본 제국주의의 침략과 식민 통치 방식의 변화 • 3 · 1운동의 전개와 대한민국 임시 정부의 활동 • 국내 민족 운동의 전개 • 국외 민족 운동의 전개 • 일제 강점기의 사회 · 경제적 변화 • 건국 노력과 국제 사회의 움직임	국권 상실~ 8 · 15광복 직전
대한민국의 발전과 현대 세계의 변화	−냉전 질서의 형성과 대한민국 정부의 수립 −6ㆍ전쟁의 원인과 전개 과정 및 참상과 영향 −자유민주주의 발전 −경제 발전과 사회 변화 −북한의 실상과 남북 간의 통일 노력 −올바른 역사관과 주권의식 −국제적 위상의 향상	8 · 15광복~ 현재

2021 대입, 한국사는 이렇게 출제된다.

보도 자료는 "10가지 문항 유형으로 준비하는 한국사"를 통해 올해 출제 가능한 문항 정보와 출제 기준을 공개했습니다. 예시 문항과 기존 기출문제를 비교해서 설명하는 만큼 이 자료를 기준으로 공부하는 것이 가장 정확합니다. 한국사에 대한 배경지식이 많은 것과 수능 한국사를 잘 보는 것은 다르다는 점을 잊어서는 안 됩니다.

10가지 문항 유형으로 준비하는 한국사

- 유형 ① 기본적인 역사적 사실 알기
- 유형 ② 역사에서 중요한 용어나 개념 이해하기
- 유형 ③ 역사적 사건의 흐름 파악하기
- 유형 ④ 역사적 상황 인식하기
- 유형 ⑤ 역사적 시대 상황 비교하기
- 유형 ⑥ 역사 탐구에 적합한 방법을 찾아 탐구 활동 수행하기
- 유형 ⑦ 역사 자료에 담긴 핵심 내용 분석하기
- 유형 ⑧ 자료 분석을 통해 역사적 사실 추론하기
- 유형 ⑨ 역사 자료를 토대로 개연성 있는 상황 상상하기
- 유형 ⑩ 역사 속에 나타난 주장이나 행위의 적절성 판단하기

'유형 ④ 역사적 상황 인식하기' 부분에서 예시 문항

〈예시 문항〉

다음 도구가 제작되기 시작했던 시기의 사회 모습으로 옳은 것은?

① 율령이 반포되었다.
② 농경 생활을 하였다.
③ 고인돌이 만들어졌다.
④ 비파형 동검이 사용되었다.
⑤ 동맹이라는 제천 행사가 행해졌다.

기존 문항 2013학년도 수능 국사 1번 문항

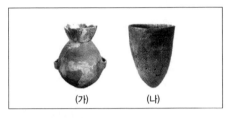

〈기존 문항〉

(가), (나) 토기에 대한 설명으로 옳은 것은?

① (가)는 철기와 함께 발견되는 경우가 많다.
② (가)는 한반도에서 가장 일찍 만들어진 토기이다.
③ (나)가 만들어진 시기에는 움집이 지어졌다.
④ (나)는 주로 고인돌이나 돌널무덤에서 출토된다.
⑤ (가), (나)는 계급 사회로 진입한 단계에서 나타났다.

    학습 안내에서 소개한 대로 '유형4. 역사적 상황 인식하기 부분'에서는 각 시대의 특성을 이해하고 파악하는 것을 평가 항목으로 하고 있습니다. 시대마다 대표하는 유물을 사진 자료로 주고 유물이 무엇인지 알고, 쓰임새와 당시의 사회 모습을 연관 짓습니다.

    두 문항을 비교해보면 기존 문항은 (가)청동기 시대와 (나)신석기 시대의 생활에 대한 세부적인 지식을 평가하는 반면 예시 문항은 신석기 시대의 생활에 대한 일반적인 지식을 평가하고 있음을 알 수 있습니다. 이처럼 예시 문항을 통해 올해 출제될 시험 방향과 난이도를 예상할 수 있습니다.

2021 대입 한국사 수능 최저학력 기준

다음은 주요대학에서 요구하는 한국사 수능 최저학력 기준입니다.

	수시모집	정시모집(가산점 부여 방법)
서울대	필수 응시, 반영은 하지 않음	한국사 영역은 3등급 이내 만점 (4등급 이하는 0.4점 씩 차등 감점)
연세대	인문: 3등급 이내, 자연: 4등급 이내	인문:3등급 이내 10점, 4등급 이하 0.2점 차등 가산점 감점 자연:4등급 이내 10점, 5등급 이하 0.2점 차등 가산점 감점
고려대	인문: 3등급 이내, 자연: 4등급 이내	인문:3등급 이내 10점, 4등급 이하 0.2점 차등 가산점 감점 자연:4등급 이내 10점, 5등급 이하 0.2점 차등 가산점 감점
성균관대	4등급 이내	4등급 이내 10점 가산점, 5등급 이하 1점 차등 감점
서강대	4등급 이내	인문: 3등급 이내 만점, 4등급 이하 0.4점 차등 감점 자연: 4등급 이내 만점, 5등급 이하 0.4점 차등 감점
한양대	수능 최저학력 기준 없음	인문:3등급 이내 10점, 4등급 이하 0.2점 차등 가산점 감점 자연:4등급 이내 10점, 5등급 이하 0.2점 차등 가산점 감점
이화여대	필수응시, 반영은 하지 않음	인문:3등급 이내 10점, 4등급 이하 0.2점 차등 가산점 감점 자연:4등급 이내 10점, 5등급 이하 0.2점 차등 가산점 감점
KAIST	수능 최저학력 기준 없음	2등급 이내 만점

〈에필로그〉

수능 초창기인 2002년부터 19년째 수능강의를 하다 보니 학부모님들과 상담할 기회가 많았다. 그 중 수업 외적인 부분에서 가장 많이 받는 질문은 다음과 같다.

"수능을 10번이나 응시하셨다면서요?"
"선생님 부모님은 그 오랜 시간을 어떻게 기다려 주셨나요?"

성적은 수험생의 노력 뿐 만 아니라 학부모님의 무조건적인 격려와 응원이 있을 때 극적으로 향상된다. 시험에 대한 압박으로 잠을 이루지 못하는 학생들 못지않게 부모님 역시 불안과 걱정을 안고 고3이라는 시기를 함께 견딘다.

돌이켜보면 고등학교 3년 동안 천체관측 동아리에 푹 빠져있었을 때도 부모님께서는 한 번도 나에게 공부하라는 말씀을 하시지 않았다. 오히려 기왕 할 거 열정적으로 하라고 진심으로 응원해 주셨다. 언제나 나를 믿어주시고 응원해 주시는 부모님이 계셨기에 힘들고 지루한 재수 생활 동안 내적동기를 잃지 않을 수 있었다.

지금의 나를 만든 것이 나 혼자만의 힘이 아니었기에 감사할 분들이 많다. 우선 항상 나를 믿어주시는 어머님과 지금은 내 가슴 속에 살아 계시는 아버님께 말로 표현할 수 없는 존경과 감사를 드린다. 오빠의 무모한 도전을 응원해 주는 하나뿐인 내 동생의 성장을 기원한다.

아울러 이 책이 나오기까지 함께 고민하며 격려해 준 '성공작' 꿈 친구들, 이 분들이 없었다면 아마도 이 책은 훨씬 뒤에야 세상의 빛을 보았을 것이다.

마지막으로, 복잡한 일정을 잘 조율해주는 오대교수능연구소의 스텝들, 내가 최고의 강의를 할 수 있도록 질 높은 콘텐츠를 만들어주는 연구진들, 학생들의 성적향상을 위해 오늘도 최고의 강의로 승부하는 서울, 대구교육센터의 실장님과 각 교과목 선생님들께도 감사의 말씀을 전하고 싶다. 그들 모두가 이 책의 저자들이다.

2020년 7월 오대교

수능 시작이 반이다

데이터는 답을 알고 있다

오답 속에 정답 있다